专门用途英语教学研究

郭剑晶　著

知识产权出版社
全国百佳图书出版单位

内容提要

该书从专门用途英语的研究意义和价值出发，参考国内外的有关论著，并对在校生，毕业生，从事专门用途英语教学的教师及业内人士进行全方位的调查和访谈，从理论和实践的角度探讨专门用途英语教学的必要性和可行性。本书共10章。首先从专门用途英语在教学中的地位入手；从学生需求和社会需求的角度分析专门用途英语教学的必要性；从师资和教材建设方面提出构想和实践；从语言理论、语言教学理论等方面阐述教学大纲的制定以及课程设置和设计的基本原则；并针对听、说、读、写、译五个方面分别提出具有实践意义的教学模式；最后，围绕校企合作模式探讨课程形成性评价和终结性评价的现实意义，并就图书资料建设等方面用实验方法对教学进行探索。

责任编辑：贺小霞

图书在版编目（CIP）数据

专门用途英语教学研究/郭剑晶著. —北京：知识产权出版社，2012.1

ISBN 978-7-80247-497-0

Ⅰ.①专… Ⅱ.①郭… Ⅲ.①英语—教学研究 Ⅳ.①H319.3

中国版本图书馆 CIP 数据核字（2011）第 226055 号

专门用途英语教学研究

ZHUANMEN YONGTU YINGYU JIAOXUE YANJIU

郭剑晶　著

出版发行：知识产权出版社

社　　址：北京市海淀区马甸南村1号　　邮　　编：100088

网　　址：http://www.ipph.cn　　邮　　箱：bjb@cnipr.com

发行电话：010-82000860 转 8101/8102　　传　　真：010-82005070/82000893

责编电话：010-82000860 转 8129　　责编邮箱：HeXiaoXia@cnipr.com

印　　刷：北京中献拓方科技发展有限公司　　经　　销：新华书店及相关销售网点

开　　本：787mm×1092mm　1/16　　印　　张：17

版　　次：2012年1月第1版　　印　　次：2014年3月第2次印刷

字　　数：268千字　　定　　价：48.00元

ISBN 978-7-80247-497-0/H·070（2519）

序

随着改革开放政策的实施和对外合作的加强，我国涉外关系的事件越来越多。这要求涉外工作者不但要有足够的专业知识，还要有较高的英语水平，尤其要熟知该领域专业英语。我国目前虽有相当多比较成功的行业人士，也有相当多人精通英语，但二者兼顾的人士却不多。而国家在新世纪对大学生的英语能力要求是能够用英语在学科和专业领域内与国外对手展开竞争，也就是具有国际竞争力。

本书从专门用途英语的研究意义和价值出发，参考国内外的有关论著，并进行全方位的调查和访谈，这包括在校生，毕业生，教师及业内人士。通过调查和访谈从理论和实践的角度出发探讨专门用途英语教学。本书共分 10 章。第一章指出了专门用途英语在整个英语教学中的地位；第二章需求分析，从学生需求，社会需求的角度分析专门用途英语教学的必要性；第三章师资培养，探讨了专门用途英语教学中教师的作用，从事专门用途英语的教师与从事普通用途英语教学的教师在面临的任务方面的区别，以及如何成为一个称职的专门用途英语教师的问题；第四章教材建设，在指出目前专门用途英语教材不足的同时提出教材建设构想和实践；第五章课程设置，从实践角度出发提出适合本校特点的专门用途英语课程设置方案；第六章课程设计，从语言理论，语言教学理论等方面阐述课程设计的基本原则；第七章教学模式，从理论角度出发，针对听，说，读，写，译五个方面分别提出具有实践意义的教学模式；第八章教学大纲，从大纲对课程设计的意义角度出发，提出适合专门用途英语的大纲；第九章课程评价，提出校企合作从课程前—中—后各个时间段对课程进行形成性和终结性评价，发现问题解决问题。第十章图书资料建设，发挥报刊导读和报刊教学的作用，推动专门用途英语教学的发展。绝大部分章节都是先介绍该章节的基本理论，然后联系实际教学列出调查或访谈数据，提出具体的教学活动安排，其后是对各项活动的分析评述，以期对专门用途英语教学研究起到抛砖引玉的作用。

传统的语言教学研究方法是对教学作出种种硬性规定，而不是教老师怎样去进行教学的，这种教学科研究全基于逻辑推理，并要求教学人员接受采纳。上世纪八十年代以来情况发生了变化，教学人员不仅要懂得教什么？还需知道如何教？为何这样教？教学效果如何？本书正是用实验方法对教学内容，方法和效果进行探索。笔者作为教学人员在参照一些科研成果的同时，对自己的课堂教学采取一种科研的态度，研究资料中处处可见教学日记和教学记录的痕迹。

本书作者为福建江夏学院郭剑晶副教授。对专门用途英语教学的研究是始于郭剑晶副教授主持的2010年福建省社科课题“ESP教学与双语教学顺利接轨的实验研究”。在写作过程中许多教师对本书提出了宝贵意见，在此表示衷心的感谢。由于时间仓促，作者水平有限，书中难免出现错误，诚请读者和专家给予批评指正。

编　者

2011年4月

目 录

前　言

一、研究的原因及意义

（一）研究的原因

1. 社会发展的需要

20 世纪五六十年代出现了现代意义的双语教学，90 年代以来在欧洲尤其盛行。在中国高等教育阶段的“双语教学”也逐渐被广泛接受，并在教育部的相关政策中得以确定。大学英语的再定位以及外语教学的发展方向已在全社会引起了普遍讨论和重点关注。2001 年的《关于加强高等学校本科教学工作提高教学质量的若干意见》要求“本科教育要创造条件使用英语等外语进行公共课和专业课教学”，强调要在国际性相对强的六个专业（金融、国贸、法学、信息技术、生物工程和新材料）率先实行双语教学。然而，实现双语教学对教师及学习者的外语基础、专业知识等多种因素有较高要求，综合考虑各种因素，要实现由基础英语教学向双语教学的跨越非一日之事，需要一个过渡性的教学环节以达到二者的顺利接轨。专门用途英语应运而生。专门用途英语（English for Specific Purposes，ESP），是指与某种特定职业或学科相关的英语，是根据学习者的特定目的和特定需要而开设的英语课程（Hutchinson and Waters，1987）。2005 年在教育部第 1 号文中确定“要提高双语教学课程的质量，继续扩大双语教学课程的数量”。政策的出台确定了大学英语是系列课程，即“EGP——专门用途英语——双语”。目前，专门用途英语研究和教学正受到越来越多的重视，它是 2000 年高等学校大学外语教学指导委员会语言组年会三个中心议题之一。

随着世界各国在科技、经济等领域的合作日益频繁，英语作为在这些领域国际通用的语言，除了起到日常交流的作用，更重要的是使用它在具体行业中进行交际。英语教学中的通用英语教学可以满足日常交流的要求，但是要涉及具体科技、经济等领域的交流合作，则必须开展专门用途英语教学工作。英国文化委员会在 1994 ~ 1995 年进行的一项名为 English 2000 的大型调查显示："将来的英语学习不再是单纯的英语学习"，"将来的英语教学越来越多地与某一个方面的专业知识或某一个学科结合起来"（刘润清，1996）。跨入 21 世纪，ESP 教学已经成为英语教学的主流。

2. 职业教育发展的需要

1996 年，我国正式颁布《职业教育法》，明确了职业教育的法律地位。1999 年，教育部"面向二十一世纪教育振兴行动计划"再一次提出要发展高等职业教育，并出台了一系列的方针政策。政府的重视和法律的完善大大促进了我国高等职业教育的健康发展。教育部部长周济在 2006 年亚洲教育北京论坛部长圆桌会议上透露，今后几年中国教育发展规划的三大任务之一是加快发展职业技术教育。而职业教育中的英语教学随着我国加入 WTO 后社会对"专业 + 英语 + 现代化技能 + 创新能力"的人才的需求而再次被重视。其中的 ESP 是以专业需求为基础的实用型英语，在我国又被称为专业英语（Subject-Based English，SBE）的教学作为对普通英语（English for General Purposes，EGP）教学的进一步延伸也随即受到了更多的关注。

（二）研究的意义

1. 专门用途英语教学的兴起

专门用途英语被普遍认为在 19 世纪 60 年代兴起。ESP 的教学是 EGP 教学的延续或扩展，是在 EGP 教学的基础上学生的语言知识和技能发展到一定阶段旨在"满足特定学习者需求的语言教学方法"（Hutchinson and Waters，1987），也是针对社会的实际需要，进一步培养学生的语言能力的一个重要教学内容。也就是说，只有把 EGP 教学扩展到 ESP 教学，才能真正培养出社会所需要的专才。19 世纪 70 年代晚期，我国的许多大学相继开设 ESP 课程。

ESP 作为一门新兴学科，日益受到重视。除了大学本科开设的 ESP 课程之外，各类中专、成人学校也开设有 ESP 课程，但对 ESP 教学的研究还未受到重视。随着中国的进一步改革开放，社会对既懂专业又懂英语的复合型人才的需求与日俱增。ESP 教学在高职院校虽然尚处在起步阶段，但是已经逐渐被重视起来。

专门用途英语教学在教授专业英语知识，提高专业英语应用技能方面具备强大的理论依据。Strevens（1988）提出了专门用途英语教学的四个根本特征：①需求上满足特定的学习者；②内容上与特定专业和职业相关；③词汇句法和语篇上与特定专业、职业相关的活动相适应的语言运用上；④与普通英语（EGP）教学形成对照。

2. 专门用途英语教学现状

虽然目前“以学习者为中心”的教学理念深入人心，学习者是专门用途英语教学的直接参与者和受益人，但是在实际的教学中，学习者却往往处于被动的地位，他们的需求往往被忽视。在国内的专门用途英语教学中，教材的取舍和教学方式的选择都由教师负责，而具体的教学时间、教授课时、教学目标的制定更不是为学习者所控制，我们总是关注学习者学什么而往往忽视学习者怎么学。由此可见，学习者的主观能动性仍没有得到发挥。由于专门用途英语教学在英语教学中没有得到重视，我们在实际工作中也常遭遇这种尴尬的局面——有专业知识却不懂英语；懂英语却没有专业知识。常有一些专业技术人员或其他专业的老师拿着自己的专业论文找我们的大学英语老师翻译，但遗憾的是，我们大多数英语教师不懂专业技术，即使能把文章翻译出来，但对文章的内容也不能进行准确的理解和表述。在这种尴尬的局面中，我们的教育工作者们应该为此思考和反思我们的教学。高等院校是人才培养的摇篮，其教学应顺应社会经济的发展，与时俱进，唯有这样才能服务社会，提高学习者的就业率，改变这种学而不实用的尴尬局面。

现阶段，国内很多高校的 ESP 课程教学现状主要是侧重语言方面。ESP 教学的课程设计直接照搬 EGP 教学的课程设计形式。况且，国内各高校的 ESP 教学起步晚，对 ESP 教学的课程设计、社会需要和学生应达到的水平未进行深入探讨和广泛的调查，这样的课程设计很盲目，实施起来效果也不尽如人意，使教和学的内容及过程不能充分体现 ESP 教学的特色，无法保证培养出社会需要的“专业 + 英语 + 现代化技能 + 创新能力”人才。有学者提出，我国目前的 ESP 研究处于“三无”阶段——无 ESP 专门研究中心、无 ESP 专门学术刊物、无 ESP 专门学术带头人。同时，专门用途英语并没有作为一项稳定的课程在高校中开设，且存在教材不完善、缺乏专门的 ESP 英语教师、许多的研究者对 ESP 基本内涵和外延认识方面存在误区等问题。而且在实际教学工作中，由于主客观条件的限制，多数学校的专门用途英语教学不尽如人意。最近一项研究表明，57% 的学生和 63% 的教学管理人员对其现状不满，主要原因是教学方法落后，缺乏合格的专业英语教师和规范的教材，缺乏有效的教学管理等，这就要求我们必须改进，真正提高专门用途英语教学水平，从而培养出在自己领域能够自如应用英语进行国际交流的专业人才。总的来说，ESP 教学效果距离国外情况相去甚远。但是，我们也应看到可喜的一面，有关资料表明，我国有 31 个高校设立了与 ESP 相关的硕士点，这表明我国学术界对 ESP 研究的重视，标志着我国 ESP 人才的培养开始走向正规化。与此同时，关于 ESP 的立项课题和教学法专著也不时可见，一些高校更是把 ESP 教学模式的建立纳入教学改革计划。2009 年 11 月 21 日在重庆市顺利召开的由 Asian ESP Journal 发起，重庆大学承办的第一次亚太地区专门用途英语国际学术会议更是促进了我国及亚太地区乃至世界专门用途英语方向的发展，为亚洲地区同行专家探讨、研究和交流专门用途英语教学及科研提供了学术平台。

3. 专门用途英语教学改革方向

Dubin 和 Olstain（1986）曾指出：“一个语言教学课程设计必须体现国家总体的教育政策，反映该国家对语言使用情况和社会不同层面对语言的需求，反映一个国家和社区的教学大纲设计安排，否则这个教学课程设计将会失去意义。”在进行 ESP 课程设计过程中需要了解学习对象，了解社会需求，了解学科特点，为高等职业设计科学合理的课程应该建立在对学生、教师、管理人员、职业雇主的需求调查和分析的基础之上。因此，我们的大学英语教学目标和课程设置都要进行较大的改革。本着“以服务为宗旨，以就业为导向”的办学指导方针，大学英语必须从为学习语言而学习语言转变为为学习专业而学习语言。以学术技能为导向的学术英语课程，以内容为导向的专业英语课程学习不仅体现了学以致用的效率原则，也遵从了在使用中学习语言和提高语言的学习规律。换言之，在学习知识中提高英语，其学习效率将大大超过原来为学习语言而学习语言的基础英语。

二、研究的必要性与可行性

（一）研究的必要性

研究的必要性有几下几点。

1. 国内各类高校的不同专业纷纷开设 ESP 课程并对其课程设计的探讨日益增多。本文的研究可以给广大同仁提供一些参考。

2. ESP 课程对高校学生很重要。ESP 课程教学质量的提高可以给学生的专业课学习甚至未来的工作带来裨益。

3. 国内各类院校的 ESP 课程教学存在很多问题。大部分高校在教授 ESP 课程时直接照搬 EGP 的教授方法，而忽视其特殊而具体的目的性。

4. 国内对高校整体 ESP 课程设计方面的研究寥寥无几，只是在 ESP 课程设计环节的某一方面有一些短篇论文。

（二）研究的可行性

本研究的这所二本院校是四所高职院校合并升本的一个比较典型的综合性院校，笔者也曾经并且正在该校进行法律专业 ESP 课程的教学工作，因此对 ESP 课程在该校的开展情况比较了解。

三、研究方法

除了在初始阶段，通过图书馆的书库和网络资源进行文献资料的收集和整理，本文还采用观察法、讨论协商法、座谈或问卷法、预测及访谈法、阅读学习者的有关个人档案等，以及搜集所在学校学生对 ESP 课程的需求、期望、兴趣、学习动机、感情等各方面的情况进行问卷调查；对师资及教师个人发展情况进行问卷调查；学生对师资的要求；对行业内人士进行结构访谈了解行业需求状况。这些包含课程前的需求分析及课程中的课程分析。通过课程前的需求分析调查，能够获得与“交际技能需求”有关的信息与数据来指导课程设计；课程中的需求分析调查可以完善课程设计各环节中的不足，使学习者的需求得到最大满足。

除了上述方法外，还包括搜集目标地点的相关语料，观察目标地点的相关语言技能的运用，以及对搜集到的相关语篇的分析，或是与学习者进行非正式的交谈等。

四、研究思路

本书将从需求分析、师资培养、教材建设、课程设置、课程设计、课堂教学模式、教学大纲及教学评价等方面进行阐述，并就该二本院校某些专业实践性成果进行分析，以期对专门用途英语教学起到抛砖引玉的作用。

第一章　专门用途英语在教学中的地位

一、专门用途英语教学的必要性

2001年我国加入WTO后，对外交流已经扩大到了整个社会，扩大到科技经济的各个领域。随着外国人直接到中国进行各种投资旅游，以及我国科技界、企业界和文化界走出国门，各行各业对复合型人才，即既精通专业业务又有较强的外语能力的人才的需求越来越大。社会对外语能力的需要已呈多元化、专业化趋势，搞商务管理的能毕业后直接用英语参加商贸谈判，搞新闻的能够直接用英语采访，当律师的能用英语出席法庭，当技术员的能用英语和外国同行交流，一般的外语技能已很难适应市场需要。外语的工具性和应用性特征日益明显。学生学习外语较之过去表现出极强的目的性和实用性，或进入国际大公司，或进入涉外公司，或出国深造等。可以这样说，ESP教学已比以往任何时候都更迫切了。当今世界，英语在国际政治、经济商贸、科技交流等各个领域的普及程度越来越高，据统计，国际上85%以上的学术论文是用英语发表或宣读的，各学科的主要学术期刊也以英语为主。因此，大学英语教学应当“考虑对学生的文化素质培养和国际文化知识的传授”，但和培养外语工作者的英语专业不同，大学英语首先是工具性，即是获取信息的工具和国际交往的工具，因此主要是语言实际应用或工作能力的培养。

我国大学英语总体上说是普通英语。而国外大学、香港地区的大学一般都是专门用途英语。把普通英语放到中学去完成，大学实施和专业学习、工作有关的英语教学应该是我国大学英语教学发展的方向。现在我国懂英语的人很多，每年拿到大学英语四级合格证书的人有几百万，但能熟练使用英语的工程技术人才却不多。机械、化学、生物、金融、电子、通信、IT 等行业的专业外语人才非常紧缺。企业感叹，找到符合企业要求的人很难。张炳阳（2007）在《今天我们需要什么样的外语人才》一文中提出，目前绝大多数 IT 行业实行软件外包，外语成为项目开发过程中的关键性因素之一。从事这些项目的技术人员仅靠三五百个计算机应用词汇是不足以读懂计算机科技类文章的，因此，外语水平的高低成为从业人员发展的决定因素。换句话说，我国大学英语教学必须改变目前的培养模式，从普通英语教学，从一般英语技能的培养转变到专门用途英语教学上来，帮助学生用英语作为工具，在专业学习和工作上做好语言准备。

1999 年大纲有许多亮点，其中一个就是明确了专业英语的地位："专业英语是大学英语教学的重要组成部分，是促进学生完成从学习过渡到实际应用的有效途径。各校均应在三、四年级开设专业英语课，要逐步建立起一支相对稳定的专业英语教学队伍，成立由学校领导和专业英语教师组成的专业英语教学指导小组，统筹、协调、检查专业英语教学方面的工作。"并具体规定"专业英语为必修课，可安排在第五至第七学期，教学时数应不少于 100 学时，每周 2 学时。在第八学期还可继续安排专业英语文献阅读、专业英语资料翻译、英文摘要写作等"。2007 年修订的《大学英语课程教学要求》应预测未来社会需求，把专业英语更推进一步，但其指导思想仍然是加强普通英语教学。

二、专门用途英语教学与普通英语教学的异同点

从目前我国的英语教学来看，普通英语和专门用途英语成为英语教学和研究的两大主流。

（一）普通英语教学

EGP 指学校教授的基本英语知识，它强调学习者理解英语的基本语言结构，包括词汇和语法，培养学习者听、说、读、写、译五项基本技能。是日常生活中所需的必用语。在 EGP 教学法的训练下，学习者能够阅读一些文学作品，进行简单的交流，应付普通语言水平测试。我国从小学到高中的英语教学

都属于普通用途英语教学范畴，也就是说 EGP 的教学模式贯穿了我国整个基础教育过程。

（二）专门用途英语教学与普通英语教学的异同点

专门用途英语的发展是英语特殊需要的延伸，是语言领域的发展，更是教育心理学的发展。随着对专门用途英语的不断深入研究，专门用途英语的定义也不断发展。其中 Strevens（1977）、Strevens（1988）和 Dudley-Evans & St. John（1998）对专门用途英语的定义影响较为广泛。Strevens（1977）认为专门用途英语和 EGP 是相对立的概念。专门用途英语有明确的教学目标、教学内容和交际需要。而 EGP 则把英语作为一门独立的语言课程。

综合国内外学者对专门用途英语的研究，笔者总结其中共性最大的四点进行阐述。

1. 专门用途英语属于应用语言学范畴

首先必须要肯定的是，从语言学的角度来说，专门用途英语依然是英语，是英语语言教学的一个分支，是英语在不同专业范围内的语言变体。应用于不同专业的专门用途英语由于属同一语言体系，各学科专门用途英语的差别仅在于某些语法项目、词语的意义和出现率以及句法结构等方面。从这个角度上来说，专门用途英语和用英语来讲授专业课截然不同。后者是一种专业课程，只把英语当做手段和媒介，课程的重点在于某一专业完整的理论体系构建；而前者是一种语言课程，教学重点是该门学科的语言特点和规律，以传授与某专业有关的英语语言知识和技能为目的。如果说普通用途英语讲授的是语言共核，即某种语言的人群中大多数人都使用的那部分；那么专门用途英语也可以被视为共核的变体，它的教学是普通英语教学的扩展和延续。普通英语教学和专门用途英语教学是英语学习中的两个不同阶段，是整个高校公共英语教与学过程中的一个连续统一体。

2. 专门用途英语与某种学科紧密相关

专门用途英语是一个“多元的”（Pluralistic）且“以不同形式出现的”理念。它所涉及的语言和语言学知识，必须为学习者所研习的专业知识服务。专门用途英语的“专门”二字即是其目的，其内容涉及特定职业领域相关的专门化内容。Hutchinson & Waters 的三个分支图与 Jordan 的两个分支图列出了ESP 项下的分支，即其主要应用的学科和职业领域，如医学英语、金融英语、工程英语等。从这个角度出发，专门用途英语是普通英语的扩展和延续。专门用途英语的指导思想是：告诉我你使用英语的目的，我就能教会你所需要的英语。可见，专门用途英语是根据学习者的特定目的和特定需要而开设的英语课程，其目的就是培养学习者在一定工作环境中运用英语开展工作的交际能力。

3. 专门用途英语更能反映学习者的需要

正如 Keith Johnson 所述：“相对而言，学习者的语言需要在 ESP 中较容易确认，这是 ESP 引人注目的特色之一。”因此 Robinson 认为 ESP 教学有两个最基本的判断标准和几个特征。两个判断标准是：

1）ESP 必须是以“特定目标为导向的”英语教学；

2）ESP 教学必须是建立在需求分析基础上的。这里的需求既包括学生今后将要遇到的交际情境，也包括学生的学习方法和知识摄取的先后顺序。专门用途英语与普通英语的区别不在于需求的存在而在于对需求的意识，如果学习者和老师都意识到需求的存在，那将会对课程的内容有积极的影响，而且这种潜在影响是可以利用的。

4. 专门用途英语强调应用技能

社会语言学家认为语言是社会交流的工具，学生应该学会在各种不同情况下作出恰当的反应，而不是只学习词汇和语法。普通英语教学注重培养的是学生的“语言能力”，而专门用途英语教学注重培养的是学生的“交际能力”。拿教授商务英语来说，主要是为了培养学生在商务环境下的英语运用能力。学生掌握的英语要在商务范围内熟练运用，以达到用英语进行交际的需要。综上所述，专门用途英语属于应用语言学范畴，有着其代表学科所赋予的专业性，强调交际能力，并充分反映学习者的需要。

也就是说，大学公共英语的教学，以语言教学、语言讲解和技能训练为主，主要是训练学习者的听、说、读、写、译等基本功，使其掌握一定基础的通用词汇；让学生学习语言的普遍现象，训练学生的基础语言技能，帮助学生认识并掌握英语语言的普遍性，为学生奠定良好的英语基础；其语言的实用性和应用性没有在教学中体现和得到重视。专门用途英语教学把实用性作为教学的出发点和中心，提炼出与职业领域相适应的英语应用能力，解决学生在英语学习的基础阶段没有掌握或尚未完全掌握的专门领域的英语知识和技能问题，帮助学生逐步具备以英语为媒体进行某专业学科交流的能力。形成了一个针对性强、以实用能力训练为中心的教学途径，其基本特点是"用中学，学中用，学用统一"。

ESP在很大程度上是相对于EGP而言的，在整个英语教育体系中它们是为同一教学目标而构建的两个层面。二者有着十分紧密的联系：EGP是ESP学习的基础和必要前提；双方都是建立在语言习得基础上的，所有适用于EGP教和学的原则均可应用于ESP。ESP与特定专业相关，具有内容的特殊性及服务于某特定行业的目的方向性，能更好地适应社会对人才的需求。大学ESP教学是在学生的语言知识和技能发展到一定阶段，针对社会和学生实际需要、进一步培养学生的语言应用能力的重要教学内容。只有把大学EGP教学扩展到ESP教学，才能真正培养出社会所需要的人才。但这并不意味着放弃EGP，相反，EGP在整个大学英语教育中举足轻重，我们应该遵循英语教育教学规律，充分掌握学生的实际状况，循序渐进，统筹安排EGP与ESP课程和教学，推动二者在教学内容和方式上的有机统整，实现大学英语课程的科学、协调和持续发展。

（三）设置专门用途英语的意义

设置专门用途英语符合人们学习英语目的由单一性向多样性发展的现实需要，学习英语与职业相关的多种需求联系密切，大学英语教学培养适应职业需求的使命越发突出。专门用途英语不是教一种'特殊种类'的英语（Hutchinson & Waters，1987），专门用途英语有其特殊的语言特性，但不存在某种特殊的语言种类。专门用途英语与普通英语之间的共性大于特殊性。从教学基本原则看，专门用途英语教学与普通英语教学没有本质的区别。虽然在教学内容上有差异，但教学的过程是相同的。两者之间的区别在于语言学习者对语言学习的需求有所不同。专门用途英语教学关心的核心问题是学习者学习语言的动机。结合需求分析，符合关于专门用途英语的分支有二分法和三分法。根据Hutchinson和Waters的观点，专门用途英语可分为科技英语、商贸英语和社科英语（三分法），每个分支又可再次分为职业英语和学术英语两个次分支。另一位语言学家 Jordan（1997）则将专门用途英语分为职业英语和学术英语两个大分支（二分法），而学术英语又再次分为专门类学术英语和一般类学术英语。三分法的划分主要以学科门类为主线；二分法划分主要以学习者的最终语言使用的目的和语言环境为主线。专门用途英语具有真实预料性、目的方向性和自我学习为中心等特点。

（四）大学英语与专门用途英语的有效结合

那么，大学英语教学是否可以选择只学专门用途英语，而取消基础英语呢？回答是否定的。这是因为：第一，学生英语能力基础普遍较弱，只学专门用途英语，不学基础英语，专门用途英语就会成为无源之水，无本之木；第二，即便在职场环境下，日常话题的交流与沟通也是经常会遇到的形式，而这样的一般性日常交际需要以基本的语言技能为基础；第三，只学专门用途英语，也与当今社会终身学习的理念相违背，不利于学生的可持续发展。

大学英语教学的核心是“能力本位”，强调与职业相匹配的英语应用能力的培养。大学英语和专门用途英语作为英语学习的两个阶段是密不可分的有机统一体，不能“各自为阵”，而应将两者有效结合，顺利实现大学英语向专门用途英语阶段平稳过渡。因此，英语教学应保持英语学科的稳定性：一方面加强大学英语的教学，学好语言基本功；另一方面充分认识到各专业学科的特点，加强专门用途英语教学，提高专业领域的工作能力。两者必须兼顾，不可偏废。

EGP 与 ESP 相结合的教学模式如下。见图 1－1：创建该教学模式必须从需求出发进行课程设置，在课程设置的基础上研究教材建设，教学方法和师资队伍建设，并在教学的各个阶段完善教学评价，最终实现复合型人才的培养目标。

1. 继续 EGP 教学，夯实语言基础

学生经过初中和高中阶段的英语学习已经掌握了基本的语音和语法知识，具备了一定的词汇量，有初步的英语听、说、读、写、译的能力。为夯实英语语言基础，学校可根据具体情况在大学一年级继续进行 EGP 教学，加强学生的英语语言基础知识和基本技能的训练，同时使用有效的教学手段，着重培养学生实际使用英语进行交际的能力，使其能使用英语以及交际策略进行涉外日常生活和业务交际活动。尽量帮助学生摆脱“聋哑英语”，使学生的英语基础知识和技能通过课内外的各种教学活动得到提升。

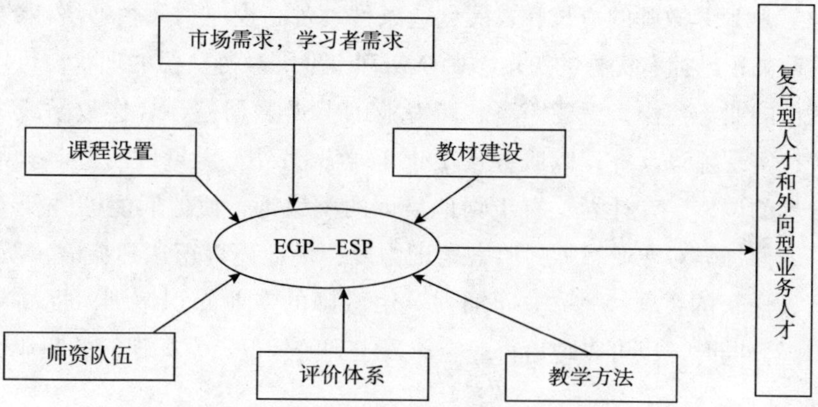

图 1-1　ESP 与 EGP 相结合的教学模式

2. 加强 ESP 教学，满足人才需求

为确保 EGP 与 ESP 教学的连续性和一致性，学校必须高度重视并完善 EGP 和 ESP 阶段的管理规范，成立专门的教学指导机构来负责 EGP 与 ESP 教学资源的调配，切实加强教师队伍、教材建设和教学管理，通过组织 EGP 和 ESP 教师开展听课评课、教学研讨、学术交流、项目合作等，促进他们在教学、科研等方面进行富有成效的合作。由于 ESP 课程带有明显的专业特征，英语只是呈现教学内容的工具，不应过分强调英语的作用，使 ESP 课程变成翻译课。而要充分考虑学生需求与市场需求之间的关系，突出教学内容服务于所要解决的职业领域问题。ESP 教学形式与 EGP 不同，教与学都有一定的难度，因此应采用小班化教学和任务式教学，增加师生、学生之间的互动，以保证 ESP 课程的教学效果。教师要善于通过 EGP 和 ESP 的用词、结构和文体等特征的比较，注重训练学生把 EGP 阶段学到的知识和能力在专业领域中得到应用和提升，促进学生完成从语言学习过渡到实际应用这一语言的过程。

ESP 教材选择要改变大而全的指导思想，要朝着专、精、实的方向发展。使教材体现职业性的特点，既要注意和专业知识的衔接，又要注重与 EGP 的衔接。鉴于各高校的专业设置的差异，很难开发出与 EGP 一样的通用教材，所以 ESP 教材应主要由各高职院校根据各自所设专业、生源情况及周课时数，自编或合编教材，这样编写的教材更贴近专业，贴近学生实际情况，更能培养学生的英语应用能力。

为了为 ESP 教师的成长和发展创造条件，各高校应加大教师培训的力度，鉴于目前高校已拥有优秀的英语教师队伍和专业课教师队伍的现状，可以加强两支队伍的业务合作，组建跨系、跨专业的 ESP 教研室，合作教学或结成教学对子，实现优势互补，以服务于 ESP 教学。另外，也可以通过对教师结构进行合理的调整，有计划、有步骤地培训两类教师，使他们能够胜任 ESP 教学。一方面加强对专业教师的语言培训力度，使他们真正达到英语"听、说、读、写、译"的要求；另一方面加强英语教师的专业知识培训，提高其专业知识水平。同时，也可以聘请行业企业人士到校任教，发挥他们的职业优势。

（五）大学 EGP 与 ESP 课程统整的价值取向

课程统整已经成为课程改革的潮流，我们认为课程统整是把学校课程与学生兴趣和经验以及社会需求三方面有机结合成整体的课程设计方式。因此，在对 EGP 与 ESP 课程进行统整时需要考虑其对于社会、学科和个人三方面的功能和价值。

1. 大学 EGP 与 ESP 课程统整的社会价值

在信息时代的今天，科学技术飞速发展，国际交流和合作日益频繁，社会对各类专门人才层次的要求越来越高，既懂专业技术又精通英语的复合型人才越来越受到用人单位的青睐。复合型英语人才是指既能熟练掌握英语的各种技能，懂得英语基本知识，也具有其他一门学科的基本知识和技能的一专多能的人才。复合型英语人才具备宽广的知识面，通常在熟练掌握外语语言知识的基础上，还需要了解相关学科的知识，如外交、外事、金融、经贸、文学、法律、新闻等。无疑，将大学 EGP 与 ESP 课程统整正是顺应时代的需求，有助于为社会培养急需的人才。因此，高校应将大学英语教学的重心由语言能力的培养转变到语用能力的培养上来，同时应结合学生所学专业，开设一系列 ESP 课程，将语言应用与专业知识有机结合并将教学的重点从基础阶段的语言习得转向专业知识与信息的交流和沟通。

2. 大学 EGP 与 ESP 课程统整的学科价值

当前大学英语教学改革正处于全面实施阶段，改革的内容包括教学性质和目标、教学要求、课程设置、教学模式、教学评估和教学管理等方面。将大学 EGP 与 ESP 课程加以统整正是以培养学生的英语综合应用能力为出发点，能够在教学上满足三个层次的不同要求，切实做到因材施教。在课程设置方面，统整后的大学英语课程是将综合英语类、语言技能类、语言应用类、语言文化类和专业英语类等必修课程和选修课程进行有机的结合，确保不同层次的学生在英语应用能力方面得到充分的训练和提高；方式上采取基于计算机和课堂的英语教学模式，能充分尊重和突出学生的主体地位，让他们自主选择适合自己需要的材料进行学习，有助于学生个性化学习方法的形成和自主学习能力的发展；在教学评估上，采取形成性评估和终结性评估对教学过程予以监控，对教学信息及时反馈并适时调整教学内容和策略，确保教学质量的提高；在教学管理上，除了强化教学过程的指导、督促和检查外，重点是要加强 ESP 师资队伍的建设，这也是大学 EGP 与 ESP 课程统整能否顺利开展的关键。因此，将现行的大学 EGP 课程向 ESP 课程转移并进行统整，完全符合大学英语教学改革的精神和要求，能够极大地推进大学英语的学科建设与发展。

3. 大学 EGP 与 ESP 课程统整的个体价值

传统的大学英语教学忽视了学生的兴趣和积极性，教学内容脱离了学生的专业实际和生活实际，教给学生的是 EGP 而非 ESP，使学生始终处于“学英语”阶段，而忽视了学习英语的主要目的是为了“用英语”，即用英语去学习和把握与自己专业相关的信息，从而在今后学习、工作和社会交往中能用英语有效地进行交际。社会对英语人才的需求已呈多元化、专业化趋势，英语的工具性、应用性特征日益明显。大学 EGP 与 ESP 课程统整模式将改变重基础轻实用的传统教育模式，能最大限度地满足学生的个体需求。EGP 与 ESP 课程统整模式除了重视 EGP 基础知识的学习，帮助学生打下坚实的语言基础，具备较强的英语听、说、读、写、译能力外，更重要的是让学生学习 ESP 课程，强调专业知识和技能的提高。同时，EGP 与 ESP 课程统整模式明确了学生的学习目标，会生成强大的动因，能充分调动学生学习英语的主动性和积极性，达到比较好的学习效果，从而有助于改变传统大学英语教学费时低效的局面。

三、专门用途英语教学与双语教学的关系

2001 年 9 月，我国教育部高教司下发了《关于加强高等学校本科教学工作，提高教学质量的若干意见》（教高［2001］4 号），明确要求本科教育要创造条件使用英语等外语进行教学，从那一刻开始，双语教学就成为大学英语教学改革的热门话题。双语教学作为一种新的教学形式，绝不是将单纯的英语语言教学和专业课教学简单结合，而是以专业为中心，将其学科的知识体系用双语贯穿起来讲授和学习。其主要目的是以两种语言作为传递信息的工具向学生传道授业，让学生能兼用两种语言掌握学科概念、理论和方法，并能进行思维和表达。实质是教学的一种形式，而非英语语言教学，最终目的是通过教学使学生更好地掌握专业知识。从某种意义上来说，大学公共英语教学是基础，专门用途英语教学是过渡的桥梁，双语教学才是最终的目标。

我国实施双语教学最直接、最主要的出发点是提高学习者的英语水平，让学习者较快地学习和掌握西方国家先进的科学知识和科学技术，满足国家、地方和学习者未来发展的需要。而专门用途英语教学的目的在于帮助学习者学习与特定职业或学科相关的英语，以适应特定职业或学科的要求。专门用途英语教学的特点是在内容上与特定专业和职业相关，且词汇句法和语篇上与特定专业、职业相关的活动的语言运用上相适应。由此可见，专门用途英语教学的目标和双语教学的目的存在方向上的一致性，专门用途英语教学目的的实现能为双语教学的实施打下必要的基础。

在双语教学的众多因素中，学习者、教材、师资建设、课程体系设置等又与专门用途英语教学有着密切的关系。这些因素的特点决定了必须以专门用途英语教学为过渡，才能有效推进双语教学。因此，专门用途英语教学在实现大学英语教学向双语教学过渡上，具备理论上的可行性。

总之，“双语教学”作为一项国策，是高校的一项重要教学改革措施，它的实施需要整个教育环境的支持和师生的配合。只有处理好公共英语教学、学科专业英语教学与双语教学三者的关系，才能真正培养出适应世界发展潮流的人才。

第二章　专门用途英语教学需求分析

一、国内外研究现状

（一）专门用途英语发展中的五个阶段

专门用途英语教学是一个多元的教学理念，国外对专门用途英语研究始于20世纪60年代，对专门用途英语的研究已建立了完整的体系。其发展历经五个阶段：语域分析、语篇分析、目标情境分析、语言技能与学习策略分析和以学习为中心分析（Hutchinson和Waters，1987）。前三阶段研究注重语言的表层结构特点，第四阶段探讨语言使用过程，第五阶段将语言学习与语言运用相结合，针对社会需求和学习者需求培养外语人才。在上述专门用途英语发展的每一个阶段都涌现出具有代表性的人物和论著，并创立了专门的专门用途英语期刊，如*English for Specific Purposes*：*An International Journal*和*English for Specific Purposes Newsletters*。

（二）五个阶段的侧重点

专门用途英语的发展经历的这5个不同阶段，每个阶段对教学的侧重点都有所不同。

1. 语域分析阶段

该阶段侧重于语法和词汇。针对当时教科书往往忽视科技文章中的常见的语言形式，如复合名词、被动语态、情态动词、条件从句等，该阶段教学需求是给予上述问题足够的重视。

2. 语篇分析阶段

该阶段侧重于句子层面，通过文本组织形式理解语言含义。形成了该阶段专门用途英语的教学大纲。但该阶段的这种文本组织形式在各个不同的语言领域有所不同，如科技型文本与商务型文本组织形式有所差异，但不足的是这并没有得到充分的实践证明。

3. 目标情境分析阶段

本阶段关注的是交际目的、交际背景、交际手段、语言技能、功能结构等。这个阶段学习者的需求明显地被提升到了课程设计过程的中心地位。但结果证明不完善，因为需求概念的根据太简单。

4. 语言技能与学习策略分析阶段

本阶段开始尝试观察语言深层，考虑的不再是语言本身，而是语言使用中的思考过程。本阶段处理的是学习状况，教学的媒介是母语但学习者需要阅读大量的特殊文本，这些文本全部是英语。因此该阶段是努力提升阅读技能。比如通过上下文猜测单词的意思，使用视觉文本决定文本类型，利用同源词（某些在母语和目的语中相类似的词）等。从材料而言，该阶段重点关注阅读和听力技巧，练习方面主要是让学习者反馈并分析书面语与口语方面的区别。这一策略是从认知学习理论中得到启示，语言学习者被看做思考者，能够观察并用词语表达在语言使用中的理解和解释过程。

5. 学习为中心阶段

专门用途英语经历 3 个推动力：需求、语言新思维和学习新思维。本阶段才开始对学习新思维给予一定的关注。前面几个阶段从根本上说是有瑕疵的，因为它们都以对语言使用的描述为基础，而这种描述是表层的，如在第一、二阶段描述的是人们对语言的处理方式。虽然这有助于规定课程的目标，但专门用途英语所关心的不是语言的使用，它关注的应该是语言的学习。我们不能简单地假设通过描述和例证说明人们处理语言的方式就能让学习者学会语言。如果那样，我们只需读语法书和字典就可以学好语言了。学习专门用途英语的真正有效的方法应该基于对语言学习过程的理解，由此产生我们目前关注的以学习为中心阶段。

（三）需求分析与专门用途英语教学

需求分析是专门用途英语教学研究的基础，影响教学目标及教学方法，是教学大纲制定及教材设置的前提。需求分析最早出现在专门用途英语教学发展的第三阶段——目标情境分析阶段。在这个阶段，专门用途英语课程的设计首先放在对学习者目标环境的分析，将语言分析与学习者的学习目的紧密联系在一起，以满足不同学习者的不同需要。至第五阶段即以学习为中心阶段，需求分析在专门用途英语教学中的作用已经无可替代，需求分析成为专门用途英语的基石，使专门用途英语教学内容变得紧凑、紧扣重点。

英国语言学家 P. Strevens（1988）早在 20 世纪就成为专门用途英语方面的权威并提出专门用途英语教学带有四个根本性特征和两个可变性特征。在其描述的四个根本性特征中的第一点（必须满足学习者的特定需求）、第三点（在句法、词汇、语篇、语义及语篇分析上，重点必须放在那些与特定专业、职业及与之相关的活动的语言运用上）和第四点（与普通英语形成对照）上，均揭示了未来英语教学的实用性、专业性特点，而国内许多专家（章振邦、秦秀白、蔡基刚等）认为大学英语课程设置及教学的重心应逐渐向专门用途英语教学方向转移，专门用途英语教学成为目前大学英语教学改革不可回避的重要探讨问题，研究专门用途英语发展问题，必须认真研究其基础性的原理问题。从事专门用途英语教学研究者必须重视需求分析对专门用途英语教学发展的重要影响。

国外专家比较一致的看法是：仔细全面的需求分析应该包括“目前情境分析”和“目标情境分析”（Robinson，1991）。目前情境是指学习者开始专门用途英语课程学习前，原有的语言程度和对下一阶段学习的要求和期待，它包括学习者目前的外语水平、专业知识、学习动机、以前的学习方式等。目标情境是指学习者未来工作的环境对学习者的要求以及学习者对待这种需求所持的态度。Bloor（1984）把前者称作以学习者为中心的需求分析，而把后者称为以目标情境为核心的需求分析。完善的需求分析应该是这两者的有机结合，而这两者之间的差距，即为我们的专门用途英语教学所要解决的问题。这一观点也正与 Krashen（1982）所提出的“输入假设”理论，即 i + 1 假设相对应。

在这一理论中，i代表学习者已有的外语水平，即目前情境，而+1则是指高于学习者目前水平的语言能力，即目标情境。就“目标情况分析”来说，它是针对目标情境提出的“必要需求”、“缺少需求”和“想要需求”。“必要”指帮助学习者在工作环境中有效发挥作用所需的英语技能；“缺少”指必要技能与目前已经掌握的技能之间的差距；“想要”指学习者自身结合目标环境对自己提出的学习要求，其立足点还是学习者个体。因此，专门用途英语教学必须在对学生想要交流什么、如何交流、什么程度、学生的教育背景、学习英语的时间长短、学习的热情以及对英语学习的态度和期望、英语在他们长期学习计划中的位置等作了需求分析后才能顺利进行。

（四）两种需求分析的异同点

关于需求分析的重要经典解释是 John Munby 的“交际需求处理”和 Tom Hutchinson 和 Alam Waters 的“目标需求与学习需求”。目标需求分析是外语课程结束后对学生的个人学习情况、学习目的和外语水平开展的分析。学习需求分析主要是为了了解学生在学习外语课程前的语言水平，调查学生的语言优势和欠缺及学习态度、学习偏爱、需求与期望等。这些分析法的目标是外在的客观因素，没有注意到学生和教育环境等内在因素。为了弥补这一不足，后来出现了“教学需求分析法”（West，1998），具体内容包括欠缺分析；策略分析和手段分析，见表2－1。

表2－1　教学需求分析法的内容

内容	定义
欠缺分析	分析学生自身的学习需要，即他们所缺乏或感到缺乏的东西
策略分析	调查研究学生喜欢的学习方法和策略
手段分析	研究分析诸如课堂文化、ESP学者、教师的个人情况、实验性目标情境分析等

1. 两种需求分析的共性

两种需求分析具有共性。首先在专门用途英语教学中，教学目标的确定、内容选择、教学方法等要素都要考虑学习者学英语的目的和原因，要由他们用英语进行的交际需求和学习需求来决定，其目标是要培养学习者的交际能力。其次在专门用途英语教学领域，需求分析包含两方面的内容。一是有关“目标需要”的分析，即分析学习者将来必然遇到的焦急情境，包括社会文化环境、工作环境及特定环境可能给学习者在未来工作中带来的特定心理状态等。二是分析学习者的“学习需求”，包括学习者缺乏的技能和知识、哪些技能和知识应该先学，哪些应该后学；哪些是学习者喜欢或最易适应的学习方法等。再次对于专门用途英语教学，两种需求分析都包括目标需求分析和学习需求分析两方面因素，都考虑到参与者的年龄、性别、国籍、英语知识、其他语言的知识，以及职业和受教育情况等。除此之外，两种需求分析还考虑到场所（包括物质环境和社会环境）、交互作用、手段、目标水平及交际活动等因素。

2. 两种需求分析的差异

两种需求分析又具有明显的差异。John Munby 在《交际大纲设计》中对需求分析的论述，提供了非常详细的发现目标情境需求的处理办法，称为“交际需求处理”办法。这种 CNP 包括一系列至关重要交际变量的问题，这些问题能够用来识别任何学习者群体的目标与需求。Munby 认为专门用途英语大纲制定是直接由特殊交际参与者的预先交际需求识别决定的，从专门用途英语角度对需求分析进行系统化论述，建议大纲设计者应首先考虑课程的参与者地位，然后再考虑他们使用英语的目的情境。Hutchinson 和 Waters 则从目标需求与学习需求两方面进行分析。在进行目标需求分析时，不只考虑有关交际目的情境的语言特征。

（五）需求分析的具体内容

上面提到需求分析可以分为两个层面进行，即目标需求和学习需求。以下为分析的具体内容。

1. 目标需求分析

目标情境需求的分析，实质上是分析目标情境及其不同参与者在学习过程中对该情境的态度。从目标情境分析层面所需了解的信息有以下几方面。

1）为什么需要这门语言？

2）如何使用语言？

3）内容范围是什么？

4）学习者将与谁一起使用该语言？

5）语言将在何处使用？

6）语言将在何时使用？与专门用途英语课程学习同步与否？经常使用还是很少使用？少量使用还是大量使用？

上述这些信息都是在目标情境分析中必须了解和收集的，但这些仅仅是考虑为能达到目标情境学习者所需获取的知识和能力。

2. 学习需求分析

目标需求表明的是学习者需要做什么，而学习需求表明学习者是如何做的。如果说目标需求分析给出学习总的方向，那么学习需求则是通往该方向要走的路线。从学习需求层面，我们需要了解的信息有以下几方面。

1）学习者为什么修这门课？是必修的还是选修的？是否有明确的需求？会涉及地位、金钱、职位提升吗？学习者对于 ESP 课程的态度如何？

2）学习者是如何学习的？他们的学习背景如何？他们喜欢怎样的教学方法？

3）有什么可用的资源？教师的数量和职业能力如何？教师对 ESP 课程的态度如何？教师对专业内容的了解程度及态度如何？教学材料如何？课后练习机会如何？

4）谁是学习者？他们的年龄、性别、国籍是什么？他们对专业知识的了解程度如何？他们的兴趣如何？他们的社会文化背景如何？他们所习惯的教学风格是怎样的？他们对于英语或说英语国家的文化态度如何？

5）ESP 课程将在何时何地进行？学习环境如何？是全日制的还是兼职的？是每天一次还是每周一次？

以上只是一种需求分析内容的具体范例，为了进行有效的 ESP 课程设计，可以根据具体情况对其进行修改。

（六）国内专门用途英语研究情况

国内对 ESP 的研究始于 20 世纪 80 年代。学者们分别从重要性和学习者的需求分析等方面对 ESP 进行探讨。国内学者束定芳对它的分类较为宏观。束定芳将“需求”分成社会需求和个人需求两类。其中社会需求有两种，一是政府的外交或其他政治目的的需求，二是社会机构，如公司、学校和其他用人单位的需求。社会需求和学习者毕业分配形势有密切联系，用市场营销的观点解释即学习者是学校生产的产品。学校为了达到高就业率应做到预先确定社会需求，并且比同类专业提供更为适合的专业人才，以维持现有招生数量乃至满足扩招的需要。毕竟人才培养有一定的周期，如果不能预测学习者毕业时社会对外语的需求，这样培养出来的学习者就不能真正适应社会的需要。个人需求包括客观需求（如学习者目前的外语水平、年龄、教育背景、学习经历等）和主观需求（如课程的期望、学习目标、学习安排和希望采用的教学方法等）。个人需求分析和当今国内流行的“以学习者为中心”的教学方法吻合，也同中国传统教育要求的“因材施教”相一致。

30 多年来，我国国内关于需求分析也做了大量的研究。有关需求分析重要性的论文主要有余卫华（2002）、管春林（2005）、倪传斌、刘治（2006）、陈素燕（2006）等。对于学习者的需求分析的论文主要有王斌华（2008）、刘辉（2006）、刘延秀、姚孝军（2004）、潘之欣（2006）等。然而有关社会需求分析的文章较少，近 30 年只有 2 篇，即李萌涛、龚立（1994）展开的一次科技界英语需求调查和傅政、庞继贤、周星（2001）对浙江省 5 个地、市的 120 家外贸、金融等单位进行了问卷调查和访谈，就“入世”对大学英语教学的影响进行了分析。

二、需求分析的方法

ESP 教学的需求分析的方法，国内阐述的并不多，束定芳（2004）把社会需求的分析方法分为政策研究、座谈或问卷调查、预测；对个人需求分析，可采用访谈、问卷调查和阅读学习者的有关个人档案等。国外关于需求分析的方法（Randal Holme & Bussabamintra Chalauisaeng（2006）；Marina Dodigovic (2003)），除了上述方法外，还包括搜集目标地点的相关语料，观察目标地点的相关语言技能的运用，以及对搜集到的相关语篇的分析，或是与学习者非正式的交谈等。

三、个人需求分析

近年来，教学应该“以人为本”、“以学生为中心”的教学理念得到了越来越多人的认同。以学生为主体，充分调动学生的主观能动性已成为教育发展的必然趋势，教师教学的重点不在于“该教些什么”，而更应该注重于“该怎么教”，“该创造什么更好的环境来更适合学生学习”。要进行有效的课程设计，教师应对学生进行深入的了解，了解他们缺乏什么，需要什么，期望什么，应该学什么。这就是课程设计中的学生个人需求分析。当需求被当做课程设置的一部分时，它帮助学习者反思他们的学习，确定他们的需求，对他们的学习有种掌握感。

ESP 教学的首要特征是满足特定学习者的需求，教学中的后续环节，即教学课程设计、教师组织教学、使用教材、决定教学方法和评价教学成果等都要根据需求分析的结果来作调整。Richterich（1972）首先提出了外语教学中的需求分析模式，即如何满足外语学习者在未来语言使用环境中的交际需求。Widdowson（1981）提出了以“目标为导向”的需求，他认为需求是指学习者目前的学习要求及未来的工作要求，即学习者在学完外语课程后能够用这门语言去做什么，实现什么样的目的，达到什么样的目标。束定芳（2004）认为个人需求主要指学习者目前的实际水平和他希望达到的水平之间的需求。

现阶段大学英语课程无论从课程的设置、教材的选用、课时的安排、教师授课的方式和学习者学习的方法都已很难适应时代的发展和需要，改变现阶段传统的、根深蒂固的教学理念，力求一种更切实际的与时代同步的教学理念和方法成为必要。

据统计，学习者对英语教学内容应适度强化行业英语训练方面有高度的共识：在基础英语与行业英语的教学设置比例上，认为基础英语应大于行业英语的占 27%，其中发达地区、比较发达地区、欠发达地区所占比例依次是 24%、28%、29%；认为基础英语应与行业英语分配比例大体相当的占 42%，其中发达地区、比较发达地区、欠发达地区所占比例依次是 45%、43%、39%；认为行业英语应大于基础英语的占 31%，其中发达地区、比较发达地区、欠发达地区所占比例依次是 31%、30%、32%。这说明，强化 ESP 是多数学习者的共同愿望。

国外文献对需求分析也有大量的实证研究。Kheng-Suan Chew（2005）挑选香港各银行的新手，调查银行业对于新手的口语及书面语表达能力的要求；

Florence Li So-mui 和 Kate Mead（2000）对纺织行业的英语要求做了调查；Jackson（2003）调查了香港大学的学习者对于案例教学的需求；F. Chambers（1980）提出了对 ESP 需求分析的重新分析；Yocheved Deutch（2003）调查了以色列法学专业学习者对英语的需求；等等。

从目前情况看，笔者认为从职业角度出发个人需求分析可以包括以下 8 个方面：专业信息；学习者的个人信息；英语语言信息；学生的欠缺；语言学习的信息；目标情境交际策略；课程对学生的需求和环境情境因素。具体见表 2－2。

表 2－2　ESP 个人需求分析因素

方面	内容
1. 专业信息	学生正在将要应用英语进行的任务或活动
2. 学习者的个人信息	影响学生学习方法的因素
3. 英语语言信息	学习者目前的语言知识和技能
4. 学生的欠缺	3 和 1 之间的差距
5. 语言学习信息	语言学习的方法和技巧
6. 目标情境交际策略	如何在目标情境中应用所学语言
7. 课程对学生的要求	
8. 环境情境	手段分析

四、社会需求

Dubin 和 Olstain（1986）指出：一个语言教学课程设计必须体现国家总体的教育政策，反映该国家对语言使用情况和社会不同层面对语言的需求，反映一个国家和地区的教学大纲设计安排，否则这个教学课程设计将会失去意义。高校培养的人才应具有较强的行业针对性和经济地区性，因而英语课程设置必须针对行业，并适应其辐射范围内的经济结构，表现出较强的地方特色。从社会需求来看，由于海西建设的发展，福建地区的人才需求层次呈现出细分趋势，除对高级复合型人才继续保持强劲的需求外，对中低层次人才的要求也正在发生着变化，其中对在岗人员英语技能的需要因岗位的不同变得更为具体。

英国文化委员会在一项名为 English 2000 的大型调查中预言，21 世纪的英语教学将会发生很大的变化，最根本的变化就是："将来的英语教学是越来越多地与某一个方面的专业知识或某一个学科结合起来。"我国教育部颁发文件提出"积极推动使用英语等外语进行教学"，强调要在国际性相对强的六个专业（金融、国贸、法学、信息技术、生物工程和新材料）率先实行双语教学。而目前的 EGP 与双语教学之间存在鸿沟，学习者现有的英语水平尚未达到双语的要求，学习者很难立即适应从普通英语教学到双语教学的转变，因此需要一个过渡性的教学环节——ESP 来促进普通英语教学向双语教学的顺利过渡。

基于 ESP 丰富的内涵、实际运用性的特征及当代经济全球化的时代背景，它的价值也逐渐在职场中得到体现，被各种单位和企业认可。由于高校在 ESP 教学上的空白，社会上各种各样的"职业英语培训"机构应运而生，以博思（Business Language Testing Service，BULATS）为代表的职业英语测试，被各类人士狂热地追捧，被很多用人单位认可。因为此项测试服务特别为公司和组织机构提供了一种与工作紧密相关的、快速且实用可信的语言测评服务。目前已在意大利、法国、德国、俄罗斯、阿根廷、土耳其、巴西、日本、韩国、越南、印度尼西亚等 100 多个非英语国家和地区的公司和政府机构中被广泛使用，是公司领导者及人力资源部和培训发展部经理们最可信赖的一种语言测试工具。据不完全统计，目前中国大陆地区就有 60 多家像飞利浦、西门子、汇丰银行、阿迪达斯、沃尔沃、宝洁、高露洁、诺基亚等全球知名外资企业把 ESP 考试（如托业、托业桥、商务英语考试）作为公司招聘、培训等环节的语言测试工具，并且对薪酬的高低有着很大的影响。其中，托业考试就被耐克、宝洁、箭牌、百事食品、可口可乐、李宁、中国银行、国家电网、中海油、联想、东方航空、南方航空、IBM、微软、诺基亚、西门子、索尼爱立信、摩托罗拉、LG、日立、海尔、东芝、海信、松下、三菱、美的等认可并作为任职标准和公开招聘信息中的要求。专门用途英语还被列入公务员外语考评和招录的必备项目。国家人事部考试中心早就在全国 13 省、市共同举办专门用途英语个人综合化考试，使之成为与职称外语考试同等待遇的官方认可考试。可以看出中国人力市场和社会各部门对专门用途英语的认识和接受程度。据考试中心的问卷调查，用人单位和考生们普遍认为专门用途英语考试实用性很强，与工作环境紧密相关，具有很高的职业性，超过60%的考生出于提高职场竞争力，为了给自己增添求职的砝码，积极踊跃地参加各种“职业英语培训班”和职业英语考试。对各类专门用途英语考试证书的热捧大有超过大学英语四、六级证书的趋势。专门用途英语已成为职场竞争炙手可热的工作必需品，成为显示新一代职场人自信和能力的东西。

五、需求分析理论在我国高校专门用途英语教学活动中的重要性

（一）需求分析对课程设计的重要意义

需求分析是系统化的教学大纲建设中不可缺少的一环。需求被确定下来，教学目标也随之确定下来。它可以作为考试、教材选择、教学活动和评价策略的基础，也可以被用于二次评价需求分析的精确度和正确性。合理的需求分析是系统化的语言课程大纲设计中诸多方面有效进行的基础，检验目标和过程及检验需求分析的应用，对深入探讨大纲创造了良好开端。需求分析还是区分ESP和EGP的一个标准，Hutchinson和Waters指出，需求或需求分析同学习者的学习动机之间的关系是“如果学习者、负责人和教师知道学习者为什么学英语，这种认知就能影响人们选择易于接受的、合理的语言课程内容”。其积极的意义就是开发学习者潜能。国内的专门用途英语专业分类很多，有商务英语专业、旅游英语专业、法律英语专业、涉外秘书英语专业、外贸英语专业等。针对不同的学习对象，需求分析显得尤为重要。

束定芳总结了需求分析对我国外语学习的重要作用，共有四点。

（1）为制定外语教育政策和设置外语课程提供依据；

（2）为外语课程的内容、设计和实施提供依据；

（3）为外语教学目标和教学方法的确定提供依据；

（4）为现有外语课程的检查和评价提供参考。

（二）需求分析有助于教师改进教学方法

需求分析除了对课程设计具有重要意义外，它对于教师改进教学方法，提

高教学效果也有重要意义。需求分析的关键是要找出学习者现有的语言能力和某一专业知识水平与他们所期望达到程度之间的距离，以使教师能将精力投放在最需要重视的方面。外语课堂上有不少问题源于教师对学习者的兴趣和需求关注不够，他们没有意识到学习者应是他们搜集信息的重要来源。需求分析可以使教师对于课程最终所要实现的目标有一个清晰的印象，而对于教学目标的清晰把握可以使教师消除教学中的盲目性，提高教学效率。

（三）需求分析有助于提高学习者的学习积极性

使专门用途英语真正有别于 EGP 的关键在于，一方面，专门用途英语的需求是为教师和学习者所共同意识到的，是可以明确罗列出来的，而且他们的这种意识会直接影响到整个教学过程；另一方面，通过需求分析，学习者也会因回答需求分析的各种问题而对自己的学习目的有一个逐步清晰的过程，而帮助学习者认清学习目标可以使他们最大可能地参与到教学过程中，参与到课程安排、教材选编和课堂教学的互相配合中，从而调动起学习者学习的兴趣和积极性。而随着学习者越来越多地参与到课程中，他们对课程的态度和学习方法也会不断变化，学习效果也会不断提高。

六、从需求角度研究一所二本院校专门用途英语教学情况

（一）设置专门用途英语教学的意义

教育部要求在国际性相对强的六个专业（金融、国贸、法学、信息技术、生物工程和新材料）率先实行双语教学，福建江夏学院占了 4 个：金融、法学、信息技术、国贸。因此在本院进行专门用途英语教学意义重大。

1. 以法律专业为例明确专门用途英语的现实意义

市场经济是法制经济，近年来，随着我国社会主义市场经济体制的建立和不断完善，国家对法律职业和法律教育愈加重视。改革开放 30 多年来，法学教育规模不断扩大。1999 年，我国普通高等学校法学专业本科和大专毕业生为 31 500 人，占普通高校毕业生总数 846 617 人的 3.7%；招生数为 69 048

人，占招生总数 1 548 554 人的 4.5%；在校生为 174 496 人，占在校生总数 4 085 874人的4.2%。可见，在从1995～1999 年的短短4 年时间内，我国普通高校法学专业的计划招生数翻了一倍多，并且所占招生总数的百分比也从 3.7%上升到4.5%。法学教育的迅速发展为我国法制建设提供了大量的人才，但是，却不时有诸如“我国律师从业人员缺口巨大，尤其既精通外语又熟悉国内外法律的律师更是凤毛麟角”的报道、评论等见诸报端。这凸显了我国现有的法学教育培养模式和现有的法律人才的知识结构问题。在我国加入 WTO，成为世界经济体一员，面临着国际竞争的严峻挑战的大背景下，现有的法学教育模式和法律人才知识结构已不能满足越来越多的涉外法律事务的需求。

2. 法学专业双语教学的目标

法学专业双语教学的目标可以分为远期和近期两个层次。远期目标即回应现实对高级涉外法律人才的需求形势，培养既懂法律知识又能熟练应用英语处理涉外法律事务的高级复合型法律人才，即培养出所谓的“双语使用者”（能在任何场合，根据语言交际的需要，熟练有效地使用两种语言中的任何一种进行交际沟通的人）。

远期目标也是一个高层次的目标，笔者认为就中国目前的教育现状来说，在大学本科阶段让大多数学习者实现这一目标可能性不大，所以，在本科阶段，应该以近期目标，即掌握丰富的专业理论知识，对常用的专业词汇和词汇的法律含义了然于胸，同时可以运用英语语言对专业知识进行口语和书面的表达，比如，通过简单的准备可以口头发表自己关于某一案件的看法、观点，可以拟定合同文本、诉讼文书等，另外，已经养成用英语和汉语两种语言思维的习惯，碰到涉外案件，可以想象得到在中国和相关国家法律中的定性、大致的处理程序、难点所在、获得救济的方式等，而不是茫然失措，一头雾水。也就是说，专门用途英语对于法律专业学习者是首选。

（二）调查该校专门用途英语教学的必要性和可行性

根据 Stevick（1971）的研究分析，外语教学只有充分体现与学习者学习需求的“相关性”，同时具备“完整性”（指教学能较好地包含学习者的学习需求)、“有用性”(能让学习者学以致用)、“满意性”(让学习者感觉到他们的需求得到满足),才有优势来施加对学习者的影响。Nunan (1988) 在他的课程发展模式中也把分析学习者的需求和学习目的列为课程计划的首要阶段。Dubin 和 Olshtain (1990) 也指出调查摸底阶段应该是设置课程的第一步。因此,设置具有我校特色的语言教学大纲和课程内容,应该对学生、教师、毕业生、用人单位等进行需求分析,具体可分为社会需求分析和个人需求分析。通过需求分析,了解教学对象,了解他们的起点,了解社会发展对他们英语能力的实际要求,从而从社会及学生的实际需要出发,向他们提供对毕业后的学习和就业有帮助的英语课程。

1. 问卷调查

由于各个院校的实际情况各异,为了有的放矢,笔者从需求的角度对一所二本院校某些专业开设专门用途英语的必要性及开始情况进行了调查。

调查目的:了解现阶段专门用途英语课程开设的必要性以及已开设专门用途英语课程的教学效果以及专门用途英语与双语教学顺利接轨的可行性。

调查对象:专门用途英语教学的主要参与者,专门用途英语教师 (20 位) 和专门用途英语学生 (来自 3 个专业的大学一年级学生 128 名,毕业生 15 名)。

调查方式:本调查采取问卷和访谈相结合,定性研究与定量研究相结合的方法。定性研究采用了探究性访谈,对有关的专家、教师、相关专业辅导员、毕业生及用人单位的相关负责人进行访谈,另外通过相关信息和资料查阅:人才市场报、大学校园网、校园布告栏,确定社会需求的具体范围和所需程度,以期与定量研究中获得的数据互为参照和佐证。定量研究采用调查问卷的方式进行,调查问卷以纸质和电子文档形式,向调查对象发放。数据录入过程中剔除了对问卷中大部分问题没有作答的无效问卷,并对部分答卷漏选的个别问题以缺省值处理。

问卷由以下几个部分组成:①个人简况;②专门用途英语问卷共设计 30 个问题,包括学习动机、学习现状、专门用途英语学习需求、专门用途英语课程看法等方面。具体见表 2-3。

表 2－3　从需求角度研究 ESP 教学的必要性问卷调查表

1	你是？A. 女生　B. 男生
2	你学英语的动力是？A. 兴趣　B. 就业　C. 出国　D. 毕业　E. 提升
3	选择专业的原因是？A. 兴趣、爱好　B. 稳定，有较高的社会地位　C. 当年家人的意愿 D. 当时没有更好的选择　E. 收入颇丰
4	进入大学后你的英语学习目标是？A. 四、六级　B. 考研　C. 毕业　D. 就业
5	你认为现在的学习压力怎么样？A. 很大　B. 较大　C. 一般　D. 没有
6	你的高考英语分数为？A. 120～150　B. 100～119　C. 80～99　D. 80 以下
7	你是否对自己的英语学习有一个较高的要求？A. 是　B. 否
8	你设法提高自己英语水平的努力程度如何？A. 很努力　B. 一般　C. 不努力
9	你喜欢的与职业相关的英语教学语言为________ A. 汉语为主　B. 英语为主　C. 英语说一遍后再用汉语翻译　D. 全英语
10	你认为多媒体教学对你的英语学习有帮助吗？ A. 很大帮助　B. 比较有帮助　C. 有一点帮助　D. 没帮助
11	你最喜欢的课堂活动是________ A. 分组讨论　B. 同学上台讲解　C. 语言知识讲解　D. 情境表演
12	你对所在学校的教学环境和教学设施（含校内实训条件）满意吗？ A. 满意　B. 基本满意　C. 不太满意　D. 不满意
13	你经常写英语日记、作文、信函和 E-mail 吗？A. 经常　B. 一般　C. 偶尔　D. 从不
14	掌握好与职业相关的英语对今后的工作是否至关重要？A. 是　B. 否　C. 一般
15	掌握好与职业相关的英语对今后的职业发展空间是否至关重要？A. 是　B. 否　C. 一般
16	你是否参加过校外与专业英语相关的培训？A. 是　B. 否
17	你认为在英语课堂中增加你所学专业的相关知识是否有必要？A. 是　B. 否　C. 无所谓
18	若举办与专业相关的英语活动，你喜欢哪种形式？ A. 演讲比赛　B. 讲座　C. 游戏　D. 外出活动
19	你认为目前的教材是否符合你的学习需要？A. 非常符合　B. 符合　C. 不符合
20	你最喜欢哪部分教学内容：A. 听力　B. 写作　C. 课文讲解和语法　D. 口语
21	你是否需要学会专业术语来提升未来知识的延展性，如为查阅外文资料或为双语教学准备等？ A. 是　B. 否　C. 无所谓
22	与职业相关的英语，你希望是听说读写哪个方面有所侧重？ A. 听说　B. 读　C. 写　D. 专业知识

续表

23	你认为自己能否适应双语教学（用英语讲解专业知识）？A. 能　B. 不能　C. 还可以
24	希望教师在哪些方面为学习者提供自主学习与职业相关的英语的平台？ A. 专业内容翻译作业　B. 外文阅读资料　C. 学习者查阅资料共享　D. 模拟专业从业活动
25	如学习与职业相关的英语，目前基础英语学习是否还有必要？A. 有　B. 没有
26	你认为何时开始学习与行业相关的英语比较合适？A. 大一　B. 大二　C. 大三
27	如果开设与行业相关的英语你认为每周多少课时能接受？A. 4 节　B. 3 节　C. 6 节
28	如果开设与行业相关的英语你认为在听说读写方面课时如何分配合适？ A. 重点听说　B. 重点读写　C. 重点听读
29	如果开设与行业相关的英语你认为需要覆盖哪些领域的主题？ A. 专业知识各领域的理论部分　B. 专业技能涉外强的部分　C. 专业知识延展性需求强的部分
30	如果开设与行业相关的英语你希望教学方法是什么？ A. 传统的语法教学法　B. 翻译法　C. 情境教学法

2. 调查结果与分析

在专门用途英语教学领域，需求分析包含两方面的内容。一是分析学习者需求，包括学习者缺乏的技能和知识、技能和知识学习的先后顺序；哪些是学习者喜欢或最易适应的学习方法等。如学习者目前的外语水平、课程的期望、学习目标、学习动机和希望采用的教学方法等。学习者需求分析和当今国内流行的“以学习者为中心”的教学方法吻合，也同中国传统教育要求的“因材施教”相一致。二是有关“社会需求”的分析，即分析学习者将来必然遇到的交际情境，包括社会文化环境、工作环境及特定环境可能给学习者在未来工作中带来的特定心理状态等。现根据调查结果从学习者需求和社会需求两方面对专门用途英语进行分析。

学习者需求：

1）学生对开设专门用途英语课程的看法

就该二本院校情况看，首先，学习者普遍反映目前的大学英语教学与中学英语教学内容上存在重复，大学英语对于部分英语基础较好的新生没有更大的挑战，对于通过四级水平考试的大二学习者，普通基础英语课堂教学内容更是没有特色，缺乏吸引力；其次，大学英语教学仍以普通基础英语作为主要教学内容，课堂上的知识与学习者的专业和职业需求关系不大，学非所用，挫伤了学习者英语学习的积极性。再次，如果学习者由大学英语教学基础阶段直接过渡到双语教学，其外语水平和基本专业知识未达到双语教学前的水平，使学习者可能陷入语言能力没提高、专业知识没掌握好的窘境。

问卷调查结果显示受试者中 92.44% 认为开设专门用途英语很有必要，如图 2－1 所示，受试者认为专门用途英语教学对其就业（占 81.51%）、职业发展空间（占 89.92%）及未来工作中专业知识提升（占 91.6%）起到至关重要的作用。

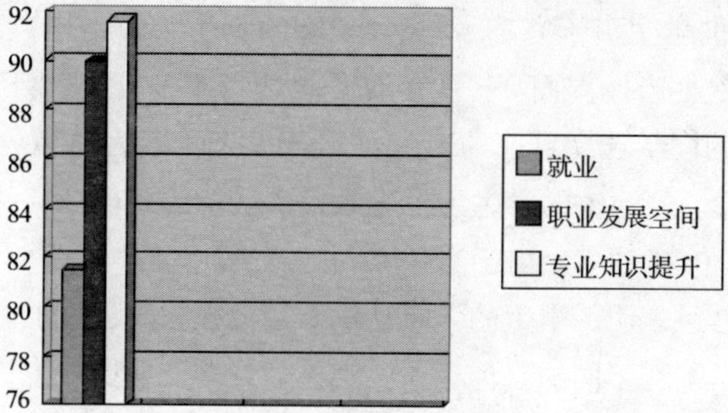

图 2－1 ESP 教学的意义

但不同专业的学生对此问题的看法不尽相同，人力资源管理专业 4.55% 的学生认为是否开设专门用途英语课程无所谓，而信息管理专业中 10% 的学生认为没有必要开设专门用途英语课程。进一步调查发现，产生这种现象的原因在于这部分学生对英语以及所学的专业并不感兴趣，因此集此两难于一身的专门用途英语课程使这些同学望而生畏。

2）外语水平

调查发现，学习者的外语水平是影响其学习专门用途英语课程的一项不可忽视的因素。高考分数在 120～150 之间的学生中有 85% 对专门用途英语教学感兴趣，认为在目前英语教学中应融入更多的专业知识，以便于研读英文版专业文章，了解最前沿的国外研究成果。而高考分数在 120 以下的学生中对专门用途英语教学感兴趣的比例远远低于高考分数在 120～150 的学生，仅有 54% 的学生表示愿意进一步学习专门用途英语，大多数学生认为专门用途英语教学太难，远远超出自己的外语水平所能承受的范围，在专门用途英语学习中未能达到预期效果，自我效能感降低，因此在专门用途英语学习中带有更多的消极情绪，在恶性循环中导致最终的专门用途英语学习未能取得理想成果。

3）学习动机

调查显示学习动机是专门用途英语课程学习中的重要因素。66.39%的学生进入大学后英语学习目标是通过四、六级考试，16.81%的学生是为了考研做准备，5.88%的学生为了能够顺利毕业，10.92%的学生为了就业。就学习专门用途英语的学习动机而言，47.9%的学生学习专门用途英语是为了更好地就业，26.89%的学生出于兴趣爱好，4.2%的学生为了出国，21.01%的学生为了毕业。在专业选择方面29.41%的同学选择本专业是出于自身的兴趣爱好，而56.3%的同学选择目前的专业是迫于无奈，因为高考分数的限制当时没有更好的选择。9.24%的学生为了进入社会后能够获得稳定的收入，有较高的社会地位，5.04%的学生出于当年家人的意愿。

教育研究已经表明，学生的学习动机与态度在很大程度上影响着他们学习的效果，尽管学生有不同的兴趣和人生观，但许多能明白或意识到学习外语的需要，具有一定的学习动机。Rod Ellis（1997）在 Gardner 和 Lambert 动机研究的基础上将动机描述为工具型动机、融入型动机、结果型动机和内在型动机四种。工具型动机指的是学习者获取语言的功能需求，其目的是适应某种功利目的，如找一份可靠的工作，或获取一份不错的薪水等。他们对产生目的语言的文化不是很感兴趣。融入型动机指的是语言学习者在自身融入语言文化中获取语言的愿望，目的在于与目的语社团协调并成为其中一分子（Brown，1994）。具有融入性动机的学生对目的语言中展现的文化和人民感兴趣，在他们看来，文化学习能使他们更好地掌握语言，满足自己的需求，因此，他们主动追求和了解文化。结果型动机则强调外语学习的成就感，而内在型动机是指学生因特定的学习活动而产生兴趣，从而对学习外语所做出的努力的程度。学习者的学习动机往往与他们所处的社会环境有关系，对于部分学生来说，身处母语学习环境，在空间与态度上与目的语文化相距甚远，他们主要在教室里接受外语的输入。而学习外语的主要目的就是拥有日后工作岗位所需的外语等级考试证书，从而获取一份较好的工作。因此，他们的许多精力花在应付考试上面，学习动机具有明显的工具型倾向。但更多专门用途英语学习者的目的是融入型。教师应让其明确这种以融入型动机为主，隐藏着工具型动机的学习目的，引导他们主动接触外来文化与本土文化的对比。

也可以说动机分为表层动机和深层动机。表层动机与个人前途直接相关，动力来自外部。而深层动机的动力来自内部，来自学习者自身对英语语言文化的兴趣。具有深层动机的学生对学习外语感兴趣，对外国文化感兴趣，对外国的科学技术感兴趣。深层动机愈强，使用目标语言的欲望愈强。有相当一部分同学的专门用途英语学习动机是深层与表层动机的结合。就学习语言而言，有各种各样的学习动机。比如，希望今后能有一份理想的工作，立志为国家服务的责任感，掌握更多的专业英语知识受到同学们的敬佩，能受到家长的赞扬等。对有的同学来说意味着今后更有前途，对另外一些同学来说很好地掌握专业英语知识本身就是一种奖励，这种奖励能刺激他们更加努力地学习，成为班里或年级里的优秀学习者。从目前操作的情况中发现，他们学习的愿望还是很强烈的，笔者在与部分法律专业和会计专业学习者交谈中获知原因有以下几点：①他们总的来说喜欢课本主题；②职务提升前景美好；③即将进行有趣的实验或工作实践与所学内容相关；④该课程是自己喜欢或尊重的老师授课；⑤他们在专业领域表现优异，但由于相应的外语方面相对薄弱，需要提高。

4）英语学习策略分析

在对学生的英语学习策略的调查中发现：34% 的学生是背单词和课文；22% 的学生是大量阅读；21% 的学生是大量做考题；21% 的学生是经常听说；2% 的学生是其他方式。由此可见，广大学生对语言学习策略及相关知识了解甚少，在日常学习过程中，他们很少甚至几乎从未有意识地使用过。对策略内容的不了解致使他们在学习过程中无法自如运用，也就无从谈起对学业的帮助。而语言学习策略的重要性毋庸置疑。英语学习策略教学不仅要帮助学生改善英语学习，而且还要增强其主体意识，进而促进学生的自主学习能力、可持续发展能力和创新能力的培养。学会学习，成为有效的学习者，拥有自学和再学习的能力，是高校培养学生的首要任务。

毕业生对自己目前英语独立自学能力的评价调查结果显示：毕业生对自己的英语独立学习能力评价并不很高，只有 17% 的毕业生认为自己有独立学习能力，39%的毕业生认为自己勉强能独立学习。当今时代素质教育已经成为教育的最终目标，终身教育、可持续发展的教育理念已深入人心。“授之以鱼不如授之以渔”、“教是为了不教”的教育理念要求外语教学应重视培养学生的自主学习能力，培养其终身学习的能力。我国2007年最新颁布的《大学英语课程教学要求》中明确规定，自主学习能力是大学英语的教学目标之一，教学模式改革成功的一个重要标志就是学生个性化学习方法的形成。英语教学的主要目的不仅是提高学生的英语水平、应用能力，更要使学生获得独立自主学习的能力，为学生的终身学习创造条件，从而增强其综合职业能力和创业能力。

5）教学内容分析

问卷在学生对目前的教材是否适应学习的需要的调查发现：7%的学生认为非常符合学习需要；73%的学生认为符合学习需要；8%的学生认为不符合学习需要。从总体上讲，所调查的在校生对于现行教材认为非常适合的非常少，说明学生并不是很满意所使用的教材。而对学生对教材中突出实用性阅读和写作（如说明书、技术规范等）有助于提高英语应用能力的看法的调查结果表明：70%的学生同意教材中突出实用性阅读和写作有助于提高英语应用能力；20%的学生完全同意；6%的学生表示无所谓；4%的学生不同意。毕业后大多数学生都会在一线从事基础性工作。企业引进的大型的进口设备、仪器的安装说明、操作指令、维护指引都以英文写成，因而要求操作、维护人员必须具有较高的英语技能。这些工作用到的英语大多都是如“技术规范、说明书”等应用性很强的英语。此项调查结果与我们在问卷中对毕业生在岗位上经常接触的英文资料的调查结果一致。

6）教学模式分析

问卷在对在校生最喜欢的教学模式的调查显示：57%的学生最喜欢的教学模式是师生互动；19%的学生是教师讲解为主；18%的学生是自主学习为主；5%的学生是网络教学为主；1%的学生为其他方式。由此可见，师生互动是最受欢迎的教学模式，而传统的教师讲解模式已经过时。该结果与问卷中对毕业生在校学习时最喜欢的英语课堂教学模式的调查结果一致：毕业生最喜欢的课堂教学模式是师生互动。但由于传统的英语教学模式形成的被动、机械的学习习惯很难在短期内转变，因此毕业生对于强调自主学习的网络学习模式需要更多的适应时间，同时，由于网络自主学习普及时间较短，并没有表现出所期望的受欢迎程度。

7）学生对专门用途英语课程教学法的看法

对于专门用途英语教学方法，68.07%的学生希望在听说方面有所侧重，究其原因，笔者认为听说教学和专门用途英语目标一致：二者都是以实际应用为目的，都是使学习者能够更好地运用外语进行交流，即用英语在本专业领域的交流。听说教学中简单化、专业化的词汇能够提高学生对专门用途英语的兴趣，听说教学设计的情境的真实性以及任务的真实性与专门用途英语不谋而合，比如《金融英语》的听说教学大量借助银行等金融机构办事情境为依托，而《法律英语》以律师取证和法律辩护情境为依托等；听说教学中词汇的更新更能体现专门用途英语的时代性，这主要体现在信息英语和科技英语中，另外专业词汇通过听说教学认知习得比阅读记忆更容易且深刻；听说教学过程强调学生为中心开展的师生互动体现了专门用途英语培养专业人才的直击性目标与任务。该结果与学校领导、教授和专家对今后未来5～10年英语5项技能的重要性排序中听说占首位不约而同。18.49%的学生认为应侧重专业知识；11.76%的学生认为应侧重读；1.68%的学生认为应侧重写。在课堂形式方面，56.3%的学生希望教师在专门用途英语课堂中增加互动环节或者通过模拟专业从业活动等形式为学生提供自主学习与职业相关的英语的平台。若举办与专业相关英语活动，54.62%的学生喜欢外出活动，如相关的实践演练、模拟将来用英语进行的任务和活动，及满足对目标情境的客观需求。以上几点均为学生欠缺方面，学习者在这几方面期待进一步的提高，以缩小目标情境对专业知识的要求和学习者英语知识技能之间的差距。

调查显示，专门用途英语教学方式使一些学习者改变了对英语的看法，之前认为学习英语与其专业无关，只是为了应付考试，而通过专门用途英语教学，很多学习者意识到英语与其今后的专业发展和职业拓展空间密切相关，因此对英语的重视程度明显提高，如在课堂中开始积极地参与课堂活动，并在课后搜集与专业相关的英语材料进行研读分析。同时相关的专业课程成绩也有所提高，因此可以看出，专门用途英语教学与专业课程可以相互促进。

社会需求:

高等职业教育是以就业为导向的教育，社会及用人单位对高等院校毕业生英语应用能力有较高的要求。这些要求包括英语听、说、读、写、译五项能力，具体包括日常交际对话，阅读产品说明书，产品说明书写作、翻译等，另外用人单位认为毕业生具备的英语应用能力在实际岗位中的重要性，包括生产岗位等。

1）企业对涉外人才需求

根据中国人事科学研究院发布的《中国人才报告》（2007 – 05 – 29）http://news.xinhuanet.com/employment 预计，未来几年我国专业技术人才将出现供不应求的局面，其中一些涉外人才需求很大，如涉外会计、涉外律师、涉外金融人才等，人才缺口预计在325 万人。

（1）用人单位对毕业生的英语五项要求

根据社会调查统计数据，总体而言，用人单位对毕业生的英语 5 项要求中，对学生的英语翻译能力的要求最高达 54.5%，如表 2 – 4 所示。

表 2 – 4　用人单位对听说读写译 5 项技能的要求

用人单位对毕业生英语听说能力的要求	30.90%
用人单位对毕业生英语阅读能力的要求	51.50%
用人单位对毕业生英语口语能力的要求	38.20%
用人单位对毕业生英语写作能力的要求	36.80%
用人单位对毕业生英语翻译能力的要求	54.50%

针对具体工作内容如表 2 – 5 所示，用人单位认为毕业生英语听说技能在“援外施工”和“接待外事”这两项工作中占的比重最大。

表 2 – 5　用人单位对听说技能在具体工作中的需求的比例

日常交际对话	30.90%
与外商进行谈判	35.30%
签订外交合同	32.40%
接待外事	39.70%
援外施工	41.20%

多数用人单位认为毕业生英语技能中阅读技能很重要，如表 2－6 所示，“会议通知”占到 58.8%，可见英语阅读能力的高低直接影响到人才对涉外工作内容的掌握程度，见表 2－6。

表 2－6　用人单位对阅读技能在具体工作中的需求比例

产品说明书	48.50%
设备说明书	44.10%
合同文件	48.50%
工程项目书	44.10%
协议书	47.10%
会议通知	58.80%

毕业生写作能力也直接影响到涉外工作的质量，高达 50.00% 的用人单位认可英语写作技能在“会议通知”写作这项工作中的重要性，如表 2－7 所示。

表 2－7　用人单位对写作技能在具体工作中的需求比例

产品说明书	42.60%
设备说明书	39.70%
合同文件	48.50%
工程项目书	45.60%
协议书	48.50%
会议通知	50.00%

英语翻译技能在工作岗位中体现得尤为明显和重要，针对工作内容，用人单位认为最重要的翻译工作内容是“合同文件”的翻译，达到 55.90%，如表 2－8 所示。

表 2－8　用人单位对翻译技能的要求比例

产品说明书	51.50%
设备说明书	52.90%
合同文件	55.90%
工程项目书	52.90%
协议书	51.50%
会议通知	44.10%

被调查的用人单位认为技术岗位，即研发型岗位对英语技能的需求值最高，达52.90%，技术性人才需要较多地接触国外先进的技术，并且经常要阅读外文资料，所以技术型岗位对英语技能需求最高。用人单位对后勤岗位，即服务型岗位提出英语技能要求的只占27.90%，如表2－9所示。

表2－9　不同岗位对英语技能需求比例

生产岗位（操作岗位）	51.50%
技术岗位（研发型岗位）	52.90%
行政岗位（管理型岗位）	51.90%
后勤岗位（服务型岗位）	27.90%
第三产业岗位	51.50%

（2）社会调查报告

笔者对与本校开设专业相关的一些行业的专门用途英语成绩，2011年以托业成绩为基础的校园招聘筛选标准，以及同一职务不同岗位对托业成绩的要求分别做了调查（见表2－10、表2－11、表2－12）。（参见www.toeic.cn）

表2－10　与该二本院校开设专业相关的企业对国际性托业考试的需求情况

所属行业	新员工入职门槛行业参照分数	典型企业
消费品/零售/服装/贸易	700～750	宝洁、玛氏、雀巢、李宁、耐克、金佰利、宾堡食品
会计/财经/咨询	650～780	德勤、毕马威、安永、艾森哲
计算机软件	650～730	微软、SUN、IBM、SAP、花旗软件、Adobe
交通运输/物流	600～650	联邦快递、现代商船、中集集团、南方航空、大韩航空、深圳航空
IT/通信	650～780	联想、戴尔、SONY、佳能、索尼，华为、思科、诺基亚、爱立信、IBM
互联网/电子商务	650～680	趋势科技
银行/证券/保险	700～800	嘉实基金、中国出口信用保险公司
旅游服务	350～750	南航、东航、青岛海天大酒店
行政管理/教育研究机构	470～860	商务部、美领馆广州农贸处、世博会事务协调局、北航飞行学院

表 2－11　2011 年以托业成绩为基础的校园招聘筛选标准

企业名称	2011 年校园招聘筛选标准
沃尔沃集团；爱立信	730 分以上优先，850 分免英文笔试
凌云光子技术集团；辽宁联通	450 分以上优先考虑
三井物产（中国）有限公司	730 分以上
博彦科技	有 TOEIC 成绩优先，650 以上免英语笔试
华硕	450 分以上优先考虑
南京汽车集团有限公司；上海汽车集团股份有限公司；雅培；郑州日产	400 分以上优先考虑
日本电装	500 分

表 2－12　同一岗位不同职务对托业成绩的要求

项目	目标/时间限制等	最低分数	要求	作用
员工招聘	申请经理职位	780	必须	
	申请经理助理职位	700	必须	
	申请销售职位	650	必须	
	申请技术职务	650	必须	
	申请国际客户服务部门	785	必须	
	招聘刚毕业的大学生	650	必须	
内部人力资源管理	晋升经理或更高级别	750	必须	
	对英语比较高的部门，如国际商务	800	必须	
	在公司工作少于 3 年的年轻员工	700	必须	
	需要晋升或加薪的中等水平员工	700	必须	
技术培训	参加用英语讲述的培训最低分数	600	必须	决定员工是否有能力接受英语讲述的培训
海外任务	海外派遣	750	必须	
	作为代表团负责人在海外开展业务	820	必须	
	去国外参加会议/讨论/国际贸易	730	必须	
	长期在国外工作生活	800	必须	

续表

项目	目标/时间限制等	最低分数	要求	作用
金融部门	高级金融员工	785	必须	阅读分数不低于420
	中级金融员工	710	必须	阅读分数不低于380
	初级会计	600	必须	阅读分数不低于330

TOEIC（托业）是TOEFL（托福）的姊妹考试，也被称为“职场托福”，考试测量考生在国际工作环境中使用英语交流的能力，考试要求熟悉日常工作、生活与职场活动中所需的英语，提高学生在办公环境中常用应用文体及各职场类文章的阅读能力，提高学生在实际工作中的听、说、读、写、译的效率，从而提高沟通能力。

托业考试的意义是针对不同企业、不同岗位提出不同的职场英语要求，以不同的分数段区分学生的英语应用能力。也可以说托业考试是企业选人、用人的量化标准。通过了解托业考试，我们的专门用途英语教学可以有的放矢，根据企业的标准培养学生各方面的素质。

（3）岗位英语需求分析

在对不同岗位（高层管理岗位、中层管理岗位、基层管理岗位和一线生产/工作人员）是否使用英语情况的调查结果发现：岗位越高，对英语应用技能的需求越高，日常使用量也越大，同时也更加具体。除大量使用进口设备的企业外，一线生产岗位对英语技能的需求还是相当有限，而管理岗位则对英语存在较大需求。毕业生初次就业的岗位多为“非常低”或“从来不”使用英语的生产一线，但这并不意味着学生完全不需要学习英语。我们在英语水平对毕业生薪资收入、职位升迁、未来发展的影响的调查中也得到了证实。毕业生认为英语对薪资收入、职位升迁、未来发展的影响，回答“很大”、“较大”的占54%。在物质回报和个人发展目标的推动下，随着岗位的提升，在校生会十分清醒地认识到英语技能的重要性，在经济全球化的今天，英语作为通用的国际语言，已经成为求职、就业、加薪和职业晋升的必备条件之一。

（4）岗位英语技能使用分析

在对用人单位各岗位英语技能使用频率的调查显示：听说的均值最高，其次为阅读和写作，翻译均值最低。而在对毕业生的工作中使用英语最多的方式的调查项目中，回答听说的占 53%，读占 14%，写和译分别占 11%，回答多项同时使用的人占 11%。从数据可以看出，在工作岗位上，毕业生使用最多的英语技能是听、说技能。在对在校学生英语技能的需求的调查结果也证明了这一点：28% 的学生认为说最重要，20% 的学生认为听最重要，8% 的学生认为写最重要，8% 的学生认为读最重要，7% 的学生认为译最重要。可见，在校学生已经意识到以听说技能为主的综合应用能力培养的重要性。因此，英语教学要正确处理听、说、读、写、译之间的关系，在确保各种语言能力协调发展的同时，特别注重加强听说技能的培养，这样才能符合教学目标，培养出更多具备涉外交际活动语言能力的人才。

（5）岗位接触英文资料分析

从对毕业生岗位上经常接触的英文资料的调查可以看出，大多数毕业生对本专业的英语资料比较关注。33% 的调查对象要用到产品说明书和操作手册，19% 的调查对象要阅读专业期刊或专业书籍，同时，与行业相关的信函、单证能力也受到较高的重视，分别占 16% 和 12%。

而我们在对毕业生在岗位上运用外语时所遇到的问题和困难的调查结果显示：毕业生在岗位上运用外语时所遇到的最大问题和困难是词汇量和专业术语量小。一个外语学习者发音准确与否、词汇量大小、语法掌握的熟练程度，始终是衡量其外语水平高低的重要标志。而外语的综合能力的提高离不开这个现实基础。在我们提倡英语教学由普通英语教学向专门用途英语教学过渡的过程中，如何探索有效的途径，打好学生的语言基本功也是我们所要解决的问题。

（6）英语教学的满意度综合分析

问卷 A、B、C 分别从用人单位、毕业生和在校生三个层面对英语教学进行满意度调查。结果如下。

问卷 A 的调查显示许多用人单位对近几年来接收的非英语专业的毕业生所具备的英语应用能力感到不太满意。没有样本选择“很满意”这项，数值为 0，选“满意”的仅 1 例，大多数选择明显集中在“一般”和“不满意”。而我们在问卷 B 中毕业生对在校学习英语的整体评价的调查结果也显示，我们的毕业生对英语教学的整体评价不高，32% 的调查对象认为应提高整体水平。

问卷 C 中在校生对目前的英语教学状况的满意度调查结果显示：4% 的学生对目前的英语教学状况很满意，64% 的学生比较满意，26% 的学生不满意，4% 的学生无所谓。由此可见，目前的高职高专英语教学水平与用人单位、毕业生和在校生的期望有较大差距。

问卷 A 在对用人单位对高职高专毕业生最不满意的英语技能项目的调查结果显示："听说能力" 为最不满意的一项，其次是 "综合应用能力"，说明毕业生在听说和综合运用英语的能力上存在缺陷，这是英语教学亟须改进的方面。而问卷 B 在对毕业生需要加强的外语能力的进一步调查结果显示：41% 的调查对象认为听说能力是需要加强的一种能力，这也从另一个角度说明，我们在英语教学中对听说能力的培养不够，毕业生在踏上工作岗位后感觉自己的听说能力不能或者不能完全满足岗位的需求。因此，英语课程改革在教学内容上必须更加突出语言技能特别是听说技能的培养。但问卷 B 的调查也显示，阅读能力也是毕业生需要重点提高的技能之一。阅读能力仍是大部分毕业生工作所需的主要技能。同时，学生的读、译能力相对听、说、写的能力较强，这是历年来强调语法及翻译的结果。很明显，传统的高职高专英语教学已经不能满足社会对毕业生英语能力要求的需要。

2）毕业生对专门用途英语社会需求看法

对于毕业生的调查问卷，共发出 20 份，回收 15 份。

第一部分是考察在校期间的专门用途英语所学的课程知识和得到的技能培训是否在实际工作中得到运用，专门用途英语课程对个人发展是否有所帮助。关于专门用途英语课程在实际工作中的效用，80% 的被调查者认为在目前工作中，很多需要运用到行业英语的知识，20% 认为有些运用到相关知识，但不多，但专门用途英语课程对于提高语言技能有所帮助。对于必备的专门用途英语课程知识，40% 的被调查者认为是行业词汇，30% 认为是语言技能，30% 认为是专业知识。关于专门用途英语课程对于个人发展有否帮助的问题，36.8% 的被调查者认为会有很大的帮助，52.6% 的人选择有所帮助，但不多，10.5% 认为没有帮助，但对提高语言技能有所帮助。关于专门用途英语课程对于个人发展有所帮助的知识，38.9% 的被调查者认为是语言技能，33.3% 认为是专业知识，27.8% 认为是行业词汇。

第二部分是关于专门用途英语教学应如何调整以适应实际工作需要。47.4%的被调查者对专门用途英语课程的教学效果表示不满意，31.6%表示比较满意，仅有21.1%表示满意。63.6%的被调查者认为现有专门用途英语教学中只注重语言点的解释，缺乏口语的训练和交际能力的培养，18.2%认为师资缺乏，9.1%认为教学方法单一，9.1%认为听力需要加强。由此可见，专门用途英语教学应注重交际能力的培养和听说的训练，改变传统的语法翻译法的单一使用。

通过对上述毕业生的工作体会调查也可在一定程度上反映出社会对专门用途英语的需求。2/3的被采访者认为专门用途英语对他们的学习或工作有益，使他们在工作中获得更多的机会，在竞争中掌握更多的筹码。如在涉外业务中表现出色为他们的工作业绩大大加分，同时更加容易受到上级的赞赏与肯定。在校时专门用途英语的学习拓展了他们职业发展的空间，拥有更多参与国际业务的机会。

3）教师对专门用途英语社会需求的看法

多数教师赞成开设专门用途英语课程，尽管他们并不清楚也不关心教学大纲对专门用途英语的具体规定。会计系的W老师认为随着对外交流的逐渐增多，越来越多的外国企业进入中国，然而会计专业的毕业生却无法用准确的会计术语进行涉外会计实务交流。会计系辅导员L老师指出没有上过专门用途英语课程的大学毕业生在参加外企面试时无法流利用英语回答专业问题，给求职应聘造成很大障碍。

J老师在英语课堂中经常引入一些与学习者专业紧密相关的外语知识，大部分学习者对此显示出极高的兴趣，因为所介绍的内容在他们的专业课程中也有所涉及，在英语课堂中以英语这种崭新的形式出现并从不同的角度对其有所补充是一种突破，对学习者来讲是一种新鲜的尝试，其中很多学习者要求在今后的教学中多引入一些类似的相关知识，这对今后专业知识的学习有着积极的促进作用。

调查结果也发现专门用途英语教学也存在许多需要改进之处。如一些以英语形式介绍的专业知识晦涩难懂，使一些基础不好的学习者望而却步，甚至产生了放弃英语学习的念头。因此在今后的教学中应充分利用现有条件和各种方式努力使深奥的专业知识变得简单有趣，这对于专门用途英语教师来说是一种极大的考验与挑战，既要掌握丰富的相关专业知识，又要有效创新利用各种教学方式。

4）企业主对专门用途英语的看法

在与企业主的访谈中，多家企业的负责人指出：①企业需要的不是考试高手，而是具有能用专门用途英语知识与技能来解决工作背景下问题的能力的员工，即突出“做”（实践）的能力；②学生毕业后短时间就能适应岗位上对专门用途英语的要求，而不需要长期的培训；③对专门用途英语有“不断学习”的意愿与能力，能跟上时代与相关技术的发展。

5）教师对专门用途英语教学的需求

就该二本院校的情况看，首先，教师也看到目前的大学英语教学与中学英语教学内容上存在重复，对学生缺乏吸引力，这与学生的看法一致；其次，专门用途英语教学能提高学生的积极性，课题互动必然增强；再次，专门用途英语教学能促进教师的职业发展。

问卷调查结果显示，受试者中 90.51% 认为开设专门用途英语很有必要，如图 2-2 所示。对于开设该课程的意义，其中 81.51% 的教师认为能增加“双师型”教师的比例，89.92% 认为对自己的职业发展空间有益。在调查中有些教师坦言单会一门外语职业发展空间狭小，比如，A 教师曾就职于某翻译公司，但翻译机械类图纸却愁眉不展，B 教师坦言看不懂法律文书，C 教师表示计算机中英语说明还得请教他人。91.61% 的教师认为该教学能拓展自己的知识，阅读面随之增加，97.52% 认为该教学能增强课堂互动，因为专业知识以英语的形式出现对学生来说是一个新鲜的体验，93.60% 认为该教学能促进科研方向的形成。大部分大学外语教师一旦问起科研方向是一头雾水，这是由于大学外语作为一门公共课，类似于为学生的语言进行启蒙教育，谈不到深入的方向，而专门用途英语是一个新兴的课题，从教学大纲、教学方法、教材编写、课堂模式到教学评价都是一个全新的方向。90.81% 的教师认为该教学真正体现了公共课为专业教学服务的原则，89.99% 认为通过教学相长，可以提高自己的教学水平，促进自己进行教学研究，活跃课堂气氛，85.63% 认为该教学活动还能促进集体教研的形成，这对教学团队建设意义重大。

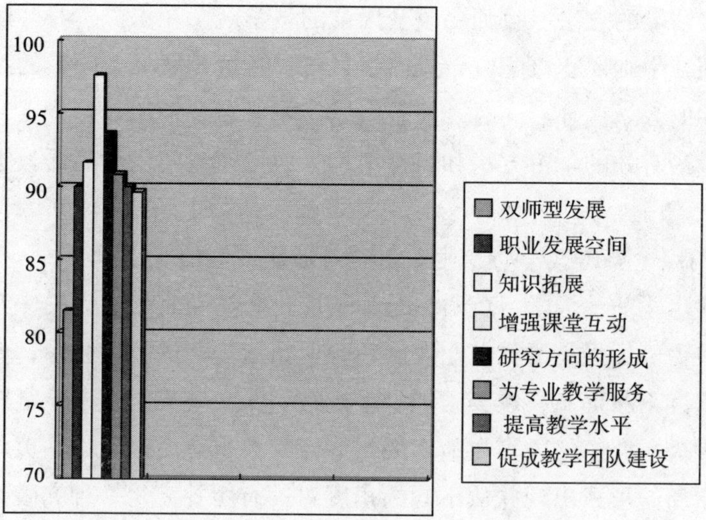

图 2－2　受试教师对 ESP 教学意义的看法

（三）专门用途英语教学现状所引发的思考

值得注意的是，专门用途英语既不同于大学英语，也不同于专业的双语课程。大学英语侧重于英语听、说、读、写、译等基础的练习，在于对语言能力的培养。专业的双语课程是由专业教师用英语讲授的专业课程，兼用外语和汉语来讲授专业知识，它不是以语言教学为目的，而是以讲授某学科的专业知识为主线，作为学习者特定环境下使用的英语。专门用途英语是衔接大学英语和专业的双语课程，在基础英语教学的基础上，让学习者的外语能力和专业技能有更好的结合，使他们在接受本专业普通知识的同时，继续提高他们的英语技能水平，满足学习者在达到大学英语基础水平后（通过大学英语四级）能尽快适应双语专业课的实际需要的过渡性课程。这样的解读正好符合学习者对专门用途英语教学的需求。

根据调查情况，笔者对本校专门用途英语教学现状引发如下思考。

1. 对学习任务的真实性的重视

学习任务的真实性要求学生在处理课文时应采取与现实生活相同情境中的技能和策略。在教学方面也采用如案例分析、角色扮演、问题解决等一些再现或模拟现实情境的方法。教师要改变以往的教学观念，积极学习并运用新的教学理论，而学生则要积极配合，及时提供各种建议和意见。师生的互动最终将创造出良性的教学循环。同时既要了解语言学习者和使用者的特点，又要了解对特定学生最有效的学习方法和目标情境，以便使专门用途英语教学发挥更大的作用。

2. 专门用途英语教学与专业知识学习形成良好的互动

很多学生之前认为学习英语只是为了应付考试与其专业无关，专门用途英语教学应致力于加强英语与专业发展和职业拓展之间的密切联系，使学生对英语的重视程度不断提高，在英语课堂中经常引入一些与学生专业紧密相关的外语知识，因为所介绍的内容在他们的专业课程中也有所涉及，在英语课堂中以英语这种崭新的形式出现并从不同的角度对其有所补充是一种突破，对学生来讲是一种新鲜的尝试，很多学生要求在今后的教学中更多地引入相关知识，在课堂中积极地参与课堂活动，并在课后搜集与专业相关的英语材料进行研读分析，进一步促进相关专业课程成绩的提高，使专门用途英语教学对今后专业知识的学习有着积极的促进作用。同时在今后的教学中应充分利用现有条件和各种方式努力使深奥的专业知识变得简单有趣，这对于专门用途英语教师来说是一种极大的考验与挑战，既要掌握丰富的相关专业知识，又要有效创新利用各种教学方式。

3. 要处理好客观需求和主观需求的关系，即要关注学习者的学习的必要性、对知识点的缺乏和个人需要

1）必要性

它是目标情境所决定的一种需求，也就是说学习者需要学习什么内容才能在目标情境中应用自如。比如，一个商人可能需要理解商务信函，需要在销售会议中有效地交际，或从销售目录中获取必要的信息等，或许还需要知道语言的特点——表达、功能、结构、词汇——这些都是该情境中常用的。这种信息相对容易获取，只要观察学习者需要在什么情境中交流，然后分析语言中相应的部分。

2）缺乏

由于专门用途英语关注的是特殊的个体，我们就需要知道学习者已经学会

了什么，这样才能决定学习者还缺哪个相应的部分需要学习。比如，一个目标情境是要学习者读懂某个特殊领域的文本资料，但是否需要教授学习者读懂该资料要看他们已经掌握了多少。

3）需要

学习者对上述两点可能都很明确，但很有可能的是学习者的观点与与其他相关的人的观点产生冲突，如课程设计者、教师等。比如，A 是一个工程师，他日常需要的是与海外的同事交流诸如每年的计划会议等，这样他的需求必要性是阅读，但他认为需要花时间在口语能力方面，因为他觉得他需要通过流利的口语交流才能彰显他的才能。在阅读时可以查字典，阅读快慢是自己的事，但一旦开口说话，他的英语能力，或者说他薄弱的环节就会展现在他人面前，因此他个人强烈需要提高自己的口语水平。

从上述分析知道，客观需求和主观需求可能相辅相成，也可能互相冲突，重要的是课程设计者或教师应该意识到它们之间的差异，在材料和教学法上给予足够的重视，如果仅仅关注学习者的参与却忽视他们的观点和需求，那是毫无意义的。

4. 建立专门用途英语教学体系

因为专门用途英语课程的跨学科性质，它的专业方向各异，所以长期以来一个统一的专门用途英语教学模式难以建立，不像 EGP 那样可以采用统一的教材和评价方式。专门用途英语课程的教学目标、师资选择、教学方法等在培养计划中还需完善并进行规划和协调。不同行业之间对毕业生英语能力的要求差异很大。一般来说，从事经贸、商务、涉外法律、会计、人力资源、IT 产业等行业的毕业生需要具备较高的英语应用能力，方可胜任工作。此外，同行业不同专业所涉及的岗位群对英语能力的要求也有差异，比如，申请高级金融员工托业成绩需要 785 分，而销售职务的只要 650 分。因此，我们的专门用途英语课程要做到职业岗位群、典型工作任务与英语专业知识的有效结合。这就要求听、说、读、写、译五项技能应根据学习者需要，有不同的侧重点，教学方法上也相应地有所不同。社会对不同的人的外语技能需求有不同的侧重，每个人学习外语也都有不同的目的，因此不应该对不同的人提出统一的技能要求，而应该尽量为学习者提供多种选择。

就我校设置的专业而言，有的专业看重读写技能，如信息技术专业；有的则看重听说技能，如商务接待、涉外法律及其他服务性行业；而有的则对翻译技能有着特殊的要求，如新闻出版业、传媒业、广告设计业和动漫设计业等。所以就目前情况看，我校应以专门用途英语 + EGP + X 教学模式为首选。笔者把 X 理解为听、说、读、写、译五项技能中的某一项或几项，是英语学习者五项技能中的特长项，或者叫特色项。另外就各个不同专业课程的分支课程根据其涉外交流的程度选择开设专门用途英语教学，比如，法律系可以根据需要先后开设合同法、商法、经济法、国际经济法、知识产权法、世贸组织法（WTO 法制）、英美司法制度、法律文书写作，民法（因英美法系法律部分划分不同），单设侵权法与合同法、亲属法等。专门用途英语教学紧紧跟随专业知识分支细化的步伐，才能把个人需求和社会需求紧密结合。

5. 学习者需求与参与程度值得关注

上文提及在实际的教学中，学习者往往处于被动的地位，他们的需求往往被忽视。要改变这种现象，需要教师和学习者的共同努力，教师要改变以往的教学观念，积极学习并运用新的教学理论，而学习者则要积极配合，及时提供各种建议和意见。只有师生的互动才能创造出良性的教学循环。

6. 教师的职业发展值得关注

专门用途英语对大学英语教师是一个全新的课题，教师的职业发展、自身发展、团队建设等都值得关注。

7. 建立校企反馈渠道

建立校企反馈渠道，一来可及时反映企业需求，使专门用途英语课程的发展与企业需求发展同步；二来可把毕业生在企业中应用专门用途英语的工作表现反馈回来。有了反馈渠道，才能根据学生表现、企业需求的变化修正课程的发展。

综上所述，专门用途英语教学是基础英语教学的延续或扩展，是在基础英语教学基础上针对学习者内在需求，进一步培养学习者语言工作能力的一个重要教学内容。设置专门用途英语符合人们学习英语目的由单一性向多样性发展的现实需要。基于需求分析基础设置的专门用途英语教学模式，无疑是语言学习的理想路径。需求分析是系统化的教学大纲建设中不可缺少的一环。它可以作为测试、师资队伍建设、选择教材、教学活动和评价策略的基础，也可以被用于二次评价需求分析的精确度和正确性。合理的需求分析是系统化的语言课程大纲设计有效进行的基础，检验目标和过程及检验需求分析的应用，对深入探讨大纲创造了良好开端。

第三章 专门用途英语教学师资的素质要求

一、ESP 教师的角色定位

不同的英语教学法和教学理论流派，赋予语言教师不同的角色，诸如组织者、管理者、鼓励者、导演、朋友等，但在 ESP 教学这一领域里，教师角色体现着不同层面的素质和技能，使这一角色具有了多重身份。Dudley-Evans 和 St. John（1998）认定 ESP 教师有五重身份：教学者、课程设计者和教材提供者、合作者、研究者及评估者的 ESP 实践者。综合客观、具体的教学情况，ESP 教师应该主要扮演以下四个角色。

1. 研究者——这一概念包含了作为语言教师必备的双重素质：扎实的语言理论基础和教学过程中的探索创新精神，语言素质主要由已接受的知识和实验知识构成，Wallace（1991）把一系列的各种输入定义为已接受的知识，而实验知识主要指在实践过程中获得的经验性知识或实践知识。如果实际工作中获得实验知识的教师被认为是“思考型教师”，他们精通教学艺术，并在与学生的交互活动前后认真思考，这样的探索不仅仅是为了学习者，也是“为了把研究方向定位在课堂这一现实的环境中，以此来促进专业方向的自我完善和进行真实的研究”（Edge，1995），就必须有理论作为指导。因此，对于语言教学基本原理的理解，诸如关于第二语言习得理论、语言学、教学方法论、与学习有关的社会学、心理学理论，都是教学过程中不可缺少的实际帮助和指导，理论的输入、应用和检验贯穿了整个教学活动，“教书匠”成为研究者，教研结合、以研促教，既适应了国内高校发展的新趋向，也与国际学术界“publish or perish”的惯例接轨。

2. 实践者——顾名思义，作为一个语言教师，必须具有一定的授课技巧和基本技能，对于 ESP 教师，在课堂这一背景中，需要以下技能。

（1）课堂管理（如与学习者的交互活动，时间控制等）；

（2）编写教材（在缺少合适的教材或教材不足的情况下）；

（3）精心备课（真实的教材与真实的交际情境合理地融为一体）；

（4）使用现代教辅设备（如语言实验室、录像、录音、计算机等）

（5）编测试题；

（6）评估课程（该课程是否达到教学目标，是否满足了学习的需求）。

3. 分析者——EGP 教师和 ESP 教师间明显的区别在于是否了解目标语言的特点。有些专业英语教师已经是该话语共同体的成员，但他们对目标话语的特点不够敏感。有许多 ESP 教师不属于目标话语共同体，是否说明他们不能胜任甚至不能涉足这一领域？回答是否定的，作为 ESP 教师，他们可以是某一话语共同体的旁观者，通过观察该目标语言的系统和交流机制，用语言能力分析目标语言的特点，分析学习者的需要，以此来帮助学习者高效地学习目标话语。

4. 合作者——ESP 的教学无论是由 EGP 教师担任，还是由专业课教师担任，都有其利弊。要想实现更好的教学效果，两者在语言教学和专业教学方面的交流互助是非常有必要的。这样不但能互相弥补不足，而且对该 ESP 课程的教授效果也可以起到提高的作用。

综上所述，作为一名合格的 ESP 教师必须集以上四种角色于一身，既具有扎实的语言学理论基础，又有丰富的教学实践经验及对目标语言的总体的把握能力。

二、专门用途英语师资培养的难度

（一）三个方面难度

专门用途英语教师的作用不同于普通英语教师，笔者认为准确的称呼是“专门用途英语教学从业者”更为合适。因为除了课堂教师的正常作用外，专门用途英语教师还要处理需求分析、大纲设计、材料编写或评价。另外专门用途英语教师和普通英语教师的区别还在于大部分专门用途英语教师是未经培训的，他们本身需要适应新的环境。这里我们主要关注三个方面问题：首先，缺乏提供形成指导的专门用途英语正统观念；其次，专门用途英语教师需要处理的新的知识领域；再次，英语教学状况的改变。以下围绕这三个方面展开研究。

1. 缺乏正统观念

由于专门用途英语存在的时间短暂，所以缺乏指导性文献，缺乏真实的课文。有了真实的课文才能促进自然语言的使用并刺激各种各样的交际技能。真实性不是课文本身的特点，而是课文在特定上下文中的特点，它是对目标知识和使用在上下文中的价值体现。教师所能做的是把课文看成教学过程的一部分，教师需要问自己的是：我需要让课文在学习过程中扮演什么角色？也就是要寻求适合学习目的的实际概念。从这点看，不难看出在课程的不同阶段需要不同类型的课文，这要根据我们专门用途英语教师需要课文体现什么样的目的而定，比如：

1）如果教师要学习者通过使用某种策略从课文中获得信息，那么最好使用目标情境课文让练习更充满真实性。

2）如果教师要说明特殊的句型或篇章结构，这时要是能找到合适的目标情境课文最好。如果找不到也不成问题，只要寻找一个简单的目标课文或一个特别构想的课文即可。

3）如果教师要说明文章框架结构对阅读理解的重要性，那么真实性的视觉的感知就显得尤其重要。

简而言之，专门用途英语教师在语言学和心理学上都没有现成的范式可以借鉴，必须从可选的大量材料中提炼，概括最适合自己特殊情境的东西。这样做就需要有开放的思维，有好奇心和某种程度的怀疑态度。这些教师在理论上要有充分的知识积累，在实践上要有丰富的经验才能保证作出正确的决定。

2. 新的知识领域

专门用途英语教师必须掌握超过自己先前体验的语言知识和专业知识。要做到这点，就得明确三个问题。

1）专门用途英语材料内容需要高度专业化吗？

事实上，用于理解专门用途英语课文所需的语言知识和用于理解普通英语课文的语言知识没有多大区别，理解上的差异存在于专业知识而不是语言知识。因此不能仅仅用大量的专业术语作为专门用途英语和普通英语的区别。需要高度专业化课文只能解释是能驱动学习者，让他们觉得该语言看似与自己的专业更加关联。但是如果课文很难，单词术语太多，学习者就会失去兴趣。解决的办法是从整个教学过程看待专门用途英语。课文不能仅仅因为是课文而选择它，我们选择课文的标准是只有当它是学习过程的一个组成部分时，我们才选择它。如果教师不能有效地处理课文，那么我们也很难希望教师能正确对待该课程。因此，在专门用途英语中，教学材料必须考虑到教师的知识和能力以及各方面可协调的关系。首先要协调的是教师目前的知识状况，因为它将影响课文的选择、课程的设计和材料的编写。

2）为什么那么多的专门用途英语教师发现很难理解专门用途英语专业材料？

这个问题产生的原因有 4 个：第一，文理分科造成英语教师理科知识欠缺；第二，许多专门用途英语教师不愿意涉足新的专业领域；第三，对专门用途英语教师的培训投入几乎没有，无法减轻知识欠缺的焦虑；第四，人们对专门用途教师的普遍的态度是希望教师能遵照目标情境的要求办事，这种单方面的要求，看似毫无道理。

基于上述四点，某些教师对他们要教授的专业充满敌视态度。专业知识枯燥乏味，复杂难懂，这又对教学产生负面影响。因此必须对专门用途英语教师进行培训，解除他们对专业知识的害怕和敌视态度，并且让他们真正意识到专业知识不难理解，而且学起来很有意思，最重要的是让这些教师意识到他们已经拥有了理解专业知识的很多方面的才能。

3）专门用途英语教师需要有什么样的知识？

专门用途英语教师无须学习专业知识。他们只需完成三件事：第一，对专门用途英语内容的积极的态度；第二，掌握专业领域的最基本的原则；第三，意识到自己已经拥有的知识。换句话说，专门用途英语教师不需要成为专业教师，而是对专业知识感兴趣的学生。

3. 英语教学状况的改变

专门用途英语从业者同时应该是个协调者。专门用途英语教师应该与学科专业人士协调好关系，以便他们帮助自己了解更多的学习者的目标情境，同时专门用途英语教师也能帮助学科专业人士更加意识到学习者面对的语言问题。解决这个问题最好的方法是组织“团队教学队伍”。

从主题内容而言，专业知识从两个方面对语言内容产生影响。

第一，词汇：我们可以区别四种词汇

结构词：are，this，only，however 等

普通词：table，run，dog，road 等

半技术词：engin，spring，valve，acid 等

技术词：electrophoresis，fissure，auricle，schistosome 等

最后一类词与专业主题关系密切，但据统计，在专业文章中这些词汇仅仅占 9%，而且这些词汇使用的频率很低，它们对学习者造成的困难也不大，它们常常是国际通用的，可以从主题知识或是普通词根中猜测出来。

第二，某些主题在特殊语法和结构上占据很大的比例。如在被动语态和名词或形容词复合词方面。但是这些因素关系不大，事实上，一种语言形式经常出现不会造成学习上的困难；名词复合词在英语中是常见的，例如，笔者见到一个国际工程图纸上的标识：sewage water drainage general pipe，尽管大量名词叠加但并不影响理解，其使用规则不会随主题的改变而改变。所以，在语言内容上专门用途英语无须有什么针对主题的特殊方法，更无须考虑相应的技巧和策略。

但是对学习者来说，却需要有针对主题的特殊方法，原因在于针对主题的材料看起来更有关联性，另外，如果学习者对专门用途英语课堂中的特殊课文熟悉的话，那么他们在处理目标情境时就更加轻松自如。这些因素对学习者来说相当重要。针对学习者的这种状况，我们可以用几种方法来处理这种问题。

1）沿着宽泛的主线对专门用途英语进行归类：商务和经济包括会计；法律；人力资源和管理包括社会工作等。

2）避免高度特殊化的学习材料，尽量涉及大专业中的小分支。

3）寻找一些主题能涉及不同专业领域，比如，对法律专业而言，专门用途英语必须考虑到涉外经济法、涉外商法、刑法、婚姻法、诉讼法等。

4）让学习者意识到他们的需求没有特殊性。我们无须告诉学习者他们不

需要针对特殊专业的材料，让他们自己通过语言分析发现这一点。我们只需寻找一些不同专业领域的材料让学习者通过分析语言来发现这些课文之间的差异，这样他们就会明白其实语言并没有很大的不同，在技能和策略方面也没有大的差异。如果学习者对之感兴趣，他们就不会抱怨。因此，设计更加有趣的教学法并且更具有互动性，能满足学习者对专门用途英语的特殊主题的需求。

（二）专门用途英语教师的素质

从以上讨论中可以得出，专门用途英语教师应具备如下素质：灵活性、英语语言能力、英语教学经验、研究能力、乐于向学习者和专家学习、团队精神及对专业的兴趣。总的来说，大体可归结为如下三类：一为语言能力；二为专业知识；三为教学能力。

Carver（1983）认为英语作为外语的教学活动都必须针对特定的目的，并提出了专门用途英语的三种教学方案。一种方案是让学习者掌握该专业内专用的语言。第二种方案是鼓励学习者超越单词和句子的层次，立足篇章的整体，掌握使篇章浑然一体的方法，引导学习者重视语言的应用，而非语言本身。第三种方案是引导学习者了解并制定自己的学习策略。在专门用途英语教学活动中，一切应以学习者为主导和中心。Pauline 阐述了两个角色，即个人咨询或者辅导工作以及研究员工作，课程设计者和评价者。Strevens（1980）认为一个出色的专用英语教师要完成课堂教学，还要参加课程设计、材料编撰、测试设计。

综上所述，专门用途英语教师需要承担如下角色：课程设计者、需求分析员、评价员（评价学习者的学习状况和选定适当的教材）、斡旋者（处理好与学习者、项目领导者以及专业教师的关系）、合作者（与专业教师通力合作）、教师、学习伙伴、研究员。

三、专门用途英语教学团队的形成

（一）团队与教学团队的含义

1. “团队”的概念

教育界从 20 世纪 80 年代开始借用“团队”这一概念，用来表示各种不同的正式群体，如“学术团队”、“教学团队”。教学团队也是教师“教学共同体”，它包括教学团队成员和支持、帮助或参与与教学活动有关的其他人员。大家互相学习、互相支持、互相帮助、互相配合，为实现共同的教与学的目标而努力。美国早在20世纪50年代中期就开始在中小学和大学推行团队教学，据估计，80%左右的美国高校和中小学实施了团队教学。我国于20世纪90年代后期在一些高校开始组建教学团队，进行团队教学的探索，但高水平教学团队数量不多。

2. 教学团队概念

教学团队概念的界定有三种。

第一种是学界普遍采用的方法，即运用西方企业人力资源管理理论所进行的阐释。在高等院校中，“教学团队”由一定数量业务能力互补、教龄年龄梯次和职称结构合理的教师组成。他们是认同专业建设和课程建设等方面的共同目标，并能够积极配合、密切协作、分担责任，其行为和谐统一，共同为打造品牌专业和精品课程而努力的集体。

第二种主要根据教育部、财政部“质量工程”提出的要求进行诠释。教学团队“是指为完成共同的教学目标、建设目标，由教学任务相近的教师组成，由教学水平高、学术造诣深的教授领衔与负责，有合理的知识结构与年龄结构，有有效的沟通与合作机制，有合理配置教学资源的途径，经常性地开展教学内容与教学改革的教研，经常性地开展教学经验交流，经常性地开展学术合作，实现优势互补，实现共同发展，实现携手前进的教师群体”。

第三种是根据西方人力资源管理理论结合教育部、财政部“质量工程”的要求进行的界定。比较权威的观点是，教学团队须有“清晰的教学改革方向，合理的教学团队组成结构，教学团队成员应是在长期合作基础上形成的教学集体，具有合理的职称、知识与年龄结构，良好的教学实践平台，明确的教学改革任务要求”。有人概括为“目标明确”、“成员互补”、“分工协作”、“有效沟通”、“绩效显著”。还有人在同意上述观点的同时，补充了“持续发展性”、“示范性”，特别强调了“鲜明的团队精神”。

（二）教学团队建设标准

多数研究者认可《北京市教育委员会关于优秀教学团队建设的原则意见》。

（1）教学与科研相结合的原则。

（2）团队建设与课程建设、专业建设相结合的原则。

（3）突出创新能力培养的原则。

（4）注重师德建设的原则。

（5）资源整合的原则。鼓励跨学科、跨校建设优秀教学团队，开展多种模式的教学改革实践。

（6）团队水平整体提升的原则。也有一些研究者对此进行了有益的补充，认为教学团队建设要有“立意高远又切实可行的目标”。

还有学者认为，教学团队的产生需要通过“自发” + “诱导”机制来构建。笔者认为专门用途英语教学团队建设可以借鉴上述标准。

（三）专门用途英语教学团队的成因

1. 内在动因

在专门用途英语教学的教学实践中，笔者认识到，由于学科的差异，如法律英语、会计英语、计算机英语等，在法律英语大框架下还有小框架，如涉外经济法、涉外婚姻法等。这就需要教师按专业设置建立教学团队；专门用途英语教学工作还具有长期性，因为专门用途英语教学刚刚起步，还在摸索阶段，并未形成一个完整的体系；“教学共同体”就是在频繁的讨论、合作与交流中形成的，正是专门用途英语教学内容的异同点构成了教学团队产生的必然。

2. 外部动因

高等学校的职能从数量到内涵都发生了深刻的变化，由过去的教学和科研职能拓展到今天的人才培养、科学研究和社会服务三大职能。随着 20 世纪五六十年代出现了现代意义的双语教学，到 2001 年第 4 号文件强调要在国际性相对强的 6 个专业率先实行双语教学，再到 2005 年第 1 号文件中确定“要提高双语教学课程的质量，继续扩大双语教学课程的数量”。政策的出台确定了大学英语是系列课程，即“EGP—专门用途英语—双语”。目前的 EGP 与双语教学之间存在的鸿沟，需要一个过渡性的教学环节——专门用途英语。而目前大部分英语教师对专业内容如法律、会计、计算机等学科知识缺乏，更需要同这些相应的专业教师经常沟通。专门用途英语教学的发展是大学教学团队形成的外部动因。

（四）专门用途英语教学团队建设的重要性

1. 彰显高校外语教学改革的需要

要深化教学改革，完善机制体制，提高教学质量，实现教育可持续发展必须走特色办学之路，以特色求生存，以特色求发展，以此提升学校办学活力和市场竞争力，奠定学校的社会地位。而构建结构合理、技能互补、学科交叉、富有特色的专门用途英语教学团队，是实现这一任务的重要途径。一方面，教学团队关注学科和专业发展动态，探讨教学和学术前沿问题，团队成员在合理分工、相互配合、共享群体智慧中为该专业或学术领域的突破与创新提供了便利条件；另一方面，教学团队是在年龄、职称和学历结构等优化组合的基础上组建的教师群体，青年教师的成长需要经验丰富的老教师“传、帮、带”，老教师也在与青年教师资源共享中更新知识和观念，特别是外语教师与专业教师优势互补。

2. 提高高校教育教学质量的必由之路

不论是个人需求还是社会需求，专门用途英语都是未来外语教学的必经之路。学科的分化和综合，学科之间的交叉和渗透进一步加强，教学中的许多问题都需要多种学科的共同攻关，新学科的产生、新技术的突破也都在学科的交叉点上形成和取得。为此，需要对相关课程的内容进行整合以适应社会、经济发展对人才的需要。同时，教学内容的综合化和教学过程的信息化也使单个教师无法应对日益庞杂的知识体系，难以驾驭复杂的教学过程。

3. 实现人才梯队建设的重要保障

教学团队，一方面可以为青年教师提供向专家学习的机会，另一方面可以发挥学校教学名师的引领示范作用，使他们能够为青年教师提供更多的直接指导和帮助。

除了上述三大方面外，专门用途英语教学团队建设是学科综合化的需要，打破传统的单门课程大而全、深而难的体系，对相关课程的内容进行整合。这使得传统教学体制下培养出来的教师个体无法胜任此类课程的讲授，必须依靠大师＋团队的方式来进行。

（五）专门用途英语教学团队的基本特征

第一，教学团队以专门用途英语教学为共同的教学目标，并为实现这个目标而共同承担责任，成员之间分工合作、相互依存并形成正式群体。这个群体由不同年龄、职称、知识结构、学历和学缘结构的教师构成，老中青相结合。

第二，教学团队具有明确的教学改革目标。教学团队以实验教学基地、课程建设、专业建设等教学基本建设项目为目标，创新教育教学理念，创新教学模式，推进教学内容、方法与手段的改革，提高人才培养质量，锻炼和培养高水平的教师队伍，整合教学资源，促进教师协作互助。

第三，教学团队具有自己的团队精神。具体来说，团队精神可以体现在两个主要方面。一种是内聚力，另一种是合作意识。内聚力可以使每个团队成员都具有一种强烈的归属感，把精力放在团队的建设和发展上。同时彼此尊重，胜不骄败不馁。合作意识是指发挥团队整体优势，产生整体大于各部分之和的协同效益。使专门用途英语教学团队合作意识真正体现"木桶理论"中的"缝隙决定原则"和"孔决定原则"。

第四，教学团队有成员角色定位特色。团队成员的角色马格利森和麦克卡恩于 1991 年提出了"团队管理轮盘"，他们将 8 种特殊的角色分成了 4 个大的范畴：探索者、建议者、控制者和组织者（见图 3－1）。成功的团队是通过把不同性格的人集合在一起的方式组成的，成功的团队必须包括担任不同角色的人。一个团队中，如果没有"组织者"，团队就像一盘散沙；如果没有"评价者"，团队成员的业绩就无法评定；如果没有"生产者（实施者）"，团队就无法完成任务。但在实际工作和生活中，团队成员的角色远比理论模型丰富，在一个团队中，一个人可能同时承担两个或更多角色，一种角色往往由几个人担任，一个人担任的主要角色随着时间、情境的转变也会发生变化。因此团队理论中的角色模型带有一定程度的理想化色彩，而在实际的团队建设中不能机械地理解这些角色，要灵活运用。

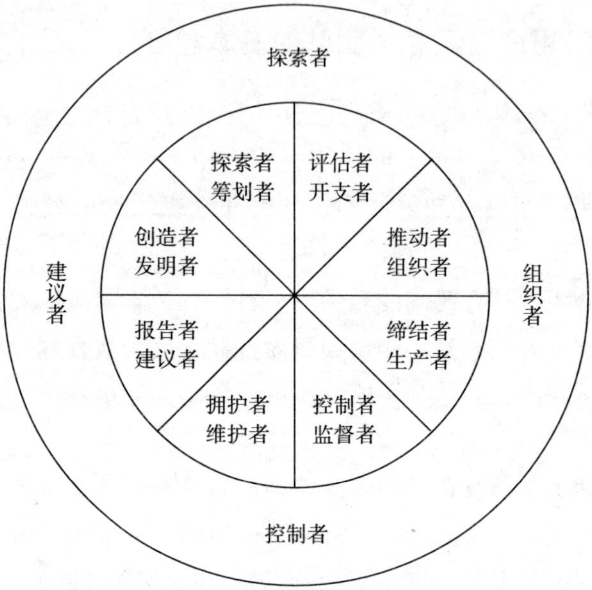

图 3-1　团队管理轮盘

（六）专门用途英语大学教学团队的建设构想与实践

1. 一所二本院校专门用途英语教学团队的建设构想

我国的高校教学团队建设还处于起步阶段，缺乏教学团队建设与管理的经验。教学团队的建设与管理包含两个方面的内容，一是教学团队形成机制，二是与之相匹配的管理模式。目前，无论是政府行政部门，还是高等学校，都十分重视教学团队的建设。该二本院校是由四所高职院校合并整合升本的综合性大学，得益于原来四所院校的人员配置，原来四校的外语教师对原来学校的专业内容潜移默化，有所了解，并且长期以来，这些外语教师与相应专业教师形成良好的关系，所以进行专业教师与英语教师配合的团队建设的优势极大。从该二本院校“专门用途英语教学团队”建设情况来看，教学团队能否健康有序运行，关键在于能否有一套有利于教学团队发展的政策与制度环境。主要反映在以下几个方面。

第一，对教学团队建设进行顶层设计、整体规划，并在整体教学改革规划的基础上，重点针对国际性强的专业，如法律、会计、经贸、信息技术等建设一批有着良好基础、教学质量高，年龄、职称、学历、学缘等方面结构合理的教学团队，遴选一批教学经验丰富、具有创新精神的教学团队带头人。

第二，在带头人的选拔、使用过程中引入竞争机制，不搞终身制，实行动态管理。同时，团队带头人具有充分管理本团队的权力，并对团队成员实行动态管理。在教学团队的建设过程中对团队成员的去留实施动态管理，团队带头人对团队建设具有领导、指导、奖惩和成员去留的建议权和决定权。

第三，制定有利于教学团队发展的激励政策和措施，对有贡献特别是有特殊贡献的带头人或教学团队成员实行物质奖励与精神鼓励相结合，与职称评聘、评优、评先相结合的办法，为教学团队的健康稳定发展营造良好的、具有竞争性的政策环境。比如，在职称评聘等晋升、评优时，同等条件下教学团队带头人和团队成员优先考虑。

第四，给予教学团队必要的经费支持，确保每个遴选出来的团队都有专门的、一定数量的经费用于开展工作，同时，明确将教学团队建设与学科专业建设、精品课程建设、实验教学基地建设结合起来，为教学团队建设提供必要的经费支持。

第五，教学团队建设是学校发展中的一件大事，是一项涉及面比较广的系统工程，不仅需要教学团队带头人及团队成员的精诚协作和坚持不懈的努力，而且还需要不同院系、不同学科专业、不同实验教学基地教学资源的优化整合。比如，教法律英语的教师与教法学的教师共同教研，教会计英语的教师与会计专业教师一同教研。只有在这样一种和谐共生的氛围中，教学团队才能把自己建设成为有效的教学共同体。我们的做法是：教学团队与学校相关职能部门互相支持，在教学资源共享、教学场地配备、教学活动安排等方面通力协作，教学团队建设成为大家关心和支持的重要内容。

2. 该二本院校专门用途英语教学团队建设实践

1）两种途径

该二本院校组建专门用途英语教学团队有两种途径。一种是打破高校现行的基层教学组织管理体制，团队学术带头人利用共同的教学目标和个人的人格魅力，创建以团队为基础的教学组织，以团队运作作为整个组织运行的机制，带领团队成员在长期的磨合中逐步形成教学团队。这种方式的特点是突破了传统教学组织管理体制的束缚，有利于整合教学资源，实现高效运作。另一种是在原有的教研室组织平台上，学校运用行政管理权力和影响力，通过组织引导和协调等方式，在一定的范围内或者在完成某些教改任务的过程中促进团队形成。

2）不同发展阶段的团队特点

经过一段时间的教学团队建设，笔者总结出教学团队不同发展阶段的团队特点。

形成期：熟悉团队各位教师、团队目标和团队界限。教师之间关系形成、信任建立，团队带头人需要给出清晰的教学研究与教学改革方向和目标，确定、熟悉与理解角色。

规范期：形成教学团队的团结气氛与凝聚力，区分不同的角色，清楚各位教师的期望，增加责任感。团队带头人要提供支持性反馈信息和树立清晰的有激励作用的愿景。此阶段应制定教学团队操作规程。

风暴期：教学团队面临着教师意见不一致的问题，矛盾与冲突出现。此阶段的挑战包括规范和期望的违背，群体思考。团队带头人的任务是推动改进，管理冲突，确定团队的成就，建立双赢关系。

执行期：教学团队不断进步、革新，建立了有成效的管理制度和运行机制，人才培养的效果逐渐呈现，团队核心竞争力加强。团队带头人的任务是发动团队成员提出新观点，组织任务能高效执行，培养超常绩效。

3）教学团队的管理模式与运行机制

教学团队的管理模式与运行机制是保证教学团队正常运转和工作有效运作的基本程序和规则。教学团队管理分为内部运行管理和团队界限管理。内部运行管理包括团队带头人和角色定位、团队知识共享、团队决策、团队冲突管理和团队绩效管理等几个部分。团队界限管理则是指团队与学校内其他组织之间的关系协调。教学团队运行机制的构建从以下几个方面展开。

（1）确定教学团队的目标。

（2）配置好团队成员，确定成员的工作方向。

教学团队通常以 12 人为佳。但团队成员也并不是随便几个人的拼凑，而是注意团队成员的知识结构、职称结构、年龄结构、性别结构、性格特征和个人偏好的搭配。这是根据事先进行的问卷调查和个人访谈的结果，根据教学内容改革的实际需要，吸收其他学科专业的教师参与到教学团队中来。

（3）选择好团队带头人。

（4）明确成员分担的责任，协调好各成员间的关系。

（5）制订团队教师专业发展计划。

建立团队成员的进修和培训制度，采取多种形式，如长期培训、短期培训、校内培训、校外培训等，采取多种渠道，不断提高教师的专业水平和教学水平。这里我们的做法是在专业课程的基础知识讲授阶段，专门用途英语教师进入课堂听课以获取基本的专业知识。同样，专业教师也经常深入专门用途英语课堂听取英语课程。进行这种双向式的互动有利于团队成员间的取长补短。

（6）以精品课程为推动力。

以精品课程为载体，通过专业建设规划、教学内容构建、教学方法改革、教材编写等诸多环节，培养能够担任精品课程教学的后续师资队伍，造就大批教学名师梯队，实现优质课程教学的接力。精品课程的建设过程也就是一个优秀教学团队构建的过程。这里需要指出的是，根据目前普通英语精品课程已经完善且成熟的情况，进行专门用途英语精品课程建设也是一项小创新，并且有许多可借鉴的经验。

3. 该二本院校专门用途英语教学团队发展的制度保障的经验总结

教学团队的建设也必须从大学整体制度设计上通盘考虑。

1）管理层要转变观念和管理方式，要调动教学团队的积极性，扩大教学团队的自主性和独立性，如教学改革的自主权、资源的使用权、尊重学术权力等。经过实践发现对于完成教学工作的方式、教学内容和进度的安排、人员的流动、内部的考核，淘汰不合格人员等事项，皆由团队自己作出决定，只有赋予教学团队更多的自主权，才能增强教学团队的责任感和工作的主动性。

2）我们深刻体会到要建立科学的激励机制。激励不仅是个体所需要的，而且也是教学团队所需要的。

3）改革评价和考核机制，建立有利于教学团队发展的评价制度。这里我们的做法是，在评价内容上，既对团队的课堂教学、实验教学、课程改革等显性成果进行评价，又对学习者能力的培养、素质的提高、团队的凝聚力提升等隐性成果进行评价。在评价方法上，既采纳权威部门及同行的评价意见，又重视学习者的评价。在评价环节上，既注重团队建设终期结果的评价，又注重建设过程中的阶段性评价。在评价导向上，将成员个人业绩与教学团队业绩相结合，建立以团队为导向的长效激励机制，构筑教学团队成员之间的利益共同体，激发团队精神，促进教学团队良性互动，健康发展。我们特别注意保证评价方法有助于教学团队的长期发展，鼓励教师间的合作，而不是起到相反的导向作用。由个人评价和考核向教学团队评价和考核转变，由重视个人的绩效考核向更加重视教学团队长期价值的绩效考核转变。同样，对教学团队带头人的选拔和成员的组合也引入考核与竞争机制，实行动态管理。

四、专门用途英语教师的专业发展

关于专门用途英语教师的来源问题，有些专门用途英语研究者曾提倡从专业教师中培养，以解决教师知识结构不足带来的教学影响。这种模式在一定程度上推动了专门用途英语教师的发展，但存在明显不足：缩小了专门用途英语知识来源的渠道，过分强调了理论性知识，忽略了实践性知识。笔者认为，专门用途英语教师应从英语语言教师中培养，原因是：①从理论上讲，专门用途英语教学属于应用语言学的一个分支，属于语言教学，且专业内容不宜太强，语言上要有代表性，更适宜英语教师；②从操作层面看，与专业教师在短时期学好英语语言相比，英语教师学好专门用途英语一定专业知识更为容易。基于此，本文从理论和实践层面提出以专业教师、专门用途英语教师专业共同体和相关企业的“三位一体”的专门用途英语教师发展合作模式，共同促进专门用途英语教师专业成长，满足当前高素质的专门用途英语教师短缺的社会需求。

（一）该所二本院校 ESP 教师调查

1. 专门用途英语教师素质研究设计

本书从需求角度出发，分两个步骤进行研究，首先对该院部分专业的高年级学生、相关行业的专业人士，以及该校的大学公共英语教师和从事 ESP 教学的教师进行调查和访谈，了解这 3 类利益相关人（Stakeholders）对 ESP 教师的素质要求以及当前 ESP 教师在教学中存在的不足；其次是了解当前教师接受 ESP 教学培训的状况以及培训的效果是否能够达到三类利益相关人对 ESP 教师的素质要求。并对教师进行职前、教学过程、职后的测评，分析 ESP 师资作为大学公共英语教师向双语教师转型的衔接手段的可行性。

1）研究对象

本研究选取该校的 ESP 教师和大学公共英语教师、部分专业的学生及相关行业的业内人士作为抽样总体，其中学生有 100 名、相关行业的业内人士 30 名、教师 50 名。把 ESP 教师素质要求的概念操作化为语言能力、专业素养、教学方法、培训需求，即测量指标。为了保证对问卷结果有更清晰的判断，本文还根据对数据的分析，对部分调查对象进行结构访谈。

问卷以电子邮件的形式发出和回收。问卷的数据分析采用 SPS 软件进行。

2）研究工具

本次调查研究采用 3 份调查问卷，即“ESP 教师素质要求及培养模式调查问卷”，“学生对 ESP 教师的素质要求及 ESP 教学状况调查问卷”和“相关行业的业内人士对 ESP 教师的素质要求的调查问卷”。为了保证对问卷结果有更清晰的判断，本文还根据对数据的分析，对部分调查对象进行结构访谈。

下面将分别介绍针对三类调查对象所使用的问卷以及结构访谈的内容。

对于该校大学公共英语教师和从事 ESP 教学的教师所采用的问卷共包括 44 道问题，结构上分为三个部分：教师基本情况；对 ESP 教师的素质要求；ESP 教师培训状况和效果。通过调查问卷所获得的数据，将解决如下 3 个问题：ESP 教师需要具备哪些素质；语言教师和专业教师分别需要哪些方面的培训；通过培训，教师在语言能力、专业素养和教学组织上是否有所提高，提高的程度如何。

第一部分关于教师基本情况设置了 4 道问题，涉及调查客体的 ESP 教学从业年限，主要从事的教学职务，从事的主要专业学科、职称。第二部分关于 ESP 教师的素质要求，问卷中设置了 23 道问题，主要从 5 个方面调查大学公共英语教师和从事 ESP 教学的教师对 ESP 教师的素质要求。这 5 个方面包括：ESP 教师所需要承担的教学任务；ESP 教师所需要具备的语言能力；ESP 教师所需达到的专业素养；ESP 教师所应当承担的角色；语言教师与专业教师的合作。第三部分关于 ESP 教师培训状况和效果，问卷中设置了 21 道问题，主要涉及调查客体对于培训内容和培训方式的要求，所采用的培训的方式，培训的效果三个方面。其中关于培训的方式包括集体培训和个人自修两个方面，前者指单位和学校对于教师的培养，后者涉及教师个人的定位和发展。

对于该校部分专业的高年级学生的调查问卷共包括 23 道问题。分成以下几个方面考察学生对 ESP 教师的素质要求：ESP 课程的属性；ESP 教师需要承担的工作任务；ESP 教师的角色；ESP 教师的语言能力要求及专业素养的要求；ESP 教师的合作问题；ESP 教学中存在的不足以及需要改进的地方和方向等。通过调查问卷所得的数据，将解决如下三个问题：学生对 ESP 教师的素质要求包括哪些；目前的 ESP 教学中存在哪些不足；对 ESP 教师培训有哪些方面的要求。

第一部分关于 ESP 课程的属性，问卷设置了 1 道问题，旨在调查学生对 ESP 课程是否有正确的认识，能够间接地反映出学校在课程属性的定位上的正确性和明确性。第二部分关于 ESP 教师需要承担的主要任务，问卷设置了 4 道问题，分别考察学生对 ESP 教师在课程教学、需求分析、教材选用或编撰方面的能力的要求。第三部分关于 ESP 教师在教学中应该充当的角色，问卷设置了 2 道问题，考察 ESP 教师在课程教学中的地位及需要充当的角色。第四部分关于学生对 ESP 教师的素质要求，共设置了 8 道问题，包括语言能力、专业素养、语言教学规律等方面的要求。第五部分关于学生对于英语教师和专业教师的合作的看法以及哪类教师更适合承担 ESP 课程的问题，问卷设置了 5 道问题。第六部分是学生对于当前 ESP 教学中的不足的看法。第七部分设置了 2 道问题，关于学生对 ESP 教师培训的要求。

对于行业内人士的调查问卷，一共设置了 15 道问题，旨在调查行业内人士对 ESP 教师素质的要求和 ESP 教学存在的问题。通过本问卷调查，将解决三个问题：ESP 课程在行业内人士的实际工作中的效用有多大；行业内人士对于 ESP 教师在语言能力、专业素养和教学方法上有什么要求；ESP 教学应作如何调整以适应实际工作的需要。

本问卷按照以上三个问题，分成三部分。第一部分是关于 ESP 教学在行业内人士的实际工作中的实际效用，这部分问卷共设置了5道问题。考察在校期间的ESP课程在学校课程中的受重视程度，所学的课程知识和得到的技能培训是否在实际工作中得到运用，ESP课程对个人发展是否有所帮助。第二部分关于ESP教学应作如何调整以适应实际工作需要。这部分问卷设置了2道问题。考察学生对于学校开设的ESP课程的满意程度以及不足之处。第三部分关于行业人士对ESP教师的素质要求，这部分问卷设置了8道问题，考察行业内人士对ESP教师在语言能力、专业素养、教学方法和承担角色方面的要求。

三个问卷如下。（问卷A和问卷B见表3－1，3－2）

表3－1　针对专门用途英语教师调查问卷细化：（问卷A）

第一部分　基本信息	选项
您从事专门用途英语教学多长时间了？ 您现在是________	A. 1～5年　　B. 5～10年 C. 10～15年　　D. 15年以上 A. 全职专门用途英语教师 B. 专门用途英语教学为主，其他教学职务为辅 C. 其他教学职务为主，专门用途英语教学为辅
您从事的主要专业学科是	A. 英语专业（GE普通英语） B. 英语专业专门用途英语 C. 非英语专业专门用途英语 D. 其他专业（非英语专业）专业名称________
您现在的职称是	A. 助教　　B. 讲师 C. 副教授　　D. 教授
第二部分　专门用途英语教师的素质要求	
您认为在专门用途英语课堂教学中，专门用途英语教师应承担的主要任务（重点）应是	A. 讲解语言知识 B. 讲解专业知识 C. 培养以专业英语交际的能力 D. 其他________
您认为在专门用途英语教学中，专门用途英语教师能够使用的主要教学方法有哪些？（可多选）	A. 语法翻译法 B. 结构听说法 C. 交际法 D. 综合法

续表

您认为专门用途英语教师是否应掌握语言教学的规律？	A. 对语言教学规律有专业的研究 B. 对语言教学规律有较全面的理解 C. 了解语言教学的基本规律 D. 完全不需要，专门用途英语是门专业课
您认为专门用途英语教师需要掌握需求分析的教学方法吗？	A. 非常同意　B. 较同意 C. 一般　D. 不同意
您认为专门用途英语教师需要进行课程设计吗？	A. 非常同意　B. 较同意 C. 一般　D. 不同意
您认为专门用途英语教师需要进行教材编撰吗？	A. 非常同意　B. 较同意 C. 一般　D. 不同意
您认为在专门用途英语教学中所使用的主要教材应为	A. 原版专业文献 B. 已出版的专门用途英语教科书 C. 自编教材 D. 其他资料
您认为上专门用途英语课的授课语言应为	A. 完全英语 B. 英语为主，汉语为辅 C. 汉语为主，英语为辅 D. 完全汉语
您认为对所涉及的专业知识，应能够进行怎样程度的讲解？	A. 精讲　B. 粗略讲解 C. 不讲，学生自学　D. 其他________
您认为专门用途英语教师是否应具备必要的专业知识？	A. 非常必要　B. 必要 C. 一般　D. 不需要，但对其抱有兴趣
您认为专门用途英语教学资料需要高度专业化吗？	A. 非常必要 B. 一般 C. 不需要
您认为专门用途英语教师需要哪种专业知识？	A. 高度专业化知识 B. 一般专业化的知识 C. 专业最基本的知识和原理 D. 仅对专业知识抱有兴趣
搞好专门用途英语教学，教师起决定性因素？	A. 非常同意　B. 较同意 C. 一般　D. 不同意

续表

您认为专门用途英语教师的角色是	A. 教师　B. 咨询师 C. 学生向导　D. 其他________
如果您是语言教师，在专门用途英语教学中遇到不懂的专业问题怎样去解决？	A. 问专业教师 B. 查阅专业书籍 C. 问专业学生 D. 问其他专业人事
如果您是语言教师，在专门用途英语教学中遇到不懂的专业问题会经常问专业教师吗？	A. 经常会 B. 偶尔会 C. 从来不会
在您所在单位中是否有跨校或跨系的不同专业合作教学（如共同制订教学计划，共同备课和编撰教材）？	A. 经常有　B. 有时，偶尔 C. 从来没有　D. 正在推广
您与其他专业的专业教师（或语言教师）有经常的联系与沟通吗？	A. 经常有 B. 有时、偶尔 C. 从来没有
您对语言教师与专业教师在同一教室合作授课持何态度？	A. 非常支持　B. 比较支持 C. 一般　D. 不支持
您对语言教师与专业教师共同制订教学计划、共同备课和编撰教材持何态度？	A. 非常支持　B. 比较支持 C. 一般　D. 不支持
《大学英语教学大纲》（1999）中规定对非英语专业的专业英语由专业教师担任，英语教师仅予以配合和协助，对此您	A. 非常同意　B. 较同意 C. 一般　D. 不同意
“专业英语教学由外语教研部门具体组织，以英语教师为主力进行专业英语教学是该课程的语言教学性决定的。”（蒋磊 1998）对此您	A. 非常同意　B. 较同意 C. 一般　D. 不同意
您认为专门用途英语教师应由谁担任最合适？	A. 英语（语言）教师 B. 专业教师 C. 两者合作教学 D. 本专业外教或其他________

续表

第三部分专门用途英语教师培训	
您认为专门用途英语教学中最困难的部分（难点）是	A. 专业知识　B. 专业语言 C. 特定技能　D. 其他________
您认为当前您专门用途英语教学中存在的不足主要集中在哪个方面？	A. 专业知识　B. 语言基础 C. 教学组织　D. 其他________
“（专业英语教学）若不过细、过深地涉及专业知识，可由外语教师通过专业知识的短期自学和培训就可开课。”（蒋磊 1998）对此您	A. 非常同意　B. 较同意 C. 一般　D. 不同意
对于专业知识的进修，您主要归功于	A. 在职期间单位组织的进修　B. 自己自学 C. 职前大学里的专业课程　D. 出国进修 E. 其他________
在专门用途英语从业后，您主要依靠何种培训方式进行自身完善？	A. 个人自修　B. 学校组织的集体进修 C. 升学深造　D. 其他________
在专门用途英语从业后，若您主要依靠个人自修，则采用哪种方式？	A. 跨专业选修　B. 双学位或跨专业考研 C. 出国进修　D. 其他________
如果您是专业（语言）教师，您有没有接受过语言（专业）方面系统的训练？	A. 受过系统训练 B. 职前没有但职后有 C. 一直没有
如果您是专业（语言）教师，您通过语言（专业）方面的系统训练后，是否在语言（专业）能力上有所提高？	A. 是　B. 否　C. 作用不明显
如果您是专业教师，您通过语言方面的系统训练后，在语言技能上的提高主要体现在哪些方面？（可多选）	A. 听　B. 说　C. 读 D. 写　E. 译

续表

如果您是语言教师，您通过专业方面的系统训练后，在专业素养上的提高能够到达什么程度？	A. 高度专业化 B. 一般专业化 C. 专业最基本的知识和原理 D. 开始对专业知识抱有兴趣 E. 消除对专业知识的陌生感和恐惧感
您所在单位经常组织专门用途英语教师集体培训、进修吗？	A. 经常有 B. 有时、偶尔 C. 从来没有
您对所在单位提供的教师进修项目满意吗？	A. 非常满意　B. 较满意 C. 一般　D. 不满意
如果您对您所在单位提供的教师进修项目不满意，是因为哪些原因？	A. 进修项目不能满足所需 B. 机会太少 C. 没有足够的学习资源 D. 其他________（或上述兼有）
您经常利用行动研究（基于教师教学范围内小规模的研究）来提高自己的专门用途英语教学水平吗？	A. 经常有 B. 有时、偶尔 C. 从来没有
您认为专门用途英语教师培训最应注意的问题是	A. 语言培训　B. 专业培训 C. 教学法、教学理论　D. 其他________
作为专门用途英语教师，您认为当前最需在哪（些）方面得到提高？	A. 理论、科研能力　B. 教学能力 C. 自身知识结构　D. 外语实践能力 E. 其他________
您认为专门用途英语教师培训最根本的解决办法是	A. 培养复合型外语人才 B. 专业教师外语化 C. 培养专业的专门用途英语教师 D. 其他意见________

说明：下面的调查可选一项或多项，下划线处可添加你自己的想法。

表 3 – 2　专门用途英语教学问卷调查（调查主体：学生，问卷 B）

您认为行业英语课在学科属性上属于	A. 英语课 B. 专业课 C. 区别于二者的一种专门课程 D. 英语课和专业课结合的二合一课程
认为在行业英语课堂教学中，行业英语教师应承担的主要任务（重点）应是	A. 讲解语言知识 B. 讲解专业知识 C. 培养以专业英语交际的能力 D. 其他________
您认为行业英语教师在开展教学活动前，需要了解学生需要哪方面的知识吗？	A. 非常同意　　B. 较同意 C. 一般　　D. 不同意
您认为在行业英语教学中所使用的主要教材应为	A. 原版专业文献 B. 已出版的行业英语教科书 C. 自编教材 D. 其他资料
您认为行业英语教师需要能够进行教材编撰吗？	A. 非常同意　　B. 较同意 C. 一般　　D. 不同意
搞好行业英语教学，教师乃决定性因素。	A. 非常同意　　B. 较同意 C. 一般　　D. 不同意
您认为行业英语教师的角色是	A. 教师　　B. 咨询师 C. 学生向导　　D. 其他________
您认为在行业英语教学中，行业英语教师能够使用的有效的教学方法有哪些？（可多选）	A. 语法翻译法　　B. 结构听说法 C. 交际法　　D. 综合法 E. 任务法
您认为行业英语教师是否应掌握语言教学的规律？	A. 对语言教学规律有专业的研究 B. 对语言教学规律有较全面的理解 C. 了解语言教学的基本规律 D. 完全不需要，行业英语是门专业课

续表

您认为上行业英语课的授课语言应为	A. 完全英语 B. 英语为主，汉语为辅 C. 汉语为主，英语为辅 D. 完全汉语
您认为行业英语教师在语言上的教学应侧重于哪项技能？（可多选）	A. 听　B. 说　C. 读 D. 写　E. 译
您认为行业英语教师对所涉及的专业知识，应能够进行怎样程度的讲解？	A. 精讲　B. 粗略讲解 C. 不讲，学生自学　D. 其他________
您认为行业英语教师是否应具备必要的专业知识？	A. 非常必要　B. 必要 C. 一般　D. 不需要，但对其抱有兴趣
您认为从行业英语学习中获得的专业知识程度应是	A. 高度专业化知识 B. 一般专业化的知识 C. 专业最基本的知识和原理 D. 仅对专业知识抱有兴趣
您认为行业英语教师需要何种程度的专业知识？	A. 高度专业化知识 B. 一般专业化的知识 C. 专业最基本的知识和原理 D. 仅对专业知识抱有兴趣
您对语言教师与专业教师在同一教室合作授课持何态度？	A. 非常支持　B. 比较支持 C. 一般　D. 不支持
您对语言教师与专业教师共同制订教学计划、共同备课和编撰教材持何态度？	A. 非常支持　B. 比较支持 C. 一般　D. 不支持
《大学英语教学大纲》（1999）中规定对非英语专业的专业英语由专业教师担任，英语教师仅予以配合和协助。对此您	A. 非常同意　B. 较同意 C. 一般　D. 不同意
“专业英语教学由外语教研部门具体组织，以英语教师为主力进行专业英语教学是该课程的语言教学性决定的。”（蒋磊 1998）对此您	A. 非常同意　B. 较同意 C. 一般　D. 不同意

续表

您认为行业英语教师应由谁担任最合适？	A. 英语（语言）教师 B. 专业教师 C. 两者合作教学 D. 本专业外教或其他________
如果您认为目前行业英语课存在弊端，您认为最主要的弊端是什么？（可多选）	A. 教学方法单一 B. 教材内容过时，专业性过强或过弱 C. 只注重语言点的解释，缺乏口语的训练和交际能力的培养 D. 师资缺乏
您认为行业英语教师培训最应注意的问题是什么？	A. 语言培训　B. 专业培训 C. 教学法、教学理论　D. 其他________
您认为行业英语教师当前最需在哪（些）方面得到提高？	A. 理论、科研能力　B. 教学能力 C. 自身知识结构　D. 外语实践能力 E. 其他________

说明：下面的调查可选一项或多项，下划线处可添加你自己的想法。

行业内人士结构访谈问题：（问卷 C）

①是否在学校期间学习过行业英语课程？

②在目前的工作中，是否需要运用到行业英语的知识（专业语言知识）？举例说明哪些知识是必备的。

③如果在您目前的工作中，行业英语的知识甚少得到运用，您认为在将来的行业发展及个人发展上，行业英语的知识是否会有所帮助？请举例说明哪些知识将会对您有所帮助。

④您对学校开设的行业英语课程的效果满意吗？

⑤您期待学校开设的行业英语课程应作哪些调整，以符合工作的需要？

⑥您认为行业英语教师需要具备什么素质（包括语言方面、专业素养方面和教学方法方面等）？

⑦您认为行业英语课程中，在语言方面，您需要得到哪些方面的培养？

⑧您认为行业英语课程中，在专业方面，您需要得到哪些方面的培养？

⑨您认为行业英语课程应由哪类老师来承担（英语老师或者专业老师，或者两类老师合作教学）？

⑩您认为行业英语教师的角色或者承担的任务应有哪些？

（3）数据收集和分析

本研究选取该校的 ESP 教师和大学公共英语教师，信息系统专业和国际贸易专业的学生以及 IT 行业和国际贸易行业的业内人士作为抽样总体，把 ESP 教师素质要求的概念操作化为语言能力、专业素养、教学方法、培训需求，即测量指标。

问卷以电子邮件的形式发出和回收。问卷的数据分析采用 SPS 软件进行。

（4）研究结果与讨论

对于该校大学公共英语教师和从事 ESP 教学的教师的调查问卷，共发出 50 份，回收 30 份。通过调查问卷所获得的数据，本文针对第二部分提出的 3 个问题进行阐述，即 ESP 教师需要具备哪些素质；语言教师和专业教师分别需要哪些方面的培训；通过培训，教师在语言能力、专业素养和教学组织上是否有所提高，提高的程度如何。

关于 ESP 教师在课堂教学中的主要任务，所有参与问卷调查的教师均认为是培养专业英语交际的能力，同时，有 6.67% 的教师认为讲解语言知识和专业知识也应该是 ESP 课堂教学的一个重要组成部分。关于教学方法，所有参与问卷调查的教师都选择了综合法，86.7% 的教师同时选择了交际法，60% 的教师选择语法翻译法，53.3% 的教师同时选择了结构听说法。对于 ESP 教师对语言规律的掌握程度，60% 的教师认为 ESP 教师需对语言教学规律有较全面的理解，33.3% 的教师认为只需了解语言教学的基本规律即可。关于 ESP 教师是否需要掌握进行需求分析的方法，60% 的教师认为需要，有 33.3% 的教师认为非常必要。对于 ESP 教师是否需要能够进行课程设计，53.3% 认为 ESP 教师需要能够进行课程设计，40% 的教师认为这非常有必要。对于教材编撰，73.4% 的教师认为 ESP 教师需要能够进行教材编撰，20% 的教师认为教材编撰可作为较高的要求，6.67% 的教师认为不应该对 ESP 教师设置这个能力要求。关于语言能力的要求，80% 的教师认为 ESP 教师应能够使用英语授课，必要时以汉语作为辅助，13.3% 的教师认为应能够完全使用英语授课，6.67% 的教师认为应该以汉语为主，英语辅助。关于专业素养方面的要求，73.3%的教师认为ESP教师应能够对教材所涉及的专业知识进行精讲，26.7%的教师认为可以进行粗略讲解。对于ESP教师是否有必要掌握专业知识，以及对专业知识的掌握程度，93.4%的教师认为有必要。而对于知识的掌握程度，33.3%的教师认为ESP教师须掌握高度专业化的知识，而46.7%的教师认为需要一般专业化的知识即可，也有26.7%的教师认为只需要掌握专业最基本的知识和原理。关于ESP教师的角色和教学中所处的地位，66.7%的教师认为教师是搞好ESP教学的决定性因素，26.7%的教师对这一观点持保留态度，有6.67%的教师不同意该观点。关于ESP教师的角色，66.7%的教师认为ESP教师应该充当学生向导，40%的教师认为ESP教师应充当教师的角色，13.3%的教师认为应充当咨询师的角色，仍有13.3%的教师选择其他，然而没有注明应充当的角色。涉及教师合作的问题，53.3%的语言教师在遇到不懂的专业问题时，倾向去查阅专业书籍，33.3%倾向于请教专业教师。对于专业教师与语言教师的课前合作，即共同制订教学计划、共同备课和编撰教材，80%的教师持支持的态度，13.3%的教师持保留意见，6.67%的教师表示不支持。对于在同一教室合作授课，53.3%的教师表示支持，20%的教师持保留意见，20%的教师不能接受这样的合作方式。关于ESP课程应由谁担任，46.7%的教师认为应由专业教师与语言教师合作承担，33.3%的教师认为应由语言教师来担任，20%的教师认为应该由专业教师担任。由此可知，对于ESP教师应承担的主要任务，教师们有一致的认识，即培养专业英语交际的能力；关于教学方法，综合法、交际法、语法翻译法及结构听说法，都应该是ESP教师需要掌握的教学方法，ESP教师需要对语言教学规律有较全面的理解，并能够进行需求分析、课程设计和教材编撰；语言方面，ESP教师需要能够使用英语进行授课，必要时以汉语进行辅助；专业素养方面，ESP教师需具备必要的专业知识，专业化程度要达到一般专业化以上的水平；关于角色上的定位，ESP教师应定位于学生向导这一角色上，改变过去教师是课堂的权威的观念；在合作教学方面，被调查的教师认为ESP课程应由语言教师和专业教师共同承担，并支持二者在课前的合作，即制订教学计划、共同备课和编撰教材等活动，而对课堂合作教学持保留态度。

关于ESP教师的培训及效果，通过问卷调查得知，66.7%的教师认为专业知识是ESP教学中最困难的部分，40%的教师认为是专业语言；而在现在的ESP教学中，教师发现的ESP教学存在的不足主要集中在专业知识方面。根据此项调查结果，学校对外语教师采用专业知识的短期培训和自学的培训方式，在培训效果方面，73.3%的教师认为在语言和专业方面上都有所提高，6.67%的受训者认为效果不明显，6.67%的受训者认为没有提高；对于专业教师而言，在语言技能上的提高主要体现在听、读、译三个方面；对于语言教师而言，在专业素养上，46.7%的教师反映能够达到一般专业化的水平，53.3%的教师反映能够掌握专业最基本的知识和原理。由此可知，专业英语教学若不过细、过深地涉及专业知识，对外语教师进行专业知识的短期培训，然后开课，具备一定的可行性。

对于该校部分专业的高年级学生的调查问卷，共发出100份，回收90份。本问卷从7个方面考察学生对于行业英语教师的素质要求，下面就这7个方面阐述问卷调查的结果。

第一部分是考察学生对于ESP课程属性的理解。53.4%的学生认为ESP课程是英语课和专业课结合的二合一课程，25.6%的学生认为ESP课程属于专业课。由此可知，半数以上的学生对ESP课程的属性有较全面的认识，没有把它简单地等同于英语课或者专业课，既关注到ESP课程的语言训练属性，又没有忽略ESP课程语言的专业性。

第二部分是考察ESP教师所需要承担的主要任务。93.3%的学生认为在行业英语课堂教学中，行业英语教师应承担的主要任务应是培养学生用专业英语进行交际的能力。94.4%的学生认为，行业英语教师在开展教学活动前，需要对学生所需要的知识和技能展开需求分析。在编撰教材方面，58.9%的学生对行业英语教师有这方面的要求。63.3%的学生认为行业英语教学中所使用的主要教材应为已出版的行业英语教科书，只有23.3%的学生选择自编教材，18.9%的学生选择原版专业文献。由上述数据可推论，学生对于ESP课程的教学目标有明确而一致的认识，行业英语教师开展课堂教学的主要任务是培养学生用专业英语进行交际的能力。除课堂教学任务外，ESP教师还必须具备开展需求分析的能力。然而在教材选用和编撰教材的能力要求方面，学生对ESP

教师没有硬性的要求。

第三部分是考察 ESP 教师在教学中应充当的角色。80% 的学生认为 ESP 教师应承担的角色是学生向导。对于教师在 ESP 教学中起决定性因素，只有 46.7% 的学生同意此种看法，42.2% 的学生持保留态度，11.1% 的学生明确表示不认同此种观点。由此可见，超过半数的学生认为 ESP 课堂应采用以学生为中心的教学模式，ESP 教师所承担的角色不再是主导，而应该是向导。

第四部分是考察学生对 ESP 教师的具体的素质要求。在行业英语教学中，学生要求 ESP 教师必须能够使用的有效教学方法按顺序排列为交际法（84.5%）、综合法（78.9%）、结构听说法（51.1%）、任务法（40%）、语法翻译法（37.8%）。在语言教学规律的掌握上，68.9% 的学生要求 ESP 教师对语言教学规律应有较全面的理解，16.7% 的学生认为应对语言教学规律有专业的研究。在授课语言上，92.2% 的学生认为上 ESP 课程时，授课语言应以英语为主，汉语为辅。在专业语言操练上所侧重的语言技能依次是：说（91.1%）、听（76.7%）、译（54.5%）、写（40%）、读（37.8%）。对于 ESP 课程所涉及的专业知识，55.6% 的学生要求 ESP 教师应能够进行精讲，40% 的学生认为进行粗略的讲解即可。95.6% 的学生认为 ESP 教师有必要甚至非常有必要具备必要的专业知识。对于专业知识的掌握程度，44.4% 的学生认为 ESP 教师应掌握高度专业化的知识，36.7% 的学生认为要掌握一般专业化的知识。由此可知，在语言能力方面，学生要求 ESP 教师需能够自如地使用英语进行授课，必要时以汉语作为辅助，帮助学生理解；在专业语言教学上，侧重听说技能的训练。在专业素养方面，学生要求 ESP 教师需具备高度专业化的专业知识，能够对课程中涉及的专业知识进行精讲；在语言教学规律上，要求 ESP 教师需要对语言教学规律有较全面的理解，必须掌握的教学方法有交际法、综合法、结构听说法、任务法。

第五部分是考察学生对于英语教师与专业教师合作的看法以及哪类教师更适合承担 ESP 课程。25.6% 的学生对于语言教师和专业教师在同一教室合作授课持非常支持的态度，34.4% 的学生比较支持，30% 的学生反响一般。对于语言教师和专业教师共同制订教学计划、共同备课和编撰教材，学生的态度较为一致，50% 表示非常支持，38.9% 表示比较支持。对于语言教师和专业教师在合作中的地位，问卷统计显示的数据存在冲突。51.1% 的学生表示英语教师在 ESP 教学中应充当协助配合的角色，而 58.9% 的学生却对以下观点表示认同："专业英语教学由外语教研部门具体组织，以英语教师为主力进行专业英语教学是该课程的语言教学性决定的。"在选择由哪类教师担任 ESP 教师最为合适时，56.7% 的学生认为二者的合作效果最佳，24.4% 的学生选择应由专业教师承担，13.3% 的学生选择英语教师，7.8% 的学生选择本专业外教。由此可知，半数以上的学生认为 ESP 课程应由语言教师与专业教师合作完成，而对于合作的方式，学生更赞同将语言教师与专业教师的合作放在课堂的前期准备，而非同时在课堂中出现。

第六部分是考察学生对 ESP 教学不足的看法。78.8% 的学生提出 ESP 课程只注重语言点的解释，缺乏口语的训练和交际能力的培养；51.1% 的学生认为教学方法单一；48.9% 的学生认为教材内容过时，专业性过强或过弱；22.2% 的学生认为缺乏合格的师资。本问卷设置该问题的目的在于为 ESP 教师的培训提供方向上的指导。

第七部分是考察学生对 ESP 教师培训的要求。45.5% 的学生认为 ESP 教师培训最应注意的问题是专业知识上的培训，37.8% 的学生认为应加强语言方面的训练，21.1% 的学生认为应加强教学法和教学理论的培训。对于 ESP 教师当前最需提高的方面，57.7% 的学生认为是外语实践能力，25.5% 的学生认为是教学能力，23.3% 的学生认为是自身知识结构。由此可知，学生普遍对于 ESP 教师在语言能力和语言教学能力方面有较高的要求。

对于部分行业的专业人士的调查问卷，共发出 30 份，回收 19 份。本问卷从 3 个方面考察专业人士对于行业英语教师的素质要求，下面就这 3 个方面阐述问卷调查的结果。

第一部分是考察在校期间的 ESP 课程在学校课程中的受重视程度，所学的课程知识和得到的技能培训是否在实际工作中得到运用，ESP 课程对个人发展是否有所帮助。36.8% 的被调查者在校期间学习过 ESP 课程，该课程被定位为一门重要的课程；21.1% 的被调查者表示，学校虽开设 ESP 课程，但并没有将其列为主要课程来讲授，对其重视程度不够；15.8% 的被调查者表示，学校开设的 ESP 课程形同虚设；26.3% 的被调查者表示学校没有开设 ESP 课程。

关于 ESP 课程在实际工作中的效用，20% 的被调查者认为在目前工作中，很多需要运用到行业英语的知识；45% 的被调查者认为有运用到相关知识的地方，但不多；25% 的被调查者表示没有运用到这方面的知识，但 ESP 课程对于提高语言技能有所帮助；10% 的被调查者认为完全没用。对于必备的 ESP 课程知识，40% 的被调查者认为是行业词汇，30% 的被调查者认为是语言技能，30% 的被调查者认为是专业知识。关于 ESP 课程对于个人发展是否有帮助的问题，36.8% 的被调查者认为会有很大的帮助，52.6% 的被调查者选择有所帮助，但不多，10.5% 的被调查者认为没有帮助，但对提高语言技能有所帮助。关于 ESP 课程对于个人发展有所帮助的知识，38.9% 的被调查者认为是语言技能，33.3% 的被调查者认为是专业知识，27.8% 的被调查者认为是行业词汇。由此可见，大部分学校开设有 ESP 课程，但是对该课程的重视程度普遍不够；ESP 课程教授的知识在实际工作中得到运用的不多；行业词汇在实际工作中是必备的；ESP 课程对个人的发展会有所帮助，主要体现在语言技能的提高。

第二部分是关于 ESP 教学应如何调整以适应实际工作需要。47.4% 的被调查者对 ESP 课程的教学效果表示不满意，31.6% 的被调查者表示比较满意，21.1% 的被调查者表示满意；63.6% 的被调查者认为现有 ESP 教学中只注重语言点的解释，缺乏口语的训练和交际能力的培养，18.2% 的被调查者认为师资缺乏，9.1% 的被调查者认为教学方法单一，9.1% 的被调查者认为教材内容过时，专业性过强或过弱。由此可见，ESP 教学应注重交际能力的培养和口语的训练，改变传统的语法翻译法的单一使用。

第三部分是本调查问卷的核心部分，考察行业人士对于 ESP 教师的素质要求。问卷结果如表 3-3 所示。

表 3-3　业内人士对 ESP 教师素质的看法

语言能力	专业知识	教学方法（多选题）	语言教学规律	教学侧重点（多选题）	讲授内容	合作教学	教师角色（多选题）
英语授课，汉语辅助 63.2%	高度专业化 47.4%	交际法 84.2%	较全面的理解 73.7%	培养说的技能 68.4%	高度专业化的知识 36.8%	语言教师和专业教师合作 68.4%	教师的角色 73.7%

续表

语言能力	专业知识	教学方法（多选题）	语言教学规律	教学侧重点（多选题）	讲授内容	合作教学	教师角色（多选题）
完全英语授课 36.8%	专业最基本的知识和原理 31.6%	综合法 73.7%	了解基本规律 15.8%	培养听的技能以及教授行业词汇 63.2%	教授专业最基本的知识和原理 36.8%	专业教师承担 26.3%	教材编撰者 42.1%
	一般专业化 21.1%	听说法 57.9%	对语言教学规律有专业的研究 10.5%	培养读的技能 47.4%	一般专业化的知识 21.1%	语言教师承担 5.26%	需求分析员和学生向导 36.8%
		语法翻译法 52.6%		培养写和译的技能 36.8%	培养对专业知识的兴趣 5.26%		咨询者 31.6%
		任务法 31.6%					

由此可见，行业人士要求 ESP 教师能够使用英语进行授课，仅以汉语作为辅助，以帮助学生理解；对于专业知识的掌握程度，行业人士要求要达到一般专业化以上的程度，以高度专业化为佳；教学方法方面，行业人士对于交际法、综合法、结构听说法和语法翻译法要求较高，并要求对语言教学规律有较全面的理解；在教学内容上，行业人士要求教师侧重行业词汇的讲授以及听、说能力的培养；行业人士也要求 ESP 教师需承担不同的角色，即教材编撰者、学生向导、需求分析员、咨询者及合作教学者。

2. 专门用途英语教师的知识结构

专门用途英语教师的知识结构可分为以下几个部分。

1）本体性知识。包括英语基本功和基本的专业学科知识等各方面的知识。

2）条件性知识。指教师所具有的教育学与心理学知识，包括 3 个方面的内容：学生身心发展的知识、教与学的知识和学生成绩评价的知识。

3）实践性知识。包括学科知识和跨学科知识，专门用途英语教育观念和教学方法等知识。

4）多层次知识结构。多层次的知识结构不是各学科知识的平面组合，知识组成要素在达成目标的基础上具有内在的联系。学科之间不能够彼此孤立缺乏联系，专门用途英语教师在传授分科知识时，不能把它们看成是孤立的学科体系，需要对所教知识有一个综合认识，能够从科学系统的高度驾驭教学内容。

5）开放性知识结构。教师的知识从获取到应用都具有动态性的特点，决定了教师的知识结构是开放性的。教师不仅要大量地储备知识，还要不断地更新知识。

6）超前的知识结构。教师需要及时搜集与教学知识密切相关、又具有超前性的资料，以补充教学内容的不足。适量、适时地介绍一些重大科技的突破性成果，及时了解国内外教学的最新动态与方法，加以选择吸收、改善教学。

针对专门用途英语教学，核心问题之一仍然是师资质量问题。这个问题可以细化为：大学英语教学应当如何教，如何学的问题；大学英语教师应当如何培训的问题；大学英语教师应当如何自我发展的问题；如何引导教师开展以课堂教学为对象或以学生为对象的微观、具体、细致的研究问题。这些问题都是值得思考的。

（二）专门用途英语教师自我发展所面临的特殊问题

1. 自尊心和自信心的问题

因为专门用途英语是个新兴的事物，受社会尊重和认可的程度还有待提高。首先，由于各个科目的专门用途英语处在不同的环境中，它们所面临的机遇受到的待遇以及由此引起的追求也有差异。最简单的一个例子就是选择金融英语的教师明显高于计算机英语，因为从教学内容到学生的外语水平再到学校对其的重视程度上都有明显的差异。其次，教师本人对该科目专业知识的缺乏使自己的自信心减弱，对未来缺乏信心，社会地位和回报不能达到预期目标的直接后果是专门用途英语教师的自信心不足和师资队伍的不稳定（包括人才的隐性流失）。

2. 教学对象的复杂性

专门用途英语是根据学生的专业科目设置的课程，教学对象和教学内容都具有复杂性。而且大部分学生英语基础不好，他们对英语不感兴趣。有文献表明，英语高考成绩在60分以下的学生只能认识600个左右的基本词汇，阅读、听说能力也比较差，大约有1/4到1/3的学生只能进行最简单的日常生活会话。学生入学时英语水平的差异给教学计划的制订和教学进度的执行造成了一定的困难。

3. 科研、自学所面临的难题

调查显示，科研、自学面临的难题主要有以下三个。首先，大部分院校的英语教师周课时量在16～20节，还有相当多的英语教师在做行政和管理工作；8%的英语教师没有时间做课件；47%的英语教师没有时间做家务。其次，生师比严重超标。教师整天疲于应付课堂教学，而由此带来的直接后果就是，教师无暇通过进修和学习来提高自身的业务水平，无暇研究教学规律和教学方法，并通过教学研究提高自身的业务素质。再次，积极投身科研的专门用途英语教师也未必得到预期的回报。大学英语教师没有参加过更没有主持过教学研究项目和不知道如何申请也不会写课题论证的人约占50%以上，没有做过教学实验、试验和不知道如何做的约占40%；更不用说专门用途英语教师。

4. 知识结构的更新问题

大部分英语教师并非师范院校毕业，他们对英语的教学方法、教学内容和教学手段比较陌生。部分英语教师从中学调来，有的只经过短期培训，有的甚至未经任何培训就从事大学英语教学工作。有的英语教师虽然具有研究生学历，但他们在研究生学习期间并不研究英语教育教学；部分英语教师虽然是师范院校毕业，但他们对教育学、心理学、英语教学法和语言习得理论并不感兴趣，他们在校时只是注重学习语言基础、文学、翻译或实用英语（如经贸、金融、旅游、法律）等方面的知识。由此高校教师岗前培训的短期班也只是起到一个考试拿证的作用，而并不能全面、客观、真实地反映他们在知识结构上的欠缺。比如，部分教师读书时是学习语言文学的，在实用英语和相关知识方面有待提高。此外最为重要的，Alan Maley在20世纪80年代就曾一针见血地指出，中国英语教师在培训和自我发展中存在着一种误区，即以为老师懂的英语越多（或老师的英语越好），他自然就会教得越好，因此教师培训仅仅停留在提高教师的语言能力上。当然这些评论相对来说属于较早时候的情形，近年来关于教学方法的作用和地位已经引起了日益广泛的重视。

（三）专门用途英语教师的自我发展途径

教师专业自主发展有以下一些共同的特点。一是持续性。终生学习的理念是教师专业自主发展的核心观念，教师的专业发展应持续贯穿于教师职业的全过程。二是阶段性与动态性。教师的专业发展的过程是一个由不成熟到相对成熟，专业结构、专业素养不断更新，不断完善的动态过程。三是内在性和自觉性。强调教师主动地发展自己，其核心是教师的自我发展意识。从知、情、意等方面来分析，教师需必备三方面的素质：英语学科的知识和基本的专业知识，即专业技能（能教）；教育专业知识，即教学技术（会教）；教育专业精神，即师德（愿教）。

1. 利用语料库分析目标语境（详见第七章）

2. 利用反思性教学实现自我发展

Richards 和 Lockhart 在他们的著作中描写了反思性教学，认为反思性教学是这样的一个过程，即在这个过程中，教师收集关于教学的各种信息，检查他们的态度、信念、信仰以及对教学的批判的反思的基础。而他们所获得的知识和经验被认为是教学的反思性活动的中心和理论基础。反思教学理念要求教师对自我的行为，包括教学前后的各方面的问题进行批判性的重新审视，进而调整和提高教学质量。

专门用途英语教师可采用的反思性教学基本方法有以下几种。

1）反思总结法。专门用途英语教师可以先对以前的教学实践活动中的经验与教训进行反思。然后，在专门用途英语教学的过程中，通过相互观摩课堂教学，彼此交换信息，对信息进行客观实际的分析等方法和途径对教材、学习者、教法等要素进行反思，同时总结自己和他人的宝贵经验或失败教训，从而对专门用途英语教学产生各种理解顿悟。

2）对话反思法。这里的对话反思法是指专门用途英语教师通过与专业教师的研讨交流来反思自己的教学行为，使自己清楚地知道自己在专业知识方面的欠缺和不足，并与之探讨摸索有效的教学理念。

3）撰写课程报告和教学日记法。专门用途英语教师通过有条理的清单、表格和条目，回忆并描述不同专业的英语课程的主要特征，用快捷而简便的方法有目的地监测课堂教学情况及教学效果等。然后，对特殊的教学经历进行书面的描述和反馈，对教学事件和新的构思做记载以便以后用于反思。

4）录像反思法。专门用途英语教师可以将自己和同行的教学过程通过录像再现出来，这样，教师可以以旁观者的身份观察、琢磨自己或他人的教学过程，从而培养自己对教学情境的自我意识能力和反思能力。

5）行动研究法。专门用途英语教师可以针对教学实践中难以解决的问题，运用观察、谈话、测验、调查问卷、查阅文献等多种手段，分析问题产生的原因，采取措施改进教学行为，通过设计可行性解决方案，瞄准具体的教学环节、步骤、方法，搜集教学素材，开展研究，解决教学问题。

6）档案法。专门用途英语教师首先要根据自己的教学实际确定反思的专题，并进行分类，然后在每个专题下，通过回忆与反思，记录下教学观念、教学行为等方面的变化。内容包括教学理念、课程安排、教学方法和步骤、职业进步、个人成就和个人反思 6 个方面。教学档案是阶段性、总结性的，它反映了一定时期内教师的发展和变化。整理和系统化档案袋的过程是教师对已有经验进行自我反思、自我评价、自我教育的过程。

3. 利用其他方法实现自我发展

1）网络学习法。网络为专门用途英语教师的交流和沟通搭建了平台，同时，也为教师间的国际交流提供了方便。通过网络，教师可以实现资源共享，也可以共同探讨教学过程中的问题与困惑。

2）体验探究法。有时教师的研究不是为了解决某一问题，而纯粹是为了兴趣，如体验一种新的教学方法或某一些新的活动，看看它们能引起什么样的结果。因为探索新事物本身就是一个研究过程。

3）差异互补法。参加集体教研活动是非常必要的。各类和教学有关的活动参加得越多，发现的问题越多，解决的途径也就越多，同时也就可以更大限度地发展和提高自己的教学理念和实践。没有与其他老师的合作，自我发展非常困难，因为缺乏有效的反馈来源和必要的外部监督、动力。可以以教研组为单位，适当组织教学竞赛或教学观摩课。也可以是备课组，甚至是两个人，彼此互相鼓励、督促，取长补短，共同进步。

4. 提高自身应用能力，向双师型目标靠拢

专门用途英语教师可以根据自身优势，结合本校双师型资格认定办法去争取“国际商务师”、“涉外导游”、“高级口译”和国家级翻译资格证书等。同时，学校应出台相应的制度和激励措施，提供时间和待遇上的保障，鼓励和督促英语教师走进企业、走向社会，积极参与校企合作，真正做到既懂理论指导，又有实践经验。

（四）构建学习型合作团队，促进专门用途英语教师的专业发展

专门用途英语教师的教学能力结构与学习者能力形成的关系如图 3－2 所示。

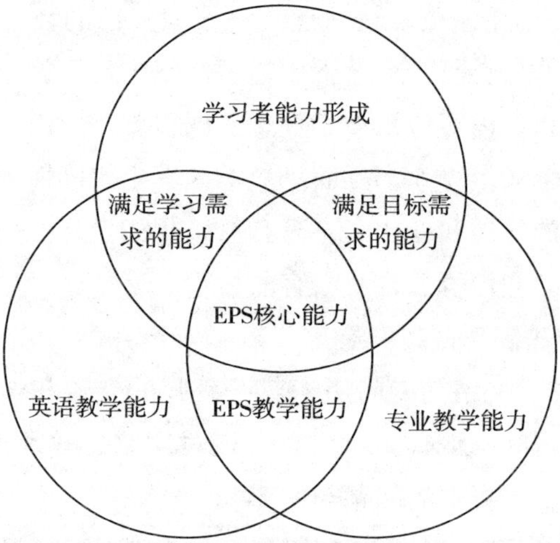

图 3－2　专门用途英语教师教学能力分析模型

从图中看出：ESP 核心能力与 ESP 教学能力之间是相互交叉的。在高等院校中构建具有高效组织学习力的专门用途英语教学团队是实现专门用途英语教师专业发展，提高专门用途英语教师教学能力的重要支撑。组织学习力是一个组织学习的动力、毅力和能力的综合体现。高等职业院校本身就是一个学习型组织，知识在这一组织体系中通过传播、共享、储存和应用得以“增值”。

如图 3－3 所示，通过构建学习型合作团队，推进和保障专门用途英语教师的专业发展规划，是形成顶层能力（专门用途英语教师的专业发展能力）的重要支撑。

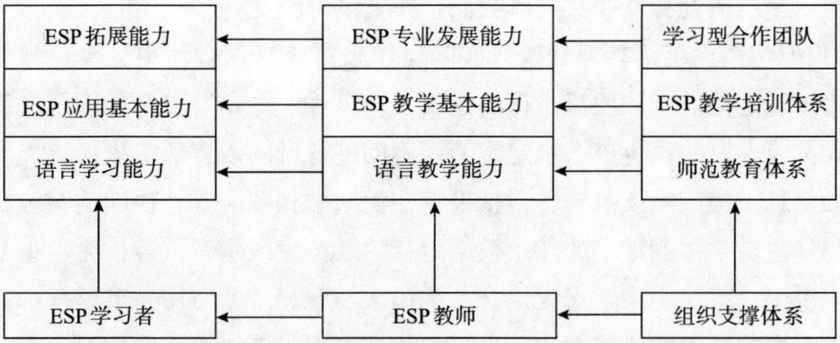

图 3－3　专门用途英语教师教学能力构建模型

（五）构建“三位一体”专门用途英语教师专业发展合作模式

1. “三位一体”专门用途英语教师专业发展合作模式的内涵

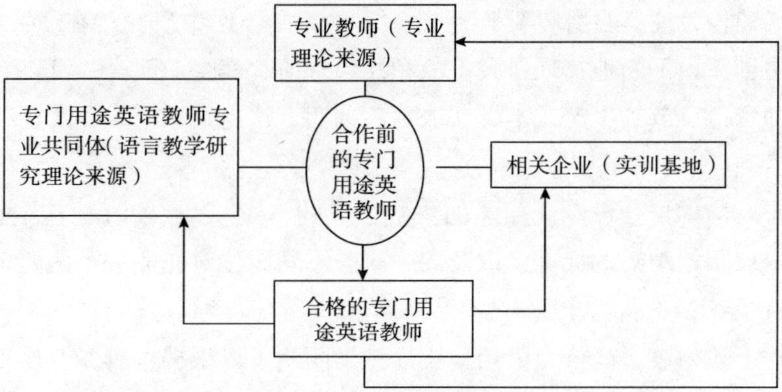

图 3－4　“三位一体”专门用途英语教师专业发展合作模式

如图 3－4 所示，专门用途英语教师专业共同体是指建立在教师专业化浪潮的基础之上，以英语教师为主体，以专门用途英语教学实践为载体，基于共同的目标和兴趣而共同学习和研讨，在团体情境中通过合作、对话与交流等方式最终实现专门用途英语教师群体成长的团体。相关企业专门指那些与国外公司有密切业务往来，有发展本公司专门用途英语成员职业素养和共同研究专门用途英语意愿的企业。该模式具体内容如下。

1）企业根据自身的业务需要提供相应的专门用途英语项目，由专业教师和专门用途英语教师专业共同体共同合作提供理论支持。

2）专门用途英语教师群执行实际操作来完成。在合作中，专业教师是专业理论知识的提供者和项目执行的建议者。Jordan 将专门用途英语合作教学中专业人员或专家的角色进一步定位为：协助进行目的语言情境描述，提供学习难点的信息；提供阅读清单，包括推荐专业杂志和图表等；协助编写教材；为教学和学生自学录制短小的涉及教学内容的录像带或录音带等；为学生开设专业知识讲座，组织小型学术讨论会并承担教学职责。专门用途英语教师需要整合专业课教师提供的这些专业信息资源使之应用于英语语言课堂。

3）相关企业为专门用途英语教师提供实践基地。

三者之间保持着密切联系，缺一不可，共同推进项目的完成。在此过程中，以项目为驱动，英语语言教师在一定的情境下，通过专业教师的帮助获取理论和实践知识，充分利用专门用途英语教师专业共同体的研究成果，积极地进行意义建构，使其自身得到不断成长，做到在合作中研究，在研究中探索，在探索中创新，不断地实现自我价值和社会价值。就企业而言，可以充分利用高校教师资源，节约生产成本，获取更高利润，这也是该模式成功运行的重要前提。

笔者对与本校开设专业相关的一些行业的 ESP 成绩，2011 年以托业成绩为基础的校园招聘筛选标准，以及同一职务不同岗位对托业成绩的要求分别做了调查（见第二章：需求分析）。

根据上述列表，高校专门用途英语教学团队可以根据本校专业设置情况和企业选人、用人的量化标准，按照企业的标准与之形成共建单位，定时安排学生实习、见习，形成“三位一体”的合作模式，培养学生各方面的素质。

2. “三位一体”专门用途英语教师专业发展合作模式的特征

1）专门用途英语教师角色的转变

新的模式突出了专门用途英语教师在合作模式中的主体地位和作用。从理论获取方式看，在合作过程中，专门用途英语教师不再是过去的被动接受者，而是积极参与者和知识的建构者。从实践层面看，专门用途英语教师不仅是课堂专门用途英语理论的输出者，更是专门用途英语理论的创造者和实践者。专门用途英语教师通过完成合作项目为不断丰富的专门用途英语理论和教学实践经验奠定了坚实的基础。

2）专门用途英语理论与实践的有机结合

该合作模式的主要目标是调动企业、专业教师和专门用途英语教师专业共同体等各方面的积极性，共同促进专门用途英语教师健康持续发展。从专业方面的知识延伸到包括专业方面知识和专业语言知识的结合体，并通过解决企业的实际问题促进理论与实践的结合。这种合作很好地弥补了专门用途英语教师在专业理论和实践知识方面的缝隙，填补了其内在知识结构的不足。在理论的指导下，通过项目实践，专门用途英语教师可以及时了解专门用途英语的社会需求和发展动态，反思课堂教学和专门用途英语课程改革等方面的不足，为进一步深化专门用途英语课程设置改革，提高课程和教学资源开发与利用，构建合理的课程评价体系提供了理论依据，搭建起了批判性反思的平台，使专门用途英语教师成为反思实践者，促使其在专业知识和专业语言方面的自我更新。

3）产学研的有机结合

产学研是实现教师社会价值、提高企业效率和推动社会进步的重要途径，是高校履行社会服务职能的重要举措。它使高校实现了从单一研究型向研究应用型的转变，承担了自己的社会责任，弥补了理论与实践严重脱节的缺陷。有效的社会经济效益是企业参与合作的最直接的目的，是合作模式得以顺利进行的外部动因，专业教师和教师专业共同体为产学研的有机结合提供了可靠的人才保证和智力支持。同时也给高校对教学目标的定位、课程设置和人才培养模式等方面的反思创造了良好的机会。

（六）专门用途英语教材对教师职业发展的影响

教师、方法和教材开发三者之间是密切相关的，如表 3－4 所示。

表 3－4　教师，教学方法和教材开发三者变量关系

教师变量	方法变量	教材开发策略
教师的教学能力 教师对教材的熟悉程度 教师的外语水平 教师和学习者之间的关系	经典 PPP 方法 任务型方法 个人，小组活动方法 传统课文讲解语法，翻译方法	单一大纲原则 主题大纲原则 结构大纲原则 过程大纲原则 活动大纲原则 词汇大纲原则
任意组合变量	任意组合变量	复合大纲设计技术辅助手段，任务型活动设计

教材的使用改变最大的是教学观。教学观念不同的教师具有不同的教学行为，在教学中使用的方法也因此不同。调查显示，专门用途英语教材的使用在很大程度上改变了传统的以教师讲解语言点为主的课堂教学模式，教师在课堂中更加重视对学生的语言综合应用能力的培养，更加重视学生课堂的参与和课堂教学的互动性，因为专业知识在语言课堂中出现对学生来说是一个新的体验。教师在课堂上所扮演的角色已经由单一的语言讲解者向多元角色转变，集讲解者、指导者、课堂设计者、学生伙伴、课堂管理者和评价者于一身，这就意味着教师观的改变。其中最主要的作用是课堂活动的设计者和学习方法的指导者。这无形中促进了教师自我发展能力的提升。教师自我发展能力包括自我学习、自我反思、自我评价、自我更新、自我挑战。这些自我发展的能力是教师职业可持续发展的前提。专门用途英语教材特别是对教师的自我学习能力，自我反思能力和自我更新能力的提升具有积极的作用。

人们常把新教材的开发作为创新的出发点，因为教材是最为具体的创新产品。通过新教材的使用，鼓励教师使用新的方法，从而促进教师对新的教学方法进行反思，形成新的教学理念。专门用途英语教材是以培养领会式技能为主的“学懂”模式转变成突出表达技能的“学会”教学模式。

教师和教材都是学生学习外语的重要支持，两者的关系是一种互相合作的关系，双方都应该最大限度地去满足学生的学习需求。一部新的教材能给教师提供更多的创造空间，激发教师对教材的个性化使用、创造性使用和研究性使用。教材演绎的过程就是一个教师发展的过程。

五、该二本院校专门用途英语教师队伍建设情况

（一）专门用途英语教师队伍建设的构想

1. 建立专门用途英语教师任职资格制度

完善教师资格制度是教师专业化的一个重要举措。作为专门用途英语教师，必须同时具备如下几种资格。①硕士学位；②较高等级的教学职业资格证书或成人教育的研究生文凭；③行业和职业教育经验。另外，由于专门用途英语课程讲授的是英语在专业领域的应用，教师的专业经验也应该成为其任职的标准之一。很难想象，没有做过一笔外贸业务的教师如何讲授外贸英语，没有进行过一次市场调研的教师如何讲授市场营销英语。因此，学校在招收新教师时应建立起针对专门用途英语教师的任职资格制度。对具有相关行业证书的候选人优先考虑，或有双学位者优先考虑。

2. 建立教学专业标准

教学专业标准的建立既是教师专业化程度高低的重要指标，也是有效提高教师教学质量的手段。作为一名专门用途英语教师需符合如下教学专业标准。

1）专业知识。教师应掌握教学所需的相关知识并熟知如何针对学生需求进行施教的方法。

2）专业实践。根据课程需求组织材料、编写教材并进行教学评估。

3）专业承诺。不断提高自身教学和专业水平，遵守行业道德，符合行业规范。

3. 建立专门用途英语教师培训体系

教师的培训主要分为两大方面：教学能力培训和专业技能培训。专业技能培训主要以聘请企业专家讲课和安排教师进企业培训为主要方式。首先，鼓励开展校内教师培训项目。对于专门用途英语课程中特有的一些教学手段，如比较教学法，可以教学研讨会或论坛的形式集合各院校优秀的专门用途英语教师，百家争鸣，各抒己见，以期推广行之有效的教学手段。这样既节省了经费

又达到了培训目的。其次，开展院校与企业之间双向互动培训项目。前文提到，专门用途英语教师当前面临的重大问题即是从业经验的匮乏。针对这一情况，可由院校与相关企业签订合作协议，让教师以合作者的身份参与到企业的项目中去，比如，讲授市场营销英语的老师可参与公司新产品的宣传，帮助撰写文案、组织公关活动；再将此企业定为院校的实习基地，学校负责输送优秀的毕业生，以此达到院校和企业的双赢。也可以组织专门用途英语教师去相关专业听课。比如，讲授物流英语的老师可以去物流专业听课，以弥补在物流专业领域知识的不足。再次，可以结合专门用途英语课程特点进行有针对性的培训。比如，专门用途英语课程中使用案例教学法较多，因此可组织专门用途英语教师进行多媒体教学的培训，通过使用多媒体演示，帮助学生更直观地了解案例背景，更有效地进行案例分析。

4. 引进精通英语的专业人才担任专门用途英语教学任务

从国外归来的留学生及工作人员，外企或合资企业中的双语管理、技术人员，都是兼职教师的选择对象，各专业的实践环节与学生未来的就业密切相关。企业中，尤其是外资企业不乏精通专业技能又通晓外语的人才。他们有着丰富的实际工作经验和扎实的专业知识，还熟悉外企文化，是企业难得的精英。学院通过加强与企业的合作，聘请企业人才做兼职老师，既能解决师资缺乏的矛盾，又能使学生间接地感知企业和社会，为将来的就业做好准备。与此同时，建立企业外聘信息网，建立固定的人才资源库，可以保持兼职教师队伍相对的稳定性和长期性。

（二）人员整合

大学外语教师按照原来四校配置与部分专业教师结合，形成共建，共同研究：法律英语、金融英语、财会英语、经贸英语、计算机英语等。新教师按兴趣方向加入。另外鼓励部分大学英语教师攻读非外语专业硕士学位、博士学位。目前有个别教师已经获得法律专业硕士学位、经贸专业硕士学位，也有个别专业教师已经获得英语学士学位。这是专门用途英语教学师资的一个可喜的发展。

第四章　专门用途英语教材建设

现行的大学英语教材有《体验英语》、《二十一世纪》、《大学英语综合教程》、《新视野大学英语》等，这些教材从课文内容、词汇到课后练习都属于EGP范畴。选择和编写合适的专门用途英语教材是课程顺利发展的必要保证。教材的合理选用是教学的重要环节，是教育思想、目标、内容和教学方法的体现。因此，应根据每个阶段的教学目标，结合市场的需求、办学特点及专业的特点加强教材建设。大学英语教学大纲对专门用途英语教材的要求是：注意思想性、科学性、实用性和趣味性；处理好知识性与可思性、系统性与灵活性、可接受性与前瞻性、语言典范和时代气息的关系。

教材是体现教育特色的知识载体和教学的基本工具，直接关系到高等教育能否为一线岗位培养符合要求的高技术型人才。因此，英语教学内容的改革要从教材入手，在调查研究的基础上，对一般性社交和职场及目标岗位实际使用英语的场景进行细分，以职业趋向（Career-oriented）为主，提炼出若干知识点和能力点，对这些知识点和能力点进行筛选和归纳，根据专门用途英语教学实际（课时、学生基础、条件等）精选出适量和实用的知识点和能力点，再根据目标工作岗位群的特征，进行语言精加工，整合成具有共性特征的技能模块，用作听说读写教学的素材，从而形成以“核心技能培养”为基础的崭新的教学内容。

高校也可利用自己的优势，在专业英语教材的设计上考虑到其专业特色，突出其岗位特点，坚持“任务驱动、项目导向、教学做一体化”的教学模式，以职场活动为场景，以岗位技能为主线，以实用管用为目的，构建“基于工作过程的行动导向”内容体系，紧扣岗位需求，做到“学中做，做中学”，突出听说训练，全面提高听说读写能力，使学生通过本教材的学习，掌握职业生存和发展必需的英语基本技能。一套成功的教材应该能够带动教学理念、教学模式、教学方法的变革。这不仅仅是专门用途英语教材应该努力的方向，而且是整个中国英语教学、教材改革努力的方向。

一、专门用途英语教材现状

1. 专门用途英语教材内容脱离职业发展实际

专门用途英语教材内容陈旧，未能及时反映新理论、新技术、新工艺、新装备，而且多数教材不符合新规范、新标准，与高等技术应用型人才的培养目标不相适应，比如，多数专门用途英语教材与劳动部门颁发的职业资格证书或技能鉴定标准缺乏有效衔接，就像现在的托业考试就没有合适的教材，最多只是应试的习题集，且只能作为选修阶段的培训材料。

即使有相应的教材，但教材开发者往往侧重考虑选文，对学习者的心理感受、发展阶段、接受能力等考虑不足，更谈不上分解语言和技能，为学习者搭建“支架”等现代教学理念。课本是“教材”的一部分，学生的练习册是“教材”的一部分，教学挂图、视频、录音、网络手段等教学环境中可以支持教学的材料都可以成为教材的一部分。学习是学习者体验学习的过程，所以教材的观念需要改变。

专门用途英语教材编写最重要的原则就是真实性，但在不同的时期对真实性的理解不尽一致。20 世纪 60 年代中期出现的技能教学法把“读、写、听、说”等技能放在首位，认为编写教材时应注意选取那些有助于培养学生技能的教学材料。在技能教学法看来，“真实性”主要指教材一定要真实，应直接从正式出版的杂志上选取。这种真实性的局限在于：①它强调要选取未经简化的原始材料作为教材，但没有区分语篇的不同种类（如科技语篇包括科技报告、科技杂志和使用手册等）；②没有注意到学习任务的真实性；③只注重书面语篇而忽略了口头语篇。

2. 实践教学主体地位不突出

实践教学是实现高等教育目标的关键和重要途径。但是多数专门用途英语教材没有明确的能力训练体系，忽视能力培养尤其是实践能力的培养，缺乏实践能力训练体系使得专门用途英语教材先天不足。

3. 专门用途英语教材形式单一

专门用途英语教材形式单一化，未能充分利用现代教育技术。立体化教材是高等教育教材的发展趋势，包括电子教案、网络课程、考试系统和自测系统等。借助这种全新的整体教学资源，激发学习者兴趣，提高专门用途英语教学质量和效率，方能更好地服务于学习者专业需要。

二、对策研究

（一）理论指导

英语教材的编写要有好的教材编写理论作指导。传统的教材编写思路过于强调语言点和句法结构，却忽略了培养学习者交际需要的能力。像普通英语一样，专门用途英语教材的编写应该把“学习者”放在首位。需要在考虑学习者实际需求的基础上，基于以学习者为中心的教材建设理念来选择教材内容和设计练习。

1. 学习理论

行为主义学习理论认为语言学习为条件反射的结果，遵循刺激—反应—强化的模式，因此语言的习得可通过不断的句型操练加以强化，形成学习者的语言习惯。语言学家 Chomsky（1964）则认为，学习是学习者借助经验形成假设的过程，而这种假设会被后来的经验所证明和接受。认知理论则认为学习者是主动的信息加工者，而不是被动的信息接受者，是学习过程的中心。语言学习还应是一种情感体验，学习过程中所反映出来的情绪对学习的成败有着非常重要的影响。所谓情感，是指影响学生学习的意志品质、态度、心情、兴趣等非智力因素。情感在语言教学中是一个不可忽视的因素。Arnold（1999）认为，语言学习中的情感因素分为两大类：学习者的个别因素，包括焦虑、态度、自尊与自信等；学习者与学习者之间以及学习者与教师之间的情感因素。情感对语言学习有动力和阻力作用。

2. 学习者动机

外语学习动机是语言学习者个体因素中最具能动性的因素之一，受到了中外研究者的广泛关注。加拿大学者 Gardner 和 Lambert 从社会心理学角度出发分析外语学习，把外语学习看做社会心理现象，强调学习态度和学习情境对学习者行为的影响，并把外语学习动机归纳为两大类：工具型动机和融合型动机，工具型动机指学习者学习一门外语是作为达到其他目的的手段和工具，如找工作、阅读原版外文资料或通过考试等。融合型动机是学习者由于对所学语言的民族及其文化等怀有浓厚的兴趣而学习语言，以达到与该民族交往、甚至融入该社会文化的目的。

3. 学习者中心理念

Hutchinson 和 Waters（1987）认为，仅仅了解语言表层结构特点和使用语言的过程并不等于学好了语言。语言学习过程中应将学习者放在首位，以学习者为中心，专业英语学习不应过于依赖目标环境。教材编写者应秉承以学习者为中心的理念，在教材编写的各环节充分考虑学习者个体及其语言学习需求，充分调动学习者的积极性，以期做到学以致用，将学习效率最大化。

（二）教材建设的基础与原则

1. 以需求分析为前提的专业英语教材建设

需求分析在外语教学中的应用起源于专门用途英语教学和以学习者为中心的教学理论，后来很快发展到普通英语教学中，并成为课程建设的基础。

需求分析是编写专业英语教材的前提。专业英语教学所针对的教学对象是有一定英语语言基础的学生，因此专业英语教材建设必须考虑学生的个人需求，要进行学生个人需求分析，即通过访谈、问卷等方法分析学生使用英语的目的、学生现有英语水平、学生需要从专业英语课程中得到什么等，从而为编者提供未来教材使用者的需求情况，进而有针对性地进行选材和设置任务。

2. 以教材评价为基础的专业英语教材建设

Hutchinson & Waters（1987）的评估标准是针对专门用途英语（ESP）教学提出的，对其教材的评估具有一定的指导性。他使用对照法，即将“主观需要分析”和“客观对象分析”相对照的客观评价方法，首先，由评价者列出教材目的和对教材的要求，同时列出某一等级评价教材的特点，然后进行对照评价。教学内容包括：描述语言的理论基础，听，说，读，写各项大技能及微技能的涵盖程度，各项内容的安排顺序等。Hutchinson（1987）认为“教材的评估是一个对比的过程：对比需求与教材所提供的解决方法的匹配性”，为了实现“在评估的初期最大限度地不受主观性干扰，最好分别调查教学需求和教材满足需求的方案”，并且“拟定评估标准，列成表格”。Roberts（1996）强调教材评估应“系统化”，即需要拟定一套正式的评估标准，以保证评估结果的有效性和准确性。在实际操作中笔者认为这些观点具有借鉴意义。

3. 树立高等教育教材观

以就业为导向的职业教育，应采用基于工作过程的课程观，课程内容的序化应以过程性知识为主、陈述性知识为辅，即以实际应用的经验和习得为主，以适度够用的概念和语言为辅。

4. 以学习者为中心，采用模块式编写思路

依据多元智力理论，即智力的多元性和差异性理论，以学习者为中心，摒弃传统的学科知识体系的教材编写体系，采用模块式编写思路。每个模块既是教材的有效组成部分，本身又是相对完整的、独立的，具有一定的可裁剪性和拼接性，可根据不同的培养目标将内容模块裁剪、拼接，使前后课程互相衔接，浑然一体。这样不但避免了重复讲述造成的时间浪费，而且也杜绝了因教师个体在表述上的偏差给学习者的学习带来不必要的障碍。同时，提高模块可以留给学习者一定的学习空间，培养学习者的再学习能力。

5. 符合专门用途英语教材内容选择原则

第一，有明确的能力体系和知识体系。第二，教材内容与学习者所学专业相关，教学法和能力目标训练法能体现职业特色。第三，设计的教学方案切实可行，理论知识“必需、够用”，符合学习者实际。第四，概念、方法和结论的实际应用。第五，教材内容对学习者来说相对新颖，内容具有先进性。第六，教学或测试方面能令教学双方愉悦。据此，专门用途英语教材内容选择应遵循以下原则。

1）需求分析原则

教材是否满足学习者的需求是评判教材的依据和前提。Dudley-Evans 和 St. John（1998）提出在需求分析过程中要考虑以下因素：学习者使用所学语言将要去完成的任务和活动；可能影响学习者学习方式的因素；学习者当前的

语言水平；学习者现有水平和所需达到的水平之间的差距以及缩小差距的方式；如何让学习者在目标交际环境中正确使用语言和技巧；学习者想从 ESP 课程中得到什么；授课环境方面的信息等。

2）相关性原则

教材编写与教学目标的相关性原则是保证教材使用的关键。教材的设计原则要与教学大纲中所提出的教学目标和要求相吻合，即教材内容在语言、技能和专业知识等方面要与学习者的学习内容相一致。为了实现教学总目标，编者要循序渐进地设定各个单元课程的子目标，科学合理且自成系统地编排各个单元的语言、知识、技巧及背景文化等，并配合教学重点和语言训练而设定相应的任务。

3）真实性原则

真实材料指“为了非语言教学目的而出现的打印的、音频的、视频的或图片的资料”（Robinson，1991）。要以极致的方式来理解，它可以是语言教师可以获得的不是以语言教学为目的的任何东西。也可以用另一个极端来理解：它与 ESP 有特殊的联系，指通常在学生自己专门的工作场所或学习环境中使用的材料。理论上，真实教材更适合用于 ESP 课堂，因为 ESP 课程的目的是培养学生在真实语境中的能力。而多媒体资料又是最好的真实材料，因为他们给学生提供了真实生活场景。

真实教材可以分为三类。以科学语篇为例，作为学科的科学教材是用于科学家之间的知识共享；作为课程的科学是如同课本里写的那样教师与学生的交流；而作为话题兴趣的科学则如同在报纸和畅销杂志上的记者与普通读者的交流（Widdowson，1979）。以上的最后一种分类适用于 ESP 课程。原因如 Robinson（1991）在他所著书中提道，“不是因为学生是普通读者，而是因为这种材料更容易被教师获得或因为学生并不分享目标语言的课程专长（专业知识）”。在 ESP 课程中，虽然同一个系的学生在一定程度上共享课程专长，但那是以母语的方式而非目标语。开始时，他们可能对专业术语一无所知，因此，需要学生熟知大量专业术语的真实材料（第一类）。这对于学生来说并不是个好的选择，也许可以说是一个挑战。因此，最后一种真实语料更适用于这些初学者。随着学生对目标语言基本术语和专业知识的熟悉，可以使用第二种真实材料，使学生在该学科中得到更多进步。

真实性是专门用途英语课程的主要条件，教学材料要有真实的交际内容。教材要满足真实性的需要，而且真实性不仅体现在材料本身，还包括学习者对材料的反映。针对上文提及的真实性问题，专门用途英语研究者进一步发展和丰富了“真实性”的内涵：各个学科的语篇得到了再分类，如科技语篇被进一步区分为科技报告、科技杂志和使用手册等，同时还包括口头语篇。同时，“原文”不再被过分强调，如 Dudley-Evans 和 St John（1998：175）认为，在无法得到合适的材料时，适当的修改也是必要的，这样可以使教材更好地适应学生的需要。另外一个重要的发展是对学习行为的真实性的重视。学习行为的真实性要求学生在处理课文时应采取现实生活相同情境中应采取的技能和策略，如阅读科技杂志时可采用的研究性阅读、浏览、略读、预测等阅读策略。与此相对应，在教学方面也可采用诸如案例分析、角色扮演、解决问题和小组教学等一些再现或模拟现实世界的方法。

高等教育的生命力在于不断满足社会特别是行业和企业对人才的需求。高等教育职业化趋势要求专门用途英语的教材内容应与职业衔接，按照市场需求和教育目标来完成教材的编写工作，走依托行业、企业，走产学研结合之路。专门用途英语教材编写应体现教材的实用性和职业性，适时引进国际及国内行业实践技能标准、执业资格标准，减少“陈述性”知识的比例，补充教材中具有行业代表性的词汇、句法结构、表达方式，并加强实践教学环节，从而凸显英语教学的职业针对性和应用性，增强毕业生的职业岗位适应性。就词汇来看，各专业都有各自大量的专门用语和专门词汇。即使同一个单词在不同的专业中也有不同的含义。比如，solution 在大学英语中常见的意思是“解答，解决办法，解释等”；在数学英语中指“解法”；在化学英语中指“溶液，溶解（作用）；溶态；溶体”；在法律英语中指“（债务的）清偿；（契约或义务的）履行”；在医学英语中指“药水，液剂”。

4）实践性原则

重视“实用为主”的原则。以复合应用型人才为培养目标的高校英语教育，其教材应突出工具性、应用性的原则，合理地安排教材结构，紧跟时代，更新教学内容；英语基础理论教学以应用为目的，专业职业英语教学要加强针对性和实用性；英语应用实践教学要占到50%或更多，实践教学是实现教育培养目标的关键途径。专门用途英语教材也应凸显实践性教学的主体地位，因此，在教材编写中加强实践性教学环节，融入足够的实训内容，保证对学习者实践能力的培养，体现高等技术应用人才的培养要求。注意理论知识学习与能力训练之间的衔接和照应。同时，实训教材要与职业技能证书的相关知识配套，与劳动部门颁发的技能鉴定标准衔接。帮助学习者在实训之余，拿到相应专业的技能证书，为就业做准备。减少不必要的理论知识，注意培养学习者科学的职业英语思维方法和创新精神。注重英语教学方法的改革，充分发挥学习者学习的积极性和主体作用，针对不同学习者，因材施教，追求实效。一是在听说教材中集中完成专业情境的对话训练，二是综合阅读中加强应用体裁（如法律文书、商务信函等）的编排和写作训练，使新《教学大纲》的主体思想得到有效的贯彻和落实，语言的工具性特征加以体现，同时传统大学英语教学模式达到有效的改善。

5）材料内容与形式具有多样性

没有一种单一的教材可以完全实现ESP课程中的教学目标。原因如下：①在大多数情况下，一种教材不是专门为一门特定的ESP课程设计，因此一种教材的选择不可能满足所有课程教学的功能；②随着课程的发展，一种教材不能满足出现的新需要和新需求；③一种教材可能使课程乏味，这样会挫伤学生的积极性，使教学不能圆满完成教学目标。调查数据显示93.5%的调查者希望教材形式多样化，90.5%的被调查者希望教材内容由易而难。

多样性在专业英语教材编写过程中至关重要。首先，教材所选材料在语言风格、承载内容、表现体裁上应具有多样性，这样更有利于营造真实的语言学习氛围。其次，教材在练习及课内外任务的设计上也应体现多样性原则。专业英语教学是在基础英语教学基础上设置的，因此教材练习及任务设计应体现课程教学要求，进一步培养学生的听、说、读、写、译等综合能力。反映在教材练习和任务设置上，应注重通过高质量的听、说、读、写、译综合任务的编排来提高学生参与课堂活动的积极性，并激发学生学习专业知识的兴趣。再次，教材形式具有多样性。现代媒体和出版业的发展，大大丰富了学生的学习资源。教材也不再只局限于纸质教科书，因此教材编写者应借助现代科学技术，穿插使用直观的图片，开发教材配套光盘、网络课程、多媒体课件等教学资源形式。

因此，为了有效教学，ESP 教材应采用注重学生学习目的被评价为简单的 ESP 教材配合上适应于初级阶段普通读者的真实材料。除了印刷出版教材，学生也希望有真实的可视和可操作材料（观看目标情境的视频录像）。

6）材料内容具有启发性和趣味性

专业英语教材建设应本着知识性和趣味性原则，借助教材激发学习者的创造力。专业英语教材在设计上应以学习者已有知识和经历为起点，拓展学习者的知识结构，使其获得新的知识。教材的内容应选取学习者感兴趣的、新的素材。教材的练习要以问题为导向，通过大量的讨论式、探索式、发现式问题，激发学生积极思考，培养学生的创造力。此外，专业英语教材建设应充分考虑到学生的兴趣多元性和能力的多元化趋势。

7）前瞻性原则

树立“活”教材的思想，及时更新补充教材内容。专门用途英语教材应体现专业新变化，介绍新技术、新设备，并适当介绍科技发展的趋势，使学习者适应未来技术进步的需要。与社会行业保持联系，了解生产一线第一手资料，适时更新、补充教材内容，防止教材内容脱离实际和知识陈旧。充分利用网络资源、自编或引进其他同专业专门用途英语教材等方式，实现专业英语教材的多元化，补充最前沿的行业新知，保证教学内容的鲜活。

8）重视语言技能训练的原则

教材必须重视培养学习者的语言技能，突出语言工具性的特点。基础阶段应结合 EGP 的语言知识点，做到合理的知识衔接和过渡，侧重技能的培养和模拟场景训练。语言技能的训练是让学习者认知和使用规范的语言和正确的用词，在一定的情境模式下操练，达到熟悉运用不同情境的语言表达方式。

9）重视语言共核原则

教材应重视语言共核这一教学思想的贯彻，这对教材的选用和编写有着重要的指导作用。笔者认为，语言共核是语言学家在对语言的功能意念的研究中形成的一个概念，指的是操某种语言的人群中大多数人都使用的那部分语言，不受地域、教育程度、社会地位、职业、话题等的制约，在词汇、语法和意念功能方面差异也不大，是语言教学中不论学习者的学习目的和未来从事的职业都必须掌握的那部分语言和表达方式。

10）立体化原则

任务的真实性原则决定了 ESP 课堂教学模式应延伸到大的交际环境中，因此，ESP 教材应当成为动态的立体化的教材。在设计教材时要充分考虑网络和多媒体等现代化技术的特点，对教材编写体系、练习设计等方面进行多方位的开发和设计，创设开放、互动、多元化的语言学习环境。

（三）多元化教材编写队伍

高等教育强调以工作岗位所需职业能力培养为核心，因此，在作者、编者的选择上，应注重校企联合，积极争取企业或行业协会的人力资源专家、一线从业人员及“双师型”英语教师等参与到专门用途英语教材的编写、审定工作中来。可由行业专家按照工作岗位的实际需要，层层加以分解，确定从事这一职业所应具备的能力，从而明确培养目标。然后，再由相关学校人员按照教学规律，以职业能力培养为基础，将相同、相近的各项能力进行总结、归纳，构成各种不同的教学模块，制定教学大纲，依此来组织教材，实施教学。这样整合二者的优势，扬长避短，编写的教材更具针对性。

（四）完善教材评价标准

针对教材评价标准，Roberts（1996）提及应充分考虑“实施评估的背景”和“教材受众的广泛性”。Pilbeam（1987）强调教材的多功能性、教法的合适性、教材的实用性等。Hutchinson（1987）提出评价标准的设置主要考虑如下几方面因素：使用者、课程目标、内容、教学方法等。Hutchinson 的评估量表不仅能为建立法律英语教材评估量表提供启示，在评估步骤上也有值得借鉴的地方。一是评估标准涉及教材使用的背景因素；二是评估标准采用问题与子问题的形式，能够借助各项评估标准中的问题及子问题的提示，提供尽量全面的回答；三是评估标准措辞明确；四是将学习者的需求（客观需要）与教材所能够提供的材料（主观性）分开考查。

国外对外语教材评估的研究早在 20 世纪 80 年代就已开始（见表 4－1），

这些评估细则为教材的评估提供了明确的依据。

表 4-1　国外教材评估方法及内容

研究者	评估方法	评估内容
Seaton（1982）	按教材评估清单对照评估	版面设计与编排，教学主题、语境、词汇和语音的安排，技能练习的形式和编排，学生的学习法，插图及录音等辅助材料
Cunningsworth（1984）	整体印象评价。三种评价类型：使用前，适用中和使用后评价	教材的目标和方法，设计和组织，语言内容、技巧、话题、教学法及教师参考书等
Breen 和 Candlin（1987）	第一阶段：针对用途提出初步问题；第二阶段：针对特定的学习者和教学环境提出更加具体的问题，并进行深层次的分析	教材的主要目的和内容，教材对学习者和教师课堂教学的要求等；能否满足学习者的需求和兴趣，是否适合学习者的学习方法，是否与课堂教与学的过程一致等（以学习者为中心的评价）
Grant（1987）	初步评价、细致评价和适中评价	教材的交际性；教学目标，教学的可操作性；是否有辅助材料；教材的水平要求；教材给人的整体印象；学生的兴趣和教材是否进行过试验等；教材对学生、教师及教学大纲的适应性
Hutchinson 和 Waters（1987）	对照法，即将“主观需要分析”和“客观对象分析”相对照的客观评价方法，首先，由评价者列出教材目的和对教材的要求，同时列出某一等级评价教材的特点，然后进行对照评价	教材内容，要采用的教学方法和手段等。教学内容包括：描述语言的理论基础，听、说、读、写各项大技能及微技能的涵盖程度，各项内容的安排顺序等
Sheldon（1988）	整体印象评价：标识教材的概况，如标题、作者、出版社、定价、书号、页项、组成部分、规格等；定性评价：以定性的方式提出一系列的相关问题，针对教材进行分析评价	教材的理论性、可行性、针对性、版式设计、易读性、连贯性、教材与排序、图文特色、得体性、真实性、充实性、文化性和教育性
McDonough 和 Shaw（1993）	外部评估：简单的总体判断；内部评估：从教材内容本身进行全面细致的检查，验证教材内部的情况是否与编写者的声明一致；综合评估	外部：了解其使用对象，内容安排和作者对语言和教学法的看法；内部：对技能的训练，教材的分级和排序，口语和听力材料等

表4－1中，Hutchinson和Waters（1987）的评估标准是特别针对ESP教学提出的，对其教材的评估具有一定的指导性。

国内教材评估研究主要分为三类：一是对国外研究成果的介绍，评述和分析；二是运用国外较有影响力的评估理论框架来评估教材；三是一些学者提出了评估教材和编写教材的指导性原则（胡壮麟等1995；束定芳1996；周雪林1996；蔡基刚1997；庄惠兰等2001；文秋芳2002等），这些原则都具有重要的参考价值。但国内ESP教材评估还没有形成自己独特的评估理论体系。

笔者认为，评估ESP教材的设计应综合考虑以下因素：一是兼顾定量评估与定性评估；二是为了尽量地保证评估过程的客观性，可采用Hutchinson的“客观评估”与“主观评估”相结合的模式；三是关注到教材使用的语境；四是评价标准的措辞明确；五是综合行业及学生的需求，在评估量表中体现ESP学科的特征。

（五）传统英语教材和理想的专门用途英语教材开发特征的对比

理想的ESP教材有其独有的特征，与传统的英语教材在语法，词汇，语音，课文选材，语言技能要求，练习设计，教学要求，教辅方面的要求都有差异，具体见表4－2。

表4－2　传统英语教材与理想的ESP教材特征对比

内容	传统英语教材	理想的专门用途英语教材
语法知识	1. 严格按照语法著作的内容编写教材。 2. 按语法书的描写顺序，比如“动词过去时”必须在“动词一般现在时”之后	1. 以学习者是否在完成某个交际任务时需要某个语法点来选择语法教学内容。 2. 按学习者认知发展安排顺序。 3. 没有严格的语法知识点顺序，任何语法知识点只要学习者需要，并且具备条件就可
词汇知识	1. 根据词汇是否常用决定取舍，按词频统计分先后学习。 2. 词汇扩展依据句型而定，如果有句型替换练习就安排	1. 按学习者的心理需要和社会需要决定词汇学习先后。 2. 根据主题需要进行词汇扩展，鼓励学习者根据意义联想建立“词汇网络”
语音知识	1. 按语音结构单独安排教学，先音标后词汇，然后语调。 2. 模仿，机械操练为止	1. 按交际语句学习语音，先注重交际效果，后语音音素和语调控制。 2. 在有意义的语言输出中练习

续表

内容	传统英语教材	理想的专门用途英语教材
课文选材	1. 根据语法教学的要求编写故事，对词汇和语法知识严格控制，不惜牺牲话语、语体、风格、人物、场景的要求。 2. 强调通过学习课文获得语言知识，不考虑学习者的认知的发展，不强调各个不同专业对英语知识的需求。在情感、内容和语言 3 个方面只对语言有明确的要求，有时兼顾情感要求对内容不作要求	1. 以内容、主题为主要判断依据，选文是否符合主题要求，是否能提供语言活动和任务的设计空间。对语法和词汇控制少。 2. 分专业分层次选文。 3. 首先强调通过课文认知，后语言习得。强调课文具有体验功能，要求学习者在情感、知识和语言都有收获
语言技能	1. 听力以机械式的对话和课文为主。 2. 口语以机械式的小对话为主。 3. 写作讲究从字、词、句到段落的顺序。 4. 大量阅读训练	1. 听、说、读、写不作机械的区分，视任务的性质决定以某项技能训练为主。 2. 强调语言技能之间的自然转换，根据交际需要、情境需要、任务性质在听、说、读、写之间转换。 3. 强调多任务操作能力，如听说结合、读写结合、听写结合、说写结合。
练习设计	1. 以简化认知过程，多次重复，记忆练习为主，如单句，单项训练。 2. 很少训练解决问题的策略。 3. 大量的翻译对比练习，改写句子练习，不讲究思想的原创性。 4. 和实际生活关系不大。 5. 强调模仿名人名句。 6. 不强调思想的独特性但求语句漂亮	1. 强调学习者探究、反馈、批评和独立思考。 2. 训练学习者采用各种学习策略解决问题。 3. 少量的翻译练习和句子改写，讲究思想的原创性。 4. 和实际生活和工作密切相关。 5. 强调自我，但同时符合规范的语言产出，不强调模仿名人。 6. 语言讲究简洁明了，交际有效，追求个性化表达
教学要求	教学目标三个等级：理解；记忆；应用	教学目标五个等级：理解；记忆；应用；综合；评价
教辅	课本（学生用书、教师用书、练习册）录音、录像	课本（学生用书、教师用书、练习册、挂图、练习任务单）录音、录像、视频、网络、预料等

（六）教师、教学方法和教材开发策略三者之间的关系

教材的教学必须由教师来掌控，因此，教材开发者还必须有一套指导教学实践的原则，根据这套原则来进一步完善教材的设计。教材开发者必须注意教师水平、教学方法和教材编写手段。教师的教学方法、实施课堂教学的手段也会影响到体验的效果，因此，教材的设计要充分考虑到“教师要素”、“方法要素”和“教材开发”之间的互动关系。专门用途英语教材的特征决定了教材的设计方法不同于传统的教材设计。在传统的教材设计中，设计者主要考虑语法知识的排序和词汇的控制，课文的选择上主要考虑尽可能地要长，使得教师有机会进行长篇大论的讲解，充分发挥教师的知识、能力和个人魅力。但是在专门用途英语教材的设计中，由于教师要担任多种角色，因此，教师一般不作长篇大论的讲解，而是在和学生的充分交流中完成对个人、小组和全班的教学工作，因此教学的要求决定教材设计者必须首先考虑目标教师的特征，考虑他们能做什么，能做到什么程度，然后考虑他们会使用哪些手段和技术，然后才考虑提供何种材料，运用哪些设计开发方案。这种考虑使得教材的设计呈现出教师—教材—方法三位一体的关系。

在教师、教学方法和教材开发策略三者之间存在着互相影响的关系。教师在这三者的关系中起主导作用，但是教师的主导作用要受到教材开发方式和教学方法两个方面的影响。在这个关系中，三个要素其实代表了三组变量，每一个变量和另外两个变量的组合就导致教材的设计方法要改变。为了使得这三个要素之间的任意组合都能产生出良好的教学效果，教材开发策略上就必须具有丰富性，保证丰富性的最好办法是采用“复合大纲”、“任务型教学法”和“现代技术手段”。复合大纲的特点是采用若干短小的课文，穿插各种语言活动，用这种大纲编写教材可以比较有效地保证学习者在时间和空间上保持语言活动的连续性和节奏性，避免教师冗长地讲解课文，或者进行单调的单句语法练习，“任务”的设计往往采用“短小”语篇，用一连串的活动将它们一个一个地组成较长的话语，以保证主题的连贯性。在这种理念指导下，教材开发者不仅把学生的体验过程放在第一位，还充分考虑教师和他们的教学手段的变量，如电子教案、网络数据资源、视频等特殊技术支持。

（七）教材对教师发展的影响（见第三章）

三、该二本院校专门用途英语教材评价实践

本文借鉴了上述评估量表的优点，综合考虑评估量表应具备的要素以及大学法律英语教材的特点，形成了“大学法律英语教材评估量表”。

（一）评估方法

教材的评估采用定量评估与定性评估相结合的方法。评估可分为三个阶段进行，第一阶段即法律英语课程目标、学习者及法律行业人员需求的分析；第二阶段是根据评估标准分层次地分析教材；第三阶段是对能够完整完成三个层次的教材，就前述两部分分析做比对，并根据匹配程度给出分值（分值分为四等，一分代表教材所提供的内容完全不能满足课程目标的要求；二分代表不能够充分满足；三分代表满足；四分代表能够充分满足，且教学效果良好）同时提供所给的分值的依据。最后根据总分的高低，选择总分最高的教材作为教学依据。

（二）评估标准

本文所设计的评估量表包括两个部分：教材描述和评价系统。

第一层次包含了 6 项评估标准：教学目标、选材（语言点和技能的选择）、专业知识点的选择、文本材料的类型、练习和任务的类型、教学指导。

1. 教学目标，即教材的教学目标是否与课程目标一致。

课程目标是教材编写和教学过程的根本依据。教材体现的教学目标与课程目标的一致性是衡量教材适用性的最基本的标准。笔者对法律英语课程教学大纲和教学目标进行归纳总结：其总体目标是培养学生在法律领域涉外业务英语中的交际能力。具体目标：一是掌握法律英语的句法和语篇的特点；二是法律英语的词汇、构词结构及特点；三是法律英语重要的语法结构、表达法、篇章结构；四是掌握法律英语文章的阅读方法和技巧；五是培养听法律英语文献的

水平；六是锻炼口语表达能力比如，通过简单的准备可以口头发表自己关于某一案件的看法、观点，可以拟定合同文本、诉讼文书等，；七是掌握法律英语应用文知识，能运用其格式和结构完成法律专业的英语短文；八是了解法律专业的英文出版物。另外，已经养成用英语和汉语两种语言思维的习惯，碰到涉外案件，可以想象得到在中国和相关国家法律中的定性、大致的处理程序、难点所在、获得救济的方式等。

2. 语言点和技能的选择，即教材所选择的语言点和培训的技能应与教学大纲、学生及行业的需求一致。教学大纲在语言点，语言结构，专业词汇的构成方式，专用术语方面都有一定的要求。在技能方面，侧重于听说技能的培养。

3. 专业学科的内容，即教材中涉及的专业学科知识点应为法律专业学科的核心内容。包括以下几个部门法：首先，合同法、商法、经济法、国际经济法、知识产权法、世贸组织法（WTO 法制）、英美司法制度、法律文书写作。其次，民法（因英美法系法律部分划分不同，单设侵权法与合同法、亲属法等，民法不作为一个部门法，民法中最重要的是合同法和侵权法，民法学习主要是侵权法以及一些法理知识。）、国际公法、国际私法。

4. 文本材料的类型，即教材中包含的文本材料类型应与学生及行业需求一致，包括法律文书等。

5. 练习或者任务的类型，即教材中所安排的练习或者任务应能够提高学生听、说、读、写、译能力。

6. 教学指导，即对教与学起到指导作用的教学或者学习参考资料，如课程（单元）目标、词汇表、语言点、技能训练清单、教学法指导或者建议、测试题等。

第二层次评估是对通过第一层次评估的教材的内容进行的深入评估，包含了 5 项评估标准：教材语言描述的类型；真实语境材料的多寡；是否能激发学习动机；内容的组织方式；内容的排序；内容指引的明确性。

1. 教材语言描述的类型，即基于语言功能、语言结构、概念、语篇或者上述几种类型的综合。

2. 真实语境材料的多寡，即教材中来自真实语境（工作语境、学习语境）的材料占教材内容的比重，而该比重的材料应能够满足需要。

3. 是否能够激发学习动机。

4. 内容的组织方式，即教材内容的组织是根据语言点、专业知识点、语言技能还是其他的形式。

5. 内容的排序，即教材内容应按照特定的顺序排列，如从易到难、从引导性到开放式、从内容理解认知到知识应用，或者没有明显的顺序。

第三层次的评估是对通过第二层次评估的教材的内容进行的总体评估，包含了 1 项评估标准：教材内容的充分性，即教材的内容是否能够满足大纲的要求和学习者的需求，换言之，是指学习者是否还需要借助其他的参考书来满足其需要。

（三）需求分析

调查对象：法律专业学生 128 名，业内人士（毕业生 15 名）

调查方式：本调查采取问卷和访谈相结合、定性研究与定量研究相结合的方法。定性研究采用了探究性访谈，对有关的业内人士、毕业生及用人单位的相关负责人进行访谈。定量研究采用调查问卷的方式进行，调查问卷以纸质和电子文档形式，向调查对象发放。

本调查共发放问卷 200 份，回收有效问卷共 113 份。学生对法律英语教材的需求问卷如表 4－3：

表 4－3　学生对 ESP 教材的需求

问　题	选　择	比　率
语言点和技能	1. 读	11.76%
	2. 听说	68.07%
	3. 写	1.68%
培养目标	1. 局限于专业知识	12%
	2. 也应该考虑学生语言能力培养	88%
内容	1. 与学生专业领域有关的一些基础知识	22.3%
	2. 学生专业领域新知识	35.2%
	3. 兼而有之	42.5%
文本材料	1. 从易到难出现	90.5%
	2. 难度相当	9.5%

续表

问 题	选 择	比 率
练习和任务类型	1. 多样化	93.5%
	2. 传统形式	6.5%

学生对教材不满意的原因各不相同，通过问卷和访谈得出以下原因：①一些学生反映使用教材太偏向某一特定领域，虽然课程题目与所学专业一致，可是内容却无太多能力方面体现；②有些学生认为教材太难，专业术语太多；③有些学生认为教材太枯燥等。

（四）对自行研发《实用法律英语》教材评述

1. 评述

根据该学校特点并结合学习者意见，该校外语教师自编了《实用法律英语》。文章选材的标准是语言规范地道，概念准确专业，分析有理有据，故事典型有趣。该教材既具备了法律教材的特点，适合法律专业的学习者使用，同时又具有普通英语教材的特点，符合广大学习者学习英语的习惯。在课后习题的设计上，本书努力将法律知识与语言知识有机地结合在一起，尽量让学习者不离开自己的专业就能学英语，在学英语的过程中促进专业水平的提高，发挥专业知识学好专业英语，学好专业英语为专业服务，真正体现“实用为主，够用为度”的原则。

该书紧紧围绕五个原则编写：①将专业知识与英语学习有机结合；②结合教学实践成功构思成熟题型；③培养语用能力编造实用型专业对话；④制作配套光盘，编写实用型例句，并由外教标准配音；⑤课文选材真实，语言规范地道。

从内容上说，其主要特点是每个单元围绕一类法种展开，每单元的第一篇课文介绍该法的法律概要，第二篇为案例分析，第三篇是法律故事。本教材以国内外现行法律法规为基础，参考国内外的有关论著，向读者介绍了人们普遍关心的一些法律知识，本书共分 10 个单元：刑法、民法总论、婚姻法、诉讼法、专利权法、经济法概论、环保法、侵权法、财产法、行政法。不同于其他法律英语教材对法律知识全面系统的介绍，本书侧重法律主要概念的介绍，法律词汇、法律术语、法律条文分散于案例分析、法律故事、课后练习及补充材料之中。

2. 针对上文提及的教材编写标准，进行对照

该教材减少“陈述性”知识的比例，补充教材中具有行业代表性的词汇、句法结构、表达方式，并加强实践教学环节，从而凸显英语教学的职业针对性和应用性，增强毕业生的职业岗位适应性，从这个意义上看符合真实性标准。

该教材英语应用实践教学占到50%以上，在教材编写中加强实践性教学环节，融入足够的实训内容，保证对学习者实践能力的培养，体现高等技术应用人才的培养要求；注意理论知识学习与能力训练之间的衔接和照应；在听说方面集中完成专业情境的对话训练，在综合阅读中加强应用体裁（如法律文书等）的编排和写作训练，符合实践性原则。

该教材充分利用网络资源选取最新案例、自编练习或引进其他同专业英语资料等方式，实现教材的多元化，补充最前沿的行业新知，保证教学内容的鲜活。从这个意义上说它是个“活”的教材，符合前瞻性原则。基础阶段练习结合EGP的语言知识点，做到合理的知识衔接和过渡，侧重技能的培养和模拟场景训练。语言技能的训练是让学习者认知和使用规范的语言和正确的用词，在一定的情境模式下操练，达到熟悉运用不同情境的语言表达方式。从这点看符合重视语言技能训练的原则。

在词汇、语法和意念功能教学中不论学习者的学习目的和未来从事的职业都必须掌握的那部分语言和表达方式上注重语言共核。

在教材编写中积极争取法律行业一线从业人员及“双师型”英语教师等参与到专门用途英语教材的编写、审定工作中来。由法律专家按照工作岗位的实际需要，层层加以分解，确定从事这一职业所应具备的各个部门法的能力，从而明确培养目标。然后，再由相关教学人员，按照教学规律，以职业能力培养为基础，将相同、相近的各项能力进行总结、归纳，构成各种不同的教学模块，制定教学大纲，依此来组织教材，实施教学。从这点出发符合多元化教材编写队伍的原则。

每学期结束都从教材结构、教材内容、教学方法的运用、辅助教学资源及学习者使用情况及其评价等方面对该教材进行评价。普遍反映良好。

（五）教材使用引发的思考

大学英语必须从为学习语言而学习语言转移到为学习专业而学习语言。以内容为导向的专业英语课程学习不仅体现了学以致用的效率原则，也遵从了在使用中学习语言和提高语言的学习规律。

除了自行设计外，我们在选用专门用途英语教材方面，要注意选择什么样的教材取决于培养什么样的人才，因此教材的选用不能主观和想当然，而应当考虑社会需求、职业需求、专业需求以及学生的未来发展，提高实用性、职业性和有效性。英语教学应该尽快从那种不管专业，不顾学生的未来职业发展，不考虑当代社会需求，统一学时、统一教学进度、统一教材、统一测试的一刀切的模式中彻底解放出来，真正根据专业需要、职业需要、社会需要、教学主体需要，采用不同的教材，完成不同的课程设置，进行有针对性、目的明确的能力本位教学。比如，将来有可能从事旅游、宾馆、餐饮、前台接待、会展等行业的学生，就应该选用注重口语交际能力培养的教材；而将来有可能从事电子商务、财会、机械、建筑等行业的学生，就应该考虑采用注重公函写作、阅读等能力的教材；尤其是工科类专业的学生，可相对减少基础课教学的学时，可以把以往学习的知识加以梳理、巩固，然后多学习一些专业术语。

对所用教材进行二次开发也是教材建设的一个途径。任何一套教材都不可能包罗万象，不可能也没必要面面俱到。好的教材还要进行好的处理。Hutchinson 认为，任何一本教材，就其本质而言都是一种“协调”，是教师本人对教学的认识和安排与教材编写者对教材作用的认识和教学安排之间的一种整合。绝大多数老师已经习惯于按部就班地按照教材的原来结构顺序走，不习惯对原有的内容进行适当的选择和删减。既然未来职业对不同专业学生的英语技能要求有所不同，那么教育者就应该在教学过程中对各项技能的处理有所侧重，也应该在教材和教学内容的选择上有所体现。比如，把课程的教学目标解构为几个模块，包括 Job Hunting（求职），Internship（实习），Corporate Culture（企业文化），Be a Good Employee（做个好员工），Career Planning（职业规划）等。经过这样的解构和整合，把教材这个原材料加工为操作性更强的，更贴近学生学习、生活及未来职业或岗位实际的模块——或者叫话题，这样就能够吸引学生的注意力，让他们能够主动、积极地参与并投入课堂教学活动中去，并在活动中有话可说，言之有物（而不是当前许多教材内容与生活脱节，学生想参与却力不从心只能敬而远之），并通过活动中目标的设置、任务的完成，锻炼和提高学生解决实际问题的能力，完成从认知到理解再到能力形成的过渡，事实上也就是从学习到实践再到职业能力形成，到岗位角色的过渡。

第五章　专门用途英语课程设置

高等职业教育与学生未来的具体社会定位有关，与学生未来的谋生、工作和发展有关，它的课程设置必须具有特定的目的和方向。高校英语教学的最终目的，应使学生在今后的职业中能够迅速适应工作需要。因此，学生在具备一定的英语基础后，要切实加强职业英语培训。显然，如果我们的英语教学真正是把目标瞄准“社会的发展和经济建设的需要”，那么仅仅满足于毕业生有一般的听、说、读、写综合技能是不够的。高校专门用途英语教学并不是越多越好，越全越好，而是要突破系统性、完整性，按照“实用为主，管用为目的”的指导思想，做到恰到好处。学生必须掌握一定的英语基础知识，这样才能进一步发展其英语应用能力，但英语教学时数的限制决定了在教学过程中，必须把握好基础知识传授的“度”，处理好基础与应用的关系，合理分配教学时间。要解决教育标准与课时数的矛盾，培养出高质量的英语应用型人才，就必须削减 EGP 的课时数，把重心放在专门用途英语上，由单纯的理论课程过渡到理论与实践整合，突出专业特色。

为了使高等教育培养的人才与企业用工要求对接，我们充分考虑用人单位对英语课程设置的建议，并根据教学实际设定课程设置方案。

一、EGP + 专门用途英语 + X的基本模式

英语教学要想适应高等教育及经济社会快速发展的需要，就要真正转变教学观念，面向社会需要，改革课程设置，科学地协调基础英语、专门用途英语教学的关系，并在此基础上有目的地培养学生的某一两项特长，切实培养学生的英语运用能力，让他们所受到的英语教育真正能够满足专业、行业、职业的

要求。简而言之，就是高校公共英语教学 = EGP + ESP + X。笔者把 X 理解为听、说、读、写、译五项技能中的某一项或几项，是英语学习者五项技能中的特长项，或者叫特色项。社会对不同的人的外语技能需求有不同的侧重，每个人学习外语也都有不同的目的，因此不应该对不同的人提出统一的技能要求，而应该尽量为学习者提供多种选择。随着社会的发展，职业分工越来越细，不同的职业就会对英语技能有着不同的要求。有的职业看重读写技能，比如外贸函电；有的则看重听说技能，比如商务接待、旅游及其他服务性行业；而有的则对翻译技能有着特殊的要求，比如新闻出版行业。

结合实际，可以实施模块化操作，“模块”指的是组成知识的各个不同的功能部件（组件），它反映了学习内容不同但互相联系的知识内涵。第一阶段进行通用英语教学，这个阶段用 2 个学期来完成；第二阶段以专门用途英语教学 + X 为主，这个阶段用 2 个学期来完成。模块化教学兼具综合性、独立性、开放性、灵活性和个性化等特点，模块化教学既解决了正常教学与企业用人需求的矛盾和就业市场需求的变化，又充分发挥和挖掘了学生的兴趣特长。

二、各个阶段的教学内容、教学目标和学时安排

根据《大学英语课程教学要求》，结合人才市场对人才规格的要求以及每个专业的学科特点，笔者就教学内容、教学目标及学时安排如下。

①大一 144 学时：日常词汇、日常场景会话。通过 2 个学期的 EGP 强化训练，学习者能流畅地使用日常用语。在日常生活中能熟练、流畅地用英语进行交流。

②大二（上）72 学时：专门用途英语词汇。学习者能熟练地使用英语处理工作中的日常事务并理解涉外活动中的专业知识的专用术语和表达方式。

③大二（下）72 学时：学习者能熟练地使用专业术语查阅资料和进行学术交流。

在课程设置前我们必须对课程性质进行定位，下面是针对 300 名学生做的一个问卷调查，发现作为专业必修课、基础必修课、公共必修课、专业选修课和任何课程均可的学生认可人数分别是 117 人、45 人、23 人、56 人和 59 人，

分别占有效问卷的39%、15%、7.7%、18.7%和19.7%。

从调查结果可以看出，不论是作为必修课还是选修课都有一定的学生认可，上面仅挑选300名学生进行问卷调查，因此对一所1万~2万学生的综合性大学而言，开设专门课程的可能性是极大的，但对必修课和选修课我们开课的原则要有所差异。

（一）专业必修课、基础必修课、公共必修课

为了适应学习者的就业要求，拟从大学二年级开设该课程。

作为必修课应遵循的原则：第一，专业课的选择要遵循较易理解、使用英文能理解得更清楚透彻的原则；第二，课程开设之前要对学习者有一定的要求。必须通过分析和水平测试。而且刚开始不能全面铺开，可以逐步推进。（在课堂教学中，对章节内容首先进行提纲式的梳理，然后补充相关的知识点，在课后由学习者阅读教材后自己填补相应的例证。这样不仅可以提高学习者阅读原版教材的效率，更重要的是，能使学习者在自主学习能力方面得到提高）

根据Agnes Lam（2005）介绍，香港大学的语言教学中心为非英语专业学生开设专门学术英语，即ESAP（English for Specific Academic Purpose），课程有工程英语、金融英语、软件英语、法律英语、医学英语等共42门，如Speaking Skills for Architecture Students，Professional English for Arts Students，Clinical Oral English for Dental Students，Professional and Technical Written Communication for Engineers，English Skills for Legal Students，Professional Writing for Social Work Students等，“这些课程都是根据学生的专业情况，为他们提供培养专业方面的交际技能，如讨论策略、口头陈述、论文写作和报告写作等”。根据2004年对香港6所主要大学的实地考察，它们都开设这种类型的课程，一般是6个学分。当然除了这些课程外，它们也有基础英语课程，如语法、听力、阅读和写作等，但是没有学分，主要是为语言还没过关的学生提供的。而且在它们的“语言学习中心”有各种补习班，甚至可以预约，提供一对一的咨询服务。

笔者认为，我们内地的大学英语可以学习和借鉴香港的模式。在生源即新生英语水平较好的，且全英语课程开展比较普及的学校，大力开展学术英语和

专门学术英语的教学，同时把原来大学基础英语（原来的精读或综合英语课）降格为选修课，让基础还比较薄弱的学生去学习，而基础好的同学可以直接学习学术英语和专门学术英语课程。甚至还可把基础英语改为没有学分的补习课，腾出学分让更多学生选修学术英语课程，为他们的专业英语课程做好准备。

（二）专业选修课

选择部分专业课循序渐进地开展专门用途英语教学。比如在数学专业里的数学分析与高等代数，这两门课是数学专业的基础课程，也是学习其他专业课程的基础，在大学一、二年级开设。第一学期可以尝试使用少量专业英文词汇，逐渐渗透第二语言，这时外语教学的比例可以在10% ~20%。

在一些专业选修课中进行专门用途英语教学。首先，选修课主要在大三、大四开设，这时候学习者已经对这一学科知识及怎样学习这一学科有了基本的认识，对专业知识的理解以及在应用能力方面都有了显著的提高；其次，此阶段的学习者相当一部分已通过全国大学英语四级考试，与大学一年级时的情况相比，在词汇量，听、说、读、写能力方面都有了显著的提高，学习者学习知识的负面影响相对较小。

专业选修课可按大的专业群来设置，以便于学生今后就业或转岗工作。教学内容可结合专业学习的具体情况，有计划、分步骤地安排，前后自成体系；学习内容最好是任务型的具体工作情境学习。比如，模拟汽车专业的加油站泵油或泵水服务情境交际；加油站或汽车修理厂有关汽车检测与维修方面的师徒对话或技师与顾客之间有关检测与维修服务情境交际；汽车买卖时购销情境交际；汽车售后服务情境交际；汽车维修后结账时账单书写、账单阅读与翻译；汽车买卖时的购销合同或协议书的签订等任务型的具体工作情境学习。

（三）培训课（以该二本院校为例）

开设《专门用途英语》公共培训课，以在校学生为主要对象的培训到企业培训，以满足其他学生对不同专业专门用途英语的爱好和需求。兼讲托业考试技巧。

课程性质：培训课

周学时：2 课时，周末班或暑假班

上课周数：15 周

总课时：30 课时

学分：2 学分

选课对象：大二、大三各专业学生

大一英语基础较好的各专业学生

考核方式：考查

以托业考试方式测试学习者习得情况。并且按成绩评定学习者在职场中使用专门用途英语的能力。

上课条件：多媒体教室

教学目标：通过本课程使学生熟悉日常工作、生活与职场活动中所需的英语语言材料，了解并熟悉商业活动及商务情境的英语知识，提高学生的听、说和阅读能力及托业考试成绩。

这种培训课的一个特色是：模拟实际的商务情境，熟悉商业中最常用的情境对话和词汇，在演练过程中达到商务交流所需的听、说和理解能力。

ESP 考试考题范围，考核标准分别见表 5－1、表 5－2。

表 5－1　ESP 考试考题范围

企业发展	研究、产品开发
餐饮	商务餐宴、招待会、餐馆预约
财务	银行、投资、税务、会计、票据
商务	合约、磋商、营销、业务、担保、营业计划、会议、劳资
医药、保健	医保、就医、购药
公司财产	建设、规格、置产、租赁、物业服务
制造	设备管理、流水线、质量控制
行政管理	股东会议、邮件、备忘录、电话、传真、电邮、硬件管理、办公流程
人事	招聘、退休、薪资、升迁、应聘、抚恤金、奖励
采购	订购、运送、票据
机械、科技	电子设备、研究室设施、电脑、技术规格
旅游	各种交通工具、票务、时刻表、广播、租车、饭店、预约、延误、取消
法律	刑法、民法、经济法、诉讼法、环保法、婚姻法、证据法、知识产权法、侵权法、行政法

表 5-2 就该二本院校 ESP 学生所学专业内容对英语的实际需求设置考题范围。

表 5-2　考核标准

专业名称	能力结构（英语方面）	分数标准		
		听力 & 阅读	口语	写作
法律	具备能用外语进行日常服务对话，并能比较熟练地处理法律文书等函件的能力	450	90	100
广告设计与制作/传媒	具有一般英语应用能力及广告专业英语初步听、说能力，有与专业有关的英文资料、技术文件、说明书等阅读与翻译的初步能力	500	100	100
商务英语/电子商务/金融	具有在商务事务中较强的英语听、说、读、写、译能力，能以英语作为工作语言处理商务业务和从事涉外事务	600	110	120
会计电算化/信息管理技术/计算机网	无特殊要求	500	100	110

表 5-2 是就该二本院校不同专业拟定的 ESP 考核标准，其中充分考虑到不同专业对英语应用能力的要求。

三、教学安排上的调整

第一，由于选择专门用途英语的学习者在学习过程中付出的努力相对较大，作为必修课可以在学分上作适当调整。选修课按正常学分授予。

第二，课时分配的调整。特别是作为必修课，课程难度相对增加，相应的授课时数也应做适当的调整，可根据实际情况合理地申请增加教学课时。

第三，语言所占比例。根据不同的课程或学习者程度的不同，专门用途英语教学课堂讲授时中英文所占的比例可以进行适当的调整，英文教学所占的比例可以在 20% ~100%。

以财务管理为例：

针对某些学科的专门用途英语教学课程设置可以适当借鉴国外相应课程的

课时安排法。英国谢菲尔德大学的《现代财务》课程，总课时 40 节（其中授课课时 20 节，习题课时 20 节）。教师没有严格按照教材讲述，而是一共讲授 10 个专题，每两个连续的课时围绕一个专题展开，课堂的信息量非常大。学习者要有很强的阅读能力和自学能力，需要做大量的预习和复习工作。但是众多海外留学者（很多是非英语国家的非英语专业学习者）对这种课时安排普遍反映比较好，学到的知识比较实用，能用于指导实践。在我院的《财务管理》专门用途英语教学课程中，总课时为 60 节（每周课时为 3 节，共 20 周）。可以安排 19 个重点专题，在每周连续 3 节课中，第 1、2 节课用于讲授原理，第 3 节课用于课堂练习及案例分析。由于课时所限，教师只能在教材中挑选重点，讲述精华部分。教师将所要讲授的专题、相关的参考资料提前告诉学习者，学习者课前预习；课后教师发给学习者相关的中文阅读资料，或指定一些与本学科相关的网站、报纸或期刊，学习者根据资料进行复习，强化理解课堂内容。统计调查表明，有 83.62% 的学生感觉在有限的课时里学到了信息量非常丰富的财务管理知识。

以法律专业为例：

适合专门用途英语教学的法律可以首先从以下几个部门法入手：合同法、商法、经济法、国际经济法、知识产权法、世贸组织法（WTO 法制）、英美司法制度、法律文书写作。其次为民法（因英美法系法律部分划分不同，单设侵权法与合同法、亲属法等，民法不作为一个部门法，民法中最重要的是合同法和侵权法，民法学习主要是侵权法及一些法理知识）、国际公法、国际私法。合同法、商法、经济法是基础课程，而且因为此类专业课开课学期较早，可以考虑先开设此类专门用途英语。国际经济法、知识产权法、世贸组织法和法律文书写作作为应用性更强的学科，此类专业课开课时间较为靠后。

据此，法学 ESP 课程体系可分为：基础课程；基础性 ESP 课程；提高性 ESP 课程和选择性 ESP 课程，具体如表 5 – 3 所示。

表 5－3　法学 ESP 课程体系

课程/对象	基础课程	基础性专门用途英语课程	提高性专门用途英语课程	选择性专门用途英语课程
专门用途英语教学班	法律英语（掌握法律英语常用词汇，了解世界各国法制概况，对部门法知识有所了解，熟悉法律英语的语体特点和表达方式）	合同法、商法、经济法（英语授课比例稍小）	国际经济法、知识产权法、世贸组织法、英美司法制度、法律文书（英语授课比例稍大，可尝试全英语授课）	民法（侵权法）、国际公法、国际私法（视情况选择授课语言比例）

第六章　专门用途英语课程设计

对于专门用途英语，Hutchinson 和 Waters（1987）认为课程设计是一个过程，通过这个过程，原始的关于学习需要的数据被解释从而创造出一系列完整的教学体验，它的最终目的是要引导学习者达到一定的知识状态。他们认为在实践中就有必要利用已有的理论和经验信息编写大纲，根据大纲选择、改编或撰写材料，设计针对材料的教学方法和建立评估程序，并通过这个程序来检验预定的目标。他们的观念提供了课程设计的基础、过程和目标，并且为课程设计的发展提供了明确的线索。然而，随着语言学、心理学、逻辑学及其他课程的进一步研究，我们知道课程设计和其他学科紧密相关。因此，在已有的课程设计概念基础上，课程设计，尤其是针对专门用途英语应该是以学习者需求为基础的课程设计和安排，充分考虑学习者的愿望、需求和不足，并且利用课程设计者的理论和实践知识，以及包括语言学、教育学在内的其他研究理论和成果。

一、相关理论

（一）语言学理论与 ESP

ESP 课程的开展不可能脱离语言理论基础，无论 ESP 教师在 ESP 课程设计中是否强调语言，他们都必须了解 ESP 与相关语言理论之间的关系。很多 ESP 实践者都把他们对 ESP 的成功研究归功于对语言理论的运用。比如 Swales（1998）曾阐述过，随着语言学的不断发展，对 ESP 语言分析方法也在不停地进行，但是“旧的方法不会因为它陈旧而自动失去其意义”；Pauline（1991）

也指出，我们审视 ESP 的发展，会发现语言教学的新旧方法在时下都有使用。反之，Dubley Evans 和 St. John（1998）又表示“ESP 在需求分析和教材编写的经验”方面可以影响语言学研究。

1. 传统语言学理论与 ESP 的关系

早在古希腊与古罗马时期，由于受宗教影响，语言学理论以文法为主，即对句子中的每个单词进行分析解释。此种传统教学理论在 ESP 出现前很久就被摒弃，因此对 ESP 教学的影响很小。但是传统的语法教学仍然对 ESP 教师有指导意义。

2. 结构语言学与 ESP 的关系

20 世纪 30 年代尤其是第二次世界大战后，结构主义（L. Bloomfield，Z. S. Harris，B. Bloch，G. L. Trager）对传统的语法教学产生了巨大冲击。表现在：改变单词的结构可以导致句子含义的不同，通过成分分析理解句子更准确。这种通过解释英语语言教学中的句法结构方式对 ESP 教学的影响主要表现在两个方面：①结构类型的句型操练明显增加；②结构型教学大纲在 ESP 教材中广为使用。即在 ESP 结构型大纲中句子的排列由简单到复杂进行排列。

3. 转换生成语法语言学与 ESP 的关系

Chomsky（1957）认为语言必须分两层：深层即与思想的组织有关；表层即通过语言句法表达这些想法。因此，语言的文法不是其表层结构而是语言使用者能用其深层含义阐述其表层含义。对于 ESP 来讲，了解 Chomsky 对语言行为和语言能力的区别很重要。语言能力指说话和理解的能力，而语言行为指这种能力在进行语言行为时的实际应用。

（二）语言学习理论与 ESP

Munby（1978）提出只有在语言基础被分析和系统化后才能考虑学习因素。而为了改善英语教学内容和方法以及满足特定学习者的要求，课程设计应坚持用合理的学习理论。在 20 世纪早期，随着心理学发展成科学领域的重要分支，相关的语言学习理论也应运而生。

（三）行为主义与 ESP

行为主义源于 Pavlov 和 Skinner 的研究，“刺激—反应—加强”这样的过程可以使学习变为一种习惯。在外语学习过程中，刺激即指外语的教授或陈述；“反应”是学习者对刺激的回应；“加强”指来自外部教师或学生的赞许或来自内部自我对标的语使用的满足。采用基于行为主义方式的对话或句型练习在 ESP 教学中经常使用。当然这种操练仅是学习过程的一部分，因为学习不仅仅是习惯的形成。

（四）心智主义、认知理论与 ESP

由于行为主义不能解释人的大脑如何能把有限的经验应用到无限的情境中。Chomsky（1964）如是解释，思维是以一定规则为导向的：一部分有限、细微的规则使人脑能根据经验处理它遇到的无限可能。这样说明，学习不仅包含形成模仿习惯还可以获取规则，也就是说人的思维不仅对刺激产生反应，而且可以对个别反应形成潜在模式，通过这种模式可以预测新环境中的情况并做出正确的反应。此法强调语言学习者的思维活动。在认知理论时期，学习者不再被动接受信息，而是主动加工信息，即用他们的思维能力推断出所学知识的规则并分析其应用情境。他们通过思考使他们所看、所听的内容变得有实际意义。而学习过程就是学习者把已认知的概念或主题与新的事件联系在一起的有意义的过程。在 ESP 教学中，会使用到基于认知理论的解决问题练习，这些练习恰与学习者的职业领域相联系。由此看来，认知理论对 ESP 课程中的阅读技能教学有很大影响。

（五）情感因素与 ESP

Ernest Hilgard（1963）提到，“除非有情感因素起作用（想要学习），否则纯粹的认知学习理论是不会被接受的”。因此，可以看出情感在学习过程中有重要作用。学习者想要学习即动机是建立良性学习循环的重点。而动机也是 ESP 顺利开展的一个重要因素。Robert Gardener 和 Wallace Lambert（1972）提出了两种有影响力的动机：工具型动机和综合性动机。前者是外部需求的反映，即学习者是因为他们需要而不是自己想要而进行语言的学习；后者是内部需求的反映，即学习者自己渴望融入标的语环境。后者更能促成成功的语言学习。ESP 把动机与目标需求相联系。Hutchinson 和 Waters（1987：48）点明，

ESP 的学习“需要有更多的愉悦感、更有想象力及成就感”。学习者不止需要成功使用所学知识的满足感还要享受愉快的学习过程。也就是说，学习的感觉对 ESP 教学很重要。

（六）语言习得与 ESP

Stephen Krashen（1982）提出成人在培养第二语言能力时有两个不同且相互独立的方面：语言习得和语言学习。语言习得与儿童培养其第一语言的过程相似，即一个潜意识的过程。也就是说，语言习得者在习得语言时没有意识到他们在用标的语进行交际。因此，语言的习得也是潜意识的。习得者对标的语中的对错虽然不是有意识地知道其遵守或违反了哪些规则，但是却能“感到”或者“听出”其正误。不同于明确、正规的语言学习，语言习得是一种含蓄的、不正式以及自然的学习过程。在学习 ESP 课程中，虽然大部分的学习者是成人，但是 ESP 学习过程和习得过程同样重要。ESP 课程设计者通过考虑该因素，给学习者提供丰富多样的素材，组织逼真务实的课堂活动。在 ESP 课堂教学中，教师应尽可能给学习者创造一个自然的语言环境。

（七）需求分析与 ESP (见第二章)

二、课程设计的模式

从历史的观点来看，课程设计的模式经历了相当多的演变，在过去几十年，不同的研究人员用模型和图表展示了这种变化。大量的模型和相关的文章有：Halliday，McIntosh 和 Strevens（1964），Coder（1973），Howatt（1972），Perry（1976），Strevens（1977），Munby（1978），Candlin，Kirkwood 和 Moore（1978），Mackay（1981）和 Richards 和 Rodgers（1982）。

这些课程设计的模式在某种程度上都有相似之处。那就是每一门课程都包括需求分析、材料编撰、评估等。然而，有一点需要指出，就是不同的过程会导致不同的课程，我们可能产生话语为基础的框架、情境为基础的框架和任务为基础的框架。

三、专门用途英语课程设计

Tom Hutchinson 和 Alan Waters（1987）认为课程设计的实质是问问题，从而为后来的步骤如编写大纲、设计材料、编写材料、课堂教学和评估提供合理的基础。他们就语言描述和学习理论作出了明确的区分，并在此基础上提出了他们的课程设计框架：①语言描述；②学习理论；③需求分析；④大纲；⑤材料评估；⑥材料设计；⑦教学方法；⑧评测。

后来 Tony Dudley-Evans 和 Maggie Jost John（1998）主张专门用途英语课程设计的框架是相关构件的一个模块，这些构件组成了修辞意识需要的目标事件和任务。从这一点我们可以考虑相关的技巧领域和语言认识——语类语步、语法、词汇要求和微观技巧。然而，课程不仅仅是关于语言认识和技巧，它也是关于材料、内容主题、学习过程和课堂互动。这些必须要在这个模块里占有一席之地。John Flowerdew 和 Matthew Peacock（2001）在讨论专门用途英语课程设计的关键步骤时提及以下几个方面：需求分析、课程计划、大纲编写、教学方法、教学技巧、测试和课程评估。

（一）专门用途英语课程设计的框架

针对专门用途英语课程设计的框架，设计者应该充分考虑已有的普通英语和专门用途英语的研究，设计出更为合理的理论框架（见图 6－1）。下面的模型不仅吸收了已有的包括普通英语和专门用途英语课程设计的理论，同时也更

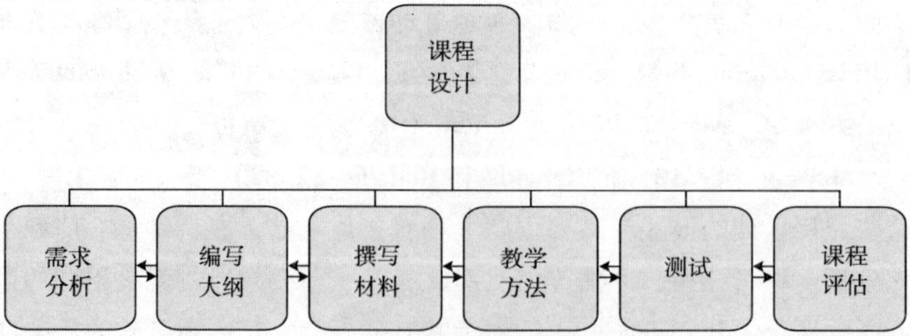

图 6－1　ESP 课程设计框架

加适合用于描述长期建立的课程设计的系统方法的基本模式。这个模型也试图提供一个持续的课程设计和维护的过程，从而解决可能的课程设计内部构件之间的可能的相互影响。

1. 需求分析（具体见第二章）
2. 编写大纲（具体见第八章）
3. 撰写材料（具体见第四章）
4. 教学方法（具体见第七章）
5. 测试（具体见第九章）
6. 课程评估（具体见第九章）

该课程模式还要注意的一点是使用的都是双箭头符号，也就是说在整个课程设计中，各个构件之间是相互联系的，已完成的部分会对后面的部分产生影响，同时由于后面的创作也会引起已有部分的变动。除此以外，课程并不是一定要先完成一部分再设计另一部分，整个课程设计的过程是一个动态的、循环的递进模式。

课程设计是专门用途英语教师和研究人员在工作中必不可少的工作任务，只有科学的课程设计模式才能达到所期望的目的。当前我国的专门用途英语课程设计主要有三种模式：以语言为中心的课程设计、以技能为中心的课程设计和以学习为中心的课程设计。

（二）三种课程设计

1. 以语言为中心的课程设计

这种模式将“目标需求”分析结果最大限度地转化为专门用途课程内容，在专门用途英语发展的早期阶段比较盛行，这是最简单的课程设计模式，也是教师们最熟悉的，专门用途英语最广泛使用的教学模式。它主要是在目标情境分析和专门用途英语课程内容间产生可能的联系，如图 6－2 所示。

Hutchinson 和 Waters（1992）提出，课程设计从提出问题开始，问题的答案可以作为设计大纲、编写教材、课程教学和评价过程的基础。这些问题包括：

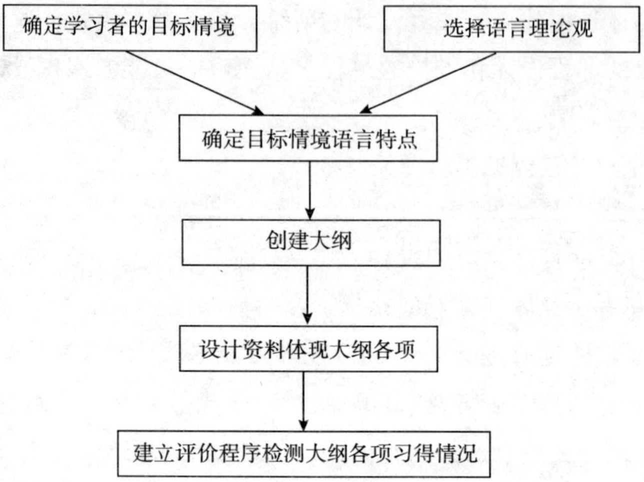

图 6－2　以语言为中心的课程设计模式

（1）（Why）为什么学生需要学习；

（2）（Who）谁将参加课程设计；

（3）（Where）学习场所在哪里；

（4）（When）什么时候学习，有多少学习时间，如何分配学习时间；

（5）（What）学生需要学习什么，需要学习哪些方面，如何确定学习目标，必须达到怎样的熟练程度，需要覆盖哪些主题；

（6）（How）如何获得学习效果，依据什么学习理论，采用哪些学习方法。

从语言描述，学习理论和需求分析，如图 6－3 所示。

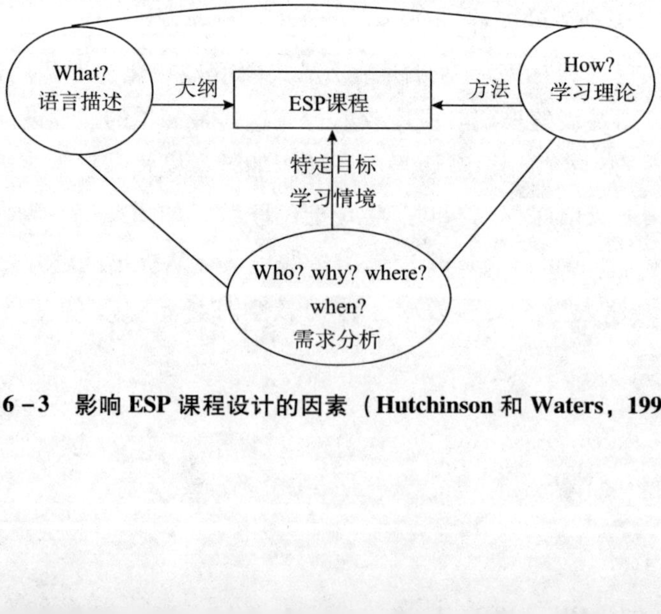

图 6－3　影响 ESP 课程设计的因素（Hutchinson 和 Waters，1992）

语言描述是指以学习为目的，对语言系统进行分析和描述的方法。语言学各个流派的不断发展产生对专门用途英语的主要影响有：传统语法，结构主义语言学，转换生成语言学，语言变体和语域分析，功能意念语法和话语分析。在专门用途英语课程设计中应注意的是：语言描述方法并不相互矛盾；为语言学分析所作的语言描述并不一定适用于语言学习；对语言的描述并不等同于弄清楚使用和学习语言。

理论学习帮助我们理解人类的学习方法，其中包括语言的学习。行为主义理论、认知理论、情感因素等都对专门用途英语的发展有一定的促进作用。但跟语言描述一样，我们不能只依赖一种理论，而是应该吸取众家之长，并结合教师的经验来选择方法。

语言描述和学习理论为课程设计提供了理论基础，而需求分析是专门用途英语课程设计的核心，从学习者出发，经过各阶段的分析建立大纲，进而到材料的设计，并评估对大纲项目的掌握，这种课程设计看似很有逻辑性，它从学习者开始经过一系列的分析过程形成大纲，再到课堂使用的材料和最终对大纲的各项评价。但是不管看似多么富有逻辑性，它还是有许多的弱点。

1）它从学习者及其需求开始，看似是以学习者为中心的方法，但实际上不是，这里的学习者仅仅作为界定目标情境的一个手段。在这个设计中不是教会学习者全部的英语而是只教语言中有限的领域，这里提到学习者仅仅是界定有限领域的一种方法，因此学习者在整个过程中不再起作用。我们在作专门用途英语需求分析时强调在每个阶段都要考虑学习者的需求。

2）该设计也被认为是静止的不灵活的设计，因为它很少考虑到跟人类行为相关的冲突和矛盾。一旦对目标情境进行了最初的分析，课程就僵化了。该设计没有考虑到最初的分析是否有误，也没有考虑到可能出现的关键因素，比如意想不到的动机的改变等，所以缺乏一个反馈的渠道和修正错误的容许范围。

3）该设计看似很有系统性，但如果这样操作会形成一个错误的概念，那就是学习本身是系统化的——系统化的分析和语言数据会使学习者进行系统化的学习。我们的学习是通过把知识的各个单一项融合在一起创造一个有意义的预测系统，但是该系统必须是内化产生的系统不是外部强加的系统。学习者首先得使该系统让自己看起来有意义。

4）该设计没有认可在课程创建过程必不可少的因素。需求分析产生的数据本身意义不大，这些数据必须进行分析，在分析过程中我们利用各种知识，这些知识本身不在分析当中。比如，适合教学的好材料应该是有趣的。对语言各项的分析都不会告诉你是否是一个文本或一个活动有趣。在教材编写研讨会上的一位教师曾说："材料是否枯燥没关系，因为它是专门用途英语。"

5）对目标情境数据的以语言为中心的分析是肤浅的，对实际操作中的能力体现很少。

简而言之，该设计没有本着"以人为本"的方针，没有考虑到学习不是直接的、逻辑化的过程。

2. 技能为中心的课程设计

该设计基于两个原则，一个是理论上的，一个是实际上的。该模式的学习目的兼顾语言应用与语言能力，其实用基础建立在 Widdowson（1981）指出的目标导向课程与过程导向课程的区别上，专门用途英语课程重点不在于达到预设目标，而在于使学习者在学习过程中了解自己的能力和潜能，在课程结束后仍能独立面对语言行为，继续提高。该设计注重学习对语言的加工处理而不只是被动接受信息，重视找出学习者学习中的积极因素。因此，它比以语言为中心的模式更重视学习者的主观能动性的作用。

1）从理论上说，最基本的理论假设是学习者利用潜在于任何语言行为下的某种技能和策略来产生或理解一个会话过程。以技能为中心的课程设计就是直接观察产生这一技能的能力，该设计从技能和能力两个方面体现它的学习目标。

2）从实际意义上说，该设计体现在以目标为导向的课程和以过程为导向的课程两个方面。专门用途英语主要的问题是时间保证和学习者体验。首先，理想化的目标是学习者能阅读专业领域的资料，但在实际课程中学习时间无法保证。其次，学习者在第一年的学习中对本专业领域的知识体验很少。因此专门用途英语不能看做一个自我满足的单位，专门用途英语与目标情境应该是一个不断发展的接续的过程，这一过程期间学习者的熟练程度是没有成功和失败之说的。专门用途英语强调的不是达到某系列目标，而是强调使学习者在特定范围内能达到什么程度。也就是说以过程为导向的方法关注的是使学习者能意识到自己的能力和潜力，并且推动他们在课程结束后自主学习目标文本，这样他们可以继续提高。

该课程设计的需求分析的作用有两个方面：第一，它为挖掘学习者在目标情境中的能力提供根据；第二，它让课程设计者发现学习者的潜能和能力。因此，该设计比以语言为中心的设计更加关注学习者。它把语言看做学习者大脑加工的过程。它尽力探索学习者带到课堂的一些积极的因素，而非仅仅在学习者对知识点“缺省”的消极概念上。它不把目标限定在学期学习中，这样至少能让学习者学会一些东西。但尽管考虑到了学习者，它仍然把学习者看做语言使用者而非语言的学习者。这个过程所关注的是语言的使用而不是语言的学习，具体设计模式如图 6 –4 所示。

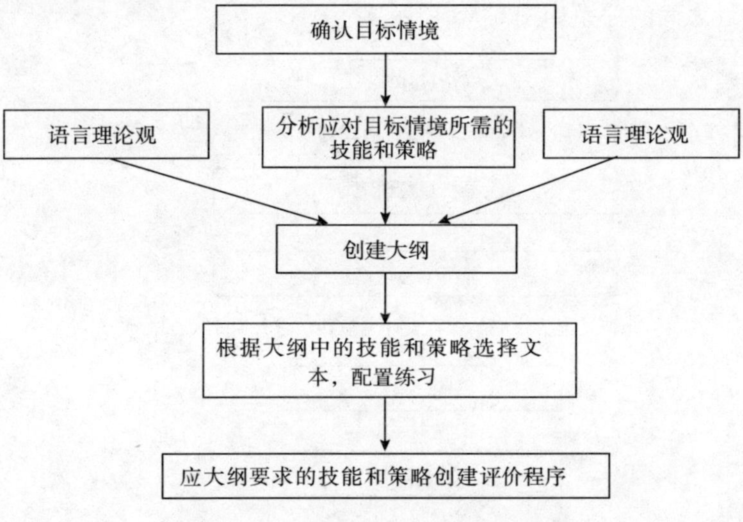

图 6 –4　以技能为中心的课程设计模式

3. 以学习为中心的课程设计

这里我们强调以学习为中心而非以学习者为中心。该设计的根据是学习是由学习者决定的，因此学习是内化的过程，这一过程完全依靠学习者原有的知识，并且依靠他们的能力和动机使用它。学习不仅是思维的过程，它还是协调个体和社会关系的过程。就专门用途英语而言，社会为之设定了在目标环境下应用英语的能力，而个体必须竭尽全力接近该目标。在此过程中，学习者决定自己接近目标的途径及发展速度。也就是说，这里对学习者在教学过程中担当的任务有了新的认识。学生不应该等待知识的传递，而应积极主动地学习。这不是说目标不重要，它仍然对可能的途径起决定作用。也就是说，在学习过程中，要考虑的不仅是学习者。这也是我们这里提到以学习为中心而非以学习者为中心的理由。

从上述讨论可知，以语言为中心的方法强调目标环境中的能力决定了专门用途英语课程，以技能为中心的方法强调目标环境中的能力决定专门用途英语课程的说法不确切，我们需要看到目标能力资料后面的东西，看看是什么过程使得学习者能拥有这个能力，而这些过程才是决定专门用途英语课程的东西。以学习为中心的方法认为这种说法还是不确切，我们必须看到个人能力背后的东西，因为我们真正要寻找的不是能力本身，而是学习者如何获得该能力。3种课程设计之间的关系如图 6－5 所示。

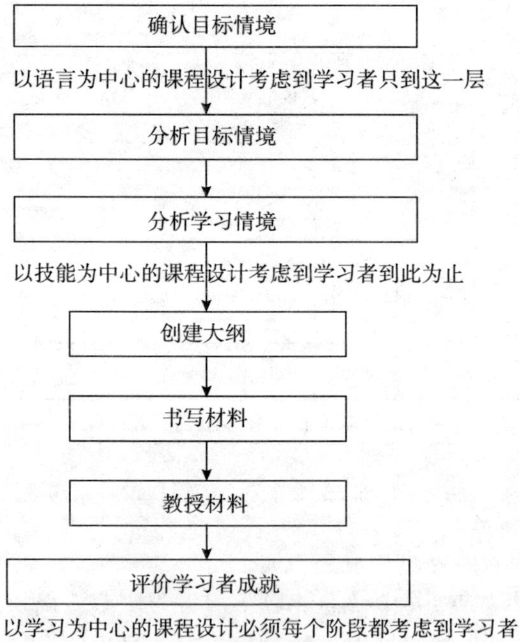

图 6－5　三种课程设计的关系

从图 6－5 可知，以学习为中心的方法在课程设计的每个阶段都考虑到了学习者，这有两层含义。

1）课程设计是个协调的过程。专门用途英语学习环境和目标环境都对大纲的性质、材料、教学法和评价过程产生影响，同样，这里每个组成部分也会相互影响。

2）课程设计是个动态的过程。它不是在最初分析到课程完成之间的线性移动，需求和资源随时间变化而变化，因此课程设计需要有个嵌入式的反馈渠道使课程能符合发展的需要。以学习为中心的课程设计模式如图 6 –6 所示。

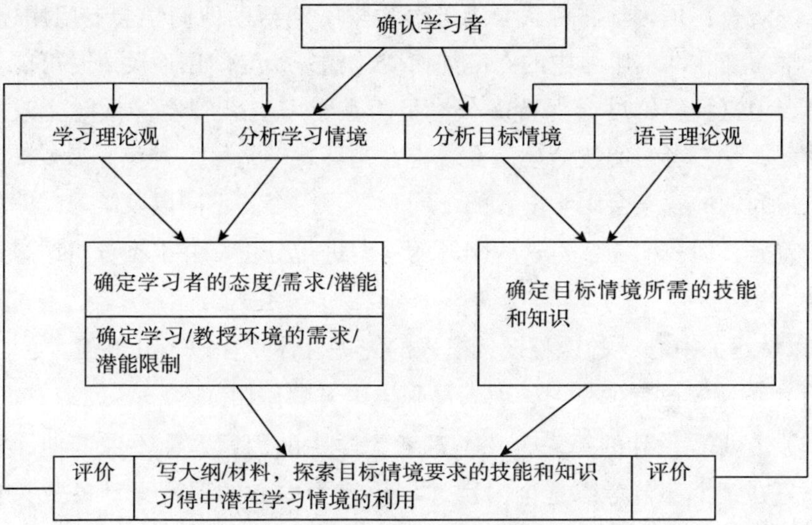

图 6 –6　以学习为中心的课程设计模式

需求分析表明：专门用途英语学习者需要英语是为了能读懂专业内容，他们无须用英语写、听和说。如果我们按语言为中心或按技能为中心方法设计课程，那么课程设计只要课文阅读这项活动，但如果我们采取以学习为中心的方法，其一，我们就需要讨论更多的问题，考虑更多的因素，如如何决定课程内容和教学法。比如，是否我们只需要通过阅读学会更有效的阅读？是否其他技能也能帮助学习者成为更好的阅读者？是否学习者通过写作能更容易地掌握课文结构？是否对语言节奏和音调的知识能帮助阅读？等等。其二，单一技能教学法意味着什么呢？是否导致课程显得单一？或者练习方式单一？这些单一性是否导致学习者感觉无聊？是否其他技能能用来提高其多样性？语言教学是需要不断地重复，但过分的重复必然导致枯燥。只有多样性才能使学习者的大脑保持警醒，集中注意力于目前的任务。通过多种技能对同一信息进行加工是保持注意力集中情况下巩固知识的一种方式。其三，学习者对包含其他技能的任务如何作出反馈？他们是否喜欢多样性，对各种活动感兴趣？他们是否认为自己只需要阅读不需要其他技能？其四，课堂资料是否能用得上其他技能？教授听说技能是否学习者不积极参与？教师是否都能处理各种技能融合的方法？其五，是否学习者更喜欢用母语进行讨论？是否用母语教学学习者更能自如地表达自己的观点？是否学习者认为用母语教学不能帮助他们学会专门用途英语？其六，学习者在课程学习中的态度如何变化？开始专门用途英语时可能他们感觉新鲜，但这种新鲜度会保持多久？是否在学习者新鲜度降低时要改变教学法？其七，学习者对阅读活动怎么看待，是喜欢还是尽量避免？

上述问题的答案会因学习者的不同和学习内容的不同以及学习时间的变化而有所差异，但我们需要对这些问题的答案进行分析，并根据分析结果制定课程设计。

“以学习为中心”的课程设计模式的先进性体现在以下几方面。

（1）更注重语言的学习，而不局限于语言的使用。

（2）在课程设计的每一个环节都考虑学生的因素，而不像其他课程设计模式下只在某个环节考虑这个因素（以语言为中心的课程设计模式只在目标情境分析时考虑学生；以技能为中心的课程设计模式只在进行目标情境和学习情境分析时考虑学生）。

（3）课程设计流程符合逻辑，有完整科学的反馈系统。

（4）在课程设计中始终突出学生的要求和作用，更能调动学生的积极性。

（5）教学过程的多样化更能使学生保持学习的积极性，提高学习效率。

课程设计应该是一个动态的、互动的过程。在课程设计的各阶段都应考虑跟学习有关的因素，以学习为中心就是使学习情境的潜能最大化。这些课程设计模式给我们提供了启示：根据以语言为中心的模式，教学要符合目标情境的要求，即熟悉行业英语，能用英语完成相关的工作任务，如英语解说等。根据以技能为中心的模式，除了目标情境，还要分析学习情境：学生需要通过普通英语考试，因此语言共核的教学仍应得到关注；在教学方面要研究如何处理阅读与写作教学，另外对口语技能的要求较高。根据以学习为中心的模式要考虑：大纲设计能否符合学习者期待；协商式大纲是否合理；对口语的要求和其他技能的训练以及各技能之间如何相互促进；对教材中的课文如何根据不同学生群体进行取舍和加工，以适应学生水平；现有材料是否满足技能发展的要求；教学过程如何提高学生兴趣；如何因材施教及时调整教学教法；对学生进行的评价等问题。

Larry Spence 说过，我们将无法满足越来越多、越来越高的教育需求，除非教授们成为学习经历的设计者，而不只是教书匠。“不同的课程设计过程会导致不同的课程，所以，积极有效地探讨综合性课程设计的模式，对于高等教育教育质量的改善和提高以及形成学生主动学习有着一定的理论和实践价值。

第七章　专门用途英语课堂教学模式

教学模式一词最初是由美国学者乔伊斯和韦尔等人提出的。他们认为，教学模式是构成课程（长时间的学习课程）、选择教材、指导在教室和其他环境中进行教学活动的一种计划或范型。国内关于教学模式的定义，概括起来有这样几种观点：第一种观点可称为“理论说”，认为“教学模式是在教学实践中形成的一种设计和组织教学的理论，这种教学理论是以简化的形式表达出来的”；第二种观点可称为“结构说”，认为“教学模式是在一定教学思想或理论指导下建立起来的各类教学活动的基本结构或框架”；第三种观点可称为“程序说”，认为“教学模式是在一定教学思想指导下建立起来的、完成所提出教学任务的、比较稳固的教学程序及其实施方法的策略体系”；第四种观点可称为“方法说”，认为“常规的教学方法俗称小方法，教学模式俗称大方法。它不仅是一种教学手段，而且是从教学原理、教学内容、教学目标和任务、教学过程直至教学组织形式的整体、系统的并加以理论化的操作样式”。

反思以上各种教学模式观点，我们认为教学模式就是指建立在一定的教学理论或教学思想基础之上，为实现特定的教学目的，将教学的诸要素以特定的方式组合成具有相对稳定且简明的教学结构框架，并具有可操作性程序的教学模型。ESP 教学模式是指以语域理论为指导，以培养特定工作所需的英语能力为教学目的，将英语教学的诸要素以特定的方式组合成具有相对稳定且简明的教学结构框架。

一、ESP 教学模式研究的概况

从英语教学体系中看，EGP 和 ESP 是并列的两个分支，二者只是教学内容有差异，教学原则无本质上的区别。因此对教学模式的研究二者既有相通之处，又各有特点。二者都可从宏观、中观、微观的层面构建教学模式。本文从英语教学模式的宏观模式（或语言教学模式），即英语教学过程模式；中观模式，即大纲设计模式；微观模式，即课堂教学模式三个方面进行了综述。

（一）教学过程模式（a teaching-learning model）

这是加拿大籍教学法专家 H. Stern 在（*Fundamental Concepts of Language Teaching*，1983）一书中提出的。在此模式中，他把教学可变因素分为 4 类：社会环境、预示因素、过程因素和学习效果。社会环境直接影响教师、学生，间接影响到教学过程。教师的特性和学生特性是教学的预示条件。学生的特性有年龄、性别、教育状况，个人素质；教师的特性还包括语言背景、经验、职业训练、语言教学经验和理论水准等。Stern 认为教师和学生是教学过程中主要角色，他们的特性对教学起着重要的作用。教学过程是教师为学生设立学习条件，使用教材和其他设施，通过一定步骤引导学生参与各种课堂活动，以促进学习过程。而学习效果，首先指学生获得的实际运用所学语言的能力，也应包括认知和情感方面的效果。学习效果会反馈给社会，以引起社会环境的改善。

（二）大纲设计模式（an outline design model）

大纲设计模式实际上是一个具体的教学法的模式。如澳大利亚课程发展中心颁发的“All Guidelines”所提出的模式认为，语言课程如同一幅拼图，没有哪个部分可以孤立存在，所有部分都是难分难解相互关联的，课程中任何一部分的变动都会影响其他部分。例如，活动评价的改变将不可避免地影响课堂活动实施，就如同语言学习内容的改变自然会使评价过程发生变化。根据课程设计，需要经常调整教学方法，以便易于获得课堂学习经历以及进一步的语言学习和语言习得。

（三）课堂教学模式（a classroom instruction model）

这是具体实施教学的模式。国外常用于 ESP 教学的模式主要有：

1. 语法翻译模式

语法翻译模式产生于19世纪中期的欧洲。人们学习外语的目的，主要是为了阅读外语资料和文献。这种传统模式的特点是，讲授语法知识，重视理性。把翻译既当成教学的目的，又当成教学的手段；着重阅读，着重学习原文，进而培养学生阅读外语的能力。利用学生的理解力，在以成年人为教学对象的ESP领域，特别是在非英语国家里，仍然有一定的积极意义。在我国大多数院校的教师都在采用这种模式。该模式过分重视语法知识的传授，忽视了语言交际能力的培养。强调死记硬背，教学方式单一枯燥，不易引起学生的兴趣。

2. 浸没模式

浸没模式是一种特殊的“语言和内容融合”的教学模式，其教学目的主要是掌握学科内容。学生是通过掌握符合他们所在年级水平的学科技能和学科知识来习得语言技能的。加拿大从1965年就开始进行浸没式双语教学实验，用这种教学方式主要对讲英语的学生实施法语教学。自那时起，浸没式在北美许多地方被采用，也出现了不同形式的浸没式。它的特征是，第二语言不仅是学习内容，而且是学习的工具。但是研究表明，由于浸没式的课堂教学没有给学生提供进行广泛交流的机会，学生的表达方式较少，语言的实际使用上还是有欠缺。并且各学科教师为了使学生能比较容易地理解学科内容，在教学中所采取的与学生沟通的交际策略常常以学生已经具备的语言技能、语言水平为准，因此，学生在学习学科内容方面，很少遇到来自语言方面的挑战。毫无疑问，这对提高学生的语言水平无益。

3. 交际模式

交际模式是20世纪70年代初期产生于欧洲共同体国家之中，首先由英国学者提出并形成的。其代表人物是威尔金斯，他认为外语教学的目的在于培养学生不仅能用正确的外语语音和语法结构来表达思想，而且还要能在各种不同的语言环境中正确使用外语。交际模式有以下几个主要特点：①语言是交换和获取信息的手段，教学过程就是交际过程，提倡在交际过程中学习语言；②学习语言不仅仅是掌握语言形式，更重要的是在实际场合恰当地使用语言，达到交际的目的；③外语学习是逐步完善的发展过程，对待学习者所犯的错误应采取“宽容”的态度；④课堂的交际活动应以学生为主体，教师的责任是选择、组织和促进交际活动的开展。但是交际法需要大量的语言输入，更需要占用大量的时间，在目前 ESP 教学课时有限的情况下，再加上在语言基础不牢固的前提下和没有语言环境的条件下来达到培养交际能力的目的，显然是不现实的。

4. 任务型教学

任务型教学是 20 世纪 80 年代兴起的一种强调“做中学”的语言教学模式。任务型教学模式以（具体的任务为载体，以完成任务为动力，把知识和技能融为一体，“使学习者使用目的语参与到理解、处理、输出和互动之中（D. Numan 交际课堂的任务设计）”。其特征是，目标的明确性、丰富的习得环境、学习者的主动参与性、教师的脚手架作用。但是对任务的选择、编排和任务的难度不易掌握。目前，在我国尚缺乏对任务型教学的实践指导。

5. 其他模式

目前，以上模式也较为广泛地用于我国的 ESP 教学中。随着 ESP 教学在我国的发展，一些院校也形成了自己具有特色的教学模式，如深圳职业技术学院的 3S 中心模式，即以社会为中心、以学生为中心和以学习主题为中心以及商务英语专业的 PEB 模式，即“以实践为核心，以英语为主线，以商务为背景”，广东科学技术职业学院的商务英语专业构建了 BECP 模式——以“商务为背景，以英语为平台，以能力为主线，以技能实践为核心”。这些模式在教学实践中取得了较好的效果。

6. 授课模式

英语课程教学的授课模式可以有四种：使用英文电子教案，教师中文讲解；使用中英文电子教案，教师中英文讲解；使用英文电子教案，教师用中英文讲解；全英语教学。对于大多数高等院校的非英语专业的专门用途英语学习者而言，学习者综合运用英语的水平并不高。因此，适合采用第二种授课模式。

二、学习理论

（一）行为主义学习理论：学习是一个习惯的形成

这种学习理论认为：教学过程不要翻译；教学按听—说—读—写顺序进

行；不断地重复是有效学习的必要手段；教学过程中所有的错误都要立即纠正。这种教学法的最基本练习方法是句型操练，尤其是以语言实验室操练形式为主。这种方法在专门用途英语教学中广泛使用。比如：Drill 1

Who's Dr Walker?

She's a consultant, isn't she?

Who does Manuel Silva work for?

He works for the DNA, doesn't he?

1. Consultant
2. the DNA
3. EAU
4. Power stations
5. German
6. Silicon
7. Guaranteed market
8. One watt

(From Bid for Power by A. Fitzpatrick and C. St J. Yates, BBC, 1983)

现代专门用途英语也寻找一些处理句型练习更加有趣的方式，尤其是在有意义的上下文中进行句型练习，比如美国专门用途英语课程如下：

There are several different ways to give your qualifications. Read the example then practice what an applicant might say for each job.

Example: Receptionist—1yr. exp. full time. Call Bill 821 - 3280.

- →I have 1 year's experience as a receptionist.

1) Cashier and 1yr. exp. 8 - 5P. M. daily. Good. Sal. 821 - 3000

2) Mechanic and 5yrs. exp. call A. M. 331 - 6000

3) Typist and min. 2yrs. exp. 65 wpm. write this paper ad 3160

4) Apartment manager and 1yr. exp. pref. 165 Brown St., Omaha

5) Bookkeeper and some exp. pref. call 381 - 6201

(From It's Up To You by J. Dresner, K. Beck, C. Morgano and L. Custer, Longman Inc., 1980)

我们不否认句型练习在外语教学中仍然是有用的一种手段，但只能是学习过程的一部分不能是全部，因为学习是一个复杂的过程，不仅仅是模仿习惯的形成。

（二）思维主义理论：思维成为主宰一切的行为

乔姆斯基认为思维应该是由规则统辖的：无限的，相对小的一系列规则使思维能处理遇到的、潜在的、有限范围的体验。这就告诉我们学习不仅包括形成习惯，还在于得到规则——个体经历的过程被大脑利用形成一个假设。这个假设由接下来的体验所检验、修改。换句话说，大脑不仅仅是对刺激物的反馈，它还利用个体刺激物去寻找潜在的形式或系统。然后利用新环境中该系统的知识去预测即将发生的状况，并作出相应的反应。

（三）认知策略：学习者是思维的主体

认知的观点是把学习者看做是积极的信息加工者。学习和利用一项规则需要学习者思维，也就是说，利用大脑思维从一大堆现有的材料中提取一个可行的有生产力的规则，然后分析该规则适用的环境。简而言之，我们通过思考学习并且尽量使我们看到的、感觉到的、听到的内容变得有意义。

与该理论相关的基本教学手段就是解决问题。在专门用途英语中这种练习常常以学习者特殊专题形式为例子设计课程活动。比如：

Now read this passage：

This factors affecting the rate of heat transfer through the skin also determine the rate of diffusion of gases through the walls of the cells, tissues and organs of plants and animals. For example, oxygen and carbon dioxide are absorbed through the walls of various organs. The greater the surface area of these organs in relation to their volume, the more of the surface will be exposed to the gas, and hence the faster the rate of diffusion.

The following examples illustrate the effects of the surface area/volume ratio on heat transfer and diffusion. Explain them by answering the questions：

(1) Cold-blooded animals depend on the warmth of the sun to make their muscles work. The wings of butterflies and the tails of reptiles serve to absorb warmth. Why is this?

(2) The smallest humming-bird weighs less than 2 grams. Why are humming-

birds only found in hot countries?

(3) In hot weather, hippopotamuses and water buffaloes spend a lot of time in the water. Why do they have to do this?

(4) Why do animals sleep curled up in cold weather but stretched out in warm weather?

(5) Why are aquatic warm-blooded animals in northern and southern seas very large? (whales, seals, dolphins)

(6) Why do babies suffer more from the cold than adults?

(7) Why are leaves broad and flat?

(8) Why are human lungs shaped like this?

(9) Why don't micro-organisms need special organs for the absorption of oxygen?

(From Nulces: Biology, D. Adamson and M. Bates, Longman, 1976)

认知学习理论对专门用途英语阅读策略的教学起了很重要的作用。许多专门用途英语课程都专注于使学习者意识到阅读策略的作用以便有意识地应用在理解文章上。在是否查字典上确保所有的学生在做上述练习时都能记住，自己带着知识深入课文不是去寻找他需要的单词，而是他需要记住什么问题来决定是否他需要到字典中查找出这些单词的意思：

(1) 是否这个不认识的单词的意思与我的需要相关?

(2) 如果相关，是否需要查字典? 也就是说我是否能从上下文中获取信息?

(3) 该单词大概的意思是否足够了? 是否需要确切的意思?

(4) 如何能够不查字典猜测单词的意思?

认知理论似乎回答了行为主义提出的许多理论和实践的问题。它把学习者当成了思考的人并把他放在了学习过程的中心，只有学习内容对学习者有意义时学习才真正开始。但认知理论观本身是不够严谨的，因为学习还需要情感因素。

(四) 情感因素：学习者是有情感的

人会思考但人也有感情。似乎大家都认为人的行为是有逻辑性的。这种想法使我们把人当成了可运行的机器。（我已经教他们过去式，他们一定知道了），而不是把人当成有喜好、有恐惧、有弱点和有偏见的人。专门用途英语的学习者也一样是有情感的人。语言学习是一个情感体验，学习过程的感情会对学习的成败有很重要的影响。也就是说学习者怎样看待学习会影响学习的内容。这里列出学习周期中认知和情感相互作用的图 7 –1，从学习者对学习的需求到获取知识到学习成功到能力发展再到满意的学习体验。从图 7 –1 中看出只有好的合适的课程设计才能积极推动学习。

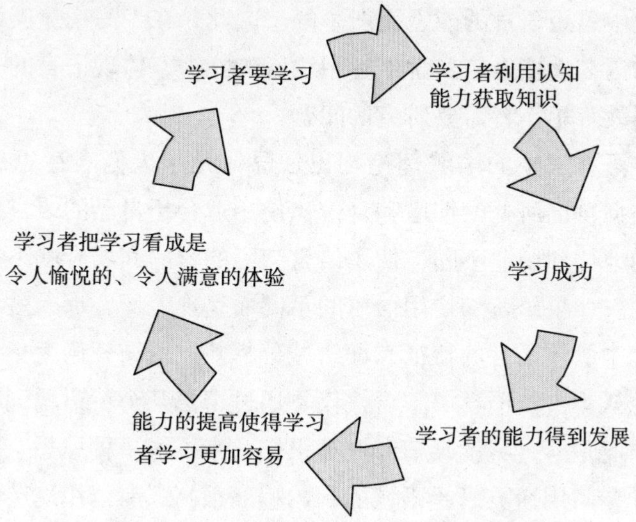

图 7 –1　学习动机在 ESP 学习中的重要性

由此可见，专门用途英语发展的一个最重要的组成部分是动机。动机可分为个人需求和外在社会需求。这一点前文已经提及。做需求分析时我们发现个人学习动机比社会需求要重要得多。因为学习者是人不是机器，他们不会因为专门用途英语学习材料与专业相关就产生强烈的喜好。由此可知必须让学习者从专门用途英语的学习中获得良好的体验，并从中获得满足才能让他们学好该课程。

（五）语言学理论对专门用途英语教学的启示

1. 系统功能主义语言学对专门用途英语教学的启示

系统功能语言学是韩礼德在发展功能语法理论的基础上创立的，它促使外语教学的重点从语言形式本身转向了语言的实际运用过程。该体系里的“功能”主要指语言的交际功能或社会功能，即语言在交际中的职能或功能。这一理论认为语言的主要功能有：①工具功能：用语言获取他物；②调节功能：用语言控制他人的行为；③互动功能：用语言与他人交往；④人际功能：用语言表达个人感情和意义；⑤启发功能：用语言学习和发现；⑥想象功能：用语言创造一个想象的世界；⑦表达功能：用语言交流信息。这七个主要功能强调了语言的应用性和交际性。而专门用途英语教学正是为了提高语言使用者在特殊行业或专业中运用语言的能力而产生的。因此，在专门用途英语教学中，如何创设适宜的语言情境来培养学生运用语言的能力，体现语言的七大功能，是专门用途英语教育工作者需要研究的问题。

系统功能语言学中的语域理论指出，语体是指人们表达思想的态度和方式，人们常根据自己所处的情境和身份，使用适合于自己的语言形式。由于人们在社会中的地位和职业不同，使用语言交际的目的和场合就不同，因而使用的语言也不同。如果语言随使用语境的不同而呈现差异，那么就可以找出某一具体使用语境中所用语言的特征，即语域分析。以语域理论为指导的专门用途英语教学理论认为，英语学习不再仅仅是通过记忆几个英语单词、短语、语法规则来进行，而是通过解读某篇专业英语文章来了解一种思想、一项技术、一种知识。由于专门用途英语受语域的制约程度很高，专门用途英语教学以对语言的语境及语域的分析为重点，体现不同语域特征的情境教学，让学习者随着情境的变化学到适当的、有特征的语言，从而达到引导学生掌握语言、得体地运用语言的教学目的。

2. 社会语言学对专门用途英语教学的启示

社会语言学主要研究语言和社会的相互关系。以研究“谁在什么场合用什么样的语言对谁讲话”为主要任务。社会语言学理论的基本观点是：语言一方面是一个科学的体系；另一方面，又是一种社会活动。当一个人需要和另一个人接触时，必定会产生交流，而语言是进行交流的最好的工具。语言构成了个人和社会之间的主要联系。作为社会现象的语言其最本质的特征就是其交际功能。社会语言学家海姆斯首次提出了包含“语言能力”和“语言运用”两个方面的“交际能力”的概念。他认为，一个人的语言能力不仅包括乔姆斯基提出的能否造出合乎语法的句子的语言能力，而且还包括他能否恰当地使用语言的能力。

根据社会语言学的理论，外语学习不应该只是单纯地学习外语的语音、语法和词汇，还必须学会有效交际的方法。语言作为交际工具，往往不是以零散、孤立的单词或句子出现，而是以连贯的话语形式存在。话语若没有信息内容，则不成话语，故语言形式离不开交际内容、交际功能，否则便毫无意义可言。然而，在实际中，专门用途英语教学往往以专业词汇和语句为主要教学内容，即便有交际练习，也是设定在人造情境中的人造会话，为说而说，交际功能较弱，以教会正确造句的能力替代语言应用能力。因此，要培养学生的语言应用能力，专门用途英语的教学应以职业背景为依托，教学内容以毕业生在实际工作中将要面临的涉外业务活动为核心，使所学的知识转化为应用能力。

3. 认知主义学习理论对专门用途英语教学的启示

皮亚杰认为，发展就是个体在与环境相互作用中的一种建构过程，也是个体通过同化和顺应日益复杂的环境而达到平衡的过程。教学不应是灌输给了学生多少知识，而应是采取恰当方式促进学生的“同化”和“顺应”的过程。在实际教学中，多数教师更多地考虑教学进度，而忽视了“同化”和“顺应”的过程，因而难以达到良好的教学效果。

奥苏贝尔的“有意义接受学习”理论指出，要想实现有意义的学习，真正习得知识的意义，即希望通过学习获得对知识所反映事物的性质规律及事物之间关联的认识，关键是要在当前所学的新概念、新知识与学习者原有认识结构中的某个方面（表象、概念或命题）之间建立起非任意的实质性联系。只要能建立起这种联系，就是有意义的学习，否则必然是死记硬背的机械学习。目前专门用途英语教学属于接受学习，要使之成为有意义学习，就必须使这种语言学习能够跟学生今后的职业、行话、话题等相联系，从而产生实际意义。

布鲁纳提出了认知—发现学习理论。他认为学生学习的过程是一个发现的过程，学生不仅应学到学术知识，而且应该掌握学习技能。教师应通过指导发现法，使学生主动地探索和解决问题，从而进行学习。这也是高校教育的目标和方法。

4. 联结理论对专门用途英语教学的启示

联结主义把认知看做类似于神经元组成的网络系统的整体活动。网络是由节点构成，人获取的信息就存储在形似神经元的大量节点的网络中。联结理论认为，所谓的语言规则其实是以概率的形式存在的。以前的知识与网络某地联结的分布形式相互对应，该知识在大脑中储存的时间越长，其概率形式被激活的可能性越大，被强化的程度也越高。学习的过程就是记忆的过程，即逐渐调整联结力度和强化其概率形式的过程。并且根据联结理论，二语“学得”的规则若无足够的语言数据支持（没有大量的语言接触），光懂得一些语法“规则”难以建立起概率形式，使用起来不会流利顺畅。但是受应试教育的影响，多数教师和学生都认为英语课的重点是语法词汇，如果一篇课文不讲语法、词汇教师就不知该如何教，学生就感觉什么都没学。尤其是不以语法教学为主的专业英语课，就更使师生感到茫然。联结理论给外语教学一个启示：为了正确流畅地使用语言，语法教学应该立足于一定量的语言输入之上，而不是倒过来。这不仅为语法教学提供了方法，也为师生的困惑提供了答案。

5. 建构主义学习理论对专门用途英语教学的启示

建构主义者认为，学习是学习者主动建构内部心理表征的过程，学习者并不是把知识从外界搬到记忆中，而是以已有的经验为基础，通过与外界的相互作用来构建新的理解。认为知识的建构受时间、空间和环境的影响，知识离开了时间、空间和环境就失去了真实性，对于学习者来说也失去了意义。所以，在教学中，要为学生提供一个真实的有案例基础的学习环境。建构主义认为，有意义学习是以经历情境的形式为标志的，因而案例形式教学要比抽象的规则教学好得多。在规则的体系中，知识被看成是简单的、固定不变的，而现实生活中，这种固定不变的知识只是一种假设。因而强调学习的积极性、建构性、目标引导性、探究性、情境性，以及内在驱动的学习等。并认为，在教学过程中，应以学为中心，而不是以教为中心。

综上所述，学习理论有很多，针对专门用途英语，笔者认为我们采取的理论不要太拘谨于一个理论，我们可以吸取每个理论中的精华并且结合我们作为教师教学中的实际经验。比如说我们可以用行为主义理论教语音，认知理论教语法和词汇，以及情感理论选择课文内容等。

三、教学手段

现代技术的发展正改变着人们学习的方式和方法。下面讨论新技术对专门用途英语教学手段的影响：

1. 光盘

光盘可以在以下几个方面发挥作用：

（1）辅助作用：譬如帮助学生修正或巩固语音语调等基本知识和技能。

（2）加强作用：如为学生提供一些额外的话题或练习。

（3）提供独立学习材料。

（4）提供真实材料：指那些不是专为语言学习而制作的材料，如商业谈判的实况录像等。

（5）提供相关数据为语言学习服务。

2. 互联网和电子邮件

随着计算机和网络技术的发展，互联网和电子邮件在某种程度上改变了人们的学习方式和习惯，对专门用途英语也产生了巨大的影响，主要表现在：

（1）提供在线课程。互联网拓展了专门用途英语远程教育的空间，使得学生可以自由、自主地学习课程。

（2）提供学习材料。专门用途英语学生可以浏览一些相关网站或网页，以获取第一手资料，用于课堂或课外学习活动。同时教师应帮助学生了解这些电子文本材料与印刷文本材料的区别。

（3）支持互动课程与互动活动。网络可以为专门用途英语教学提供以下几种形式的互动交际：学生—课文；学生—学生（一对一）；学生—教师（一对一）；学生—学生（小组）；学生（小组）—教师等。

由于邮件发展迅猛，大有取代传统信件的趋势，其本身的写作就是一个值得关注的问题。目前电子邮件还只是用于批改作业和疑难问答，在教学的其他环节上还没有得到更加充分的应用。

3. 计算机辅助教学（CALL）材料

CALL 材料是非常好的自主学习材料，一般采用“创作文件包”的形式，教师可以把练习插入既有的练习框架，可以重复使用同一种练习形式。Flowerdew（1995）介绍了一种用于开发 CALL 项目帮助中国香港学生掌握找工作的技巧（如写求职信、简历等）的专门用途英语课程设计方法。这是“创作文件包”的一个很好的例子。伯明翰大学也设计了一套类似的，被称为 CALLCO 的系统，作为语法和写作课的补充（Warren，1997）。

4. 基于计算机的语料库

上述几个方面拓宽了专门用途英语教学的渠道，使学生能更加自主、自由地学习。但是，这绝不意味着它们可以代替老师的地位和作用。墨西哥和波兰的一些学校刚开始利用各种多媒体手段让学生自主学习时，这种方法很受欢迎，但一段时间之后使用率却大为下降，这说明这些新技术只有在和课堂教学相结合时，才能真正发挥其最大效用（Moore，1996）。

总之，在教学手段上应摒弃单一呆板的课堂授课方式，构建融课堂教学、多媒体教学、网上教学、电化教学为一体的多维立体的教学平台。首先，采用多媒体课件可以大大减少板书时间，以保证在两节课内能够完成一个专题的讲述，在加大信息量的同时保证教学效果。其次，多媒体课件画面清晰、色彩明快，有利于提高学习者的学习兴趣。再次，大多数学习者在英语阅读方面强于视听方面，利用多媒体课件刺激学习者的视觉带动其听觉，提高其听力水平。每节课开始时，可以在屏幕上把专业术语的中英文对照展现给学习者，让学习者在短时间内强制记住中文专业名词的相应英文表达法，以便为接下来的英文讲解打下视听基础。在授课过程中，多用英文列出提纲及相关重点内容，帮助学习者听懂英语的分析讲解。

四、教学法研究

目前，在各高校普遍采用的专业英语教学模式主要有：“语言分析 + 翻译”，“阅读 + 写作”，“翻译 + 写作”，“词汇讲解 + 翻译”。而现行的专业英语教学模式的主流是“翻译 + 阅读”教学。

（一）语言研究

语言问题一直是专门用途英语教学工作者十分关注的重要问题之一。传统的语言问题主要包括词汇问题和语法问题。20世纪70年代开始出现的语篇分析理论对专门用途英语产生了深远的影响，它把语言研究和教学的重点推到了句子层面以上，使研究者们注意到了除语言修辞特征外，学生还应掌握语篇的整体修辞特征——交际活动中句子的使用即组成一个整体（某个语篇）各部分的作用和功能（Allen & Widdowson，1974）。语篇分析理论重点研究语篇的信息组织模式和表现这些模式的语言手段，即语篇的修辞功能。随着语篇分析理论特别是体裁分析理论的发展，以及语料库语言学的兴起，专门用途英语语言问题研究主要表现在两个方面：体裁分析理论和语料库研究。

1. 体裁分析

体裁原本是一个文学概念，指的是文章样式。自从巴赫金创造性地提出“言语体裁”这一概念以来，体裁引起了语言学家的关注，并被赋予了新的意义。

体裁分析有三大流派：即北美学派，悉尼系统功能语言学学派，以及英国ESP学派。其中，北美学派修辞学者Miller（1984）认为，任何社会的体裁数量都取决于社会的复杂性与多样性。体裁是社会行为的方式，体裁研究必须注重话语所能完成的行动而不是话语的内容或形式，人类行为有多少种目的就有多少种体裁。悉尼学派的Martin（1992）认为，体裁通过语域用语言来体现。体裁是社会过程和文化手段，是制度实践的重要实现方式。ESP学派认为，体裁是可识别的交际事件，以其发生的职业或学术社群成员可辨别或互相理解的一组交际目的为特征；体裁是高度结构化和惯例化的构件，是领域与组织文化的体现。ESP学派专注于某一职业社群成员用于建构和阐释其特定职业文化的话语的社会认知模式，提出了具有实用性的语步和步骤分析模式，语步被视为是职业人士的认知结构。在EAP体裁分析方面，除Swales（1990）之外，Dudley-Evans（1994），Hopkins和Dudiey-Evans（1988）分别对理科学位论文、科研论文及学位论文进行了探讨。在EOP（English for Occupational Purpose）方面，Bhatia（1993）对“推销体裁”和法律案件的体裁结构进行了分析；Paltridge（1995）另辟蹊径，着重分析语篇各结构关系间的语义关系，试图弥补现有体裁分析理论在语义分析方面的不足。体裁分析的着眼点在于促进ESP教学。Swales（1990）提出了许多“体裁写作法”课堂活动和练习形式；

Flowerdew（1993）把体裁教学法和过程教学法结合起来，教授学生写作各类体裁语篇；Davies（1988）编写了一部基于体裁的大纲，目的是使学生能够辨别、分析他们课程学习中要阅读或写作的各类语篇体裁。同 Kusel（1992）和 Bhatia（1993）一样，Davies 也十分重视培养学生的体裁意识。

三大学派的观点并不冲突，而是能够互补并形成对体裁的全面认识。特别是 ESP 学派的 Bhatia，他以研究各种职业语境中的真实体裁见长。他的体裁理论主要包括以下六个方面，一是体裁是可识别的交际事件，以其发生的职业或学术社群成员可辨别或互相理解的一组交际目的为特征；二是体裁是高度结构化和惯例化的构件，其形态不但在意图与表现形式方面，而且在可运用于给形式特征赋予话语值的词汇语法资源方面都有一定限制；三是某一特定职业社群的资深成员，比新成员或社群外人士拥有更多的体裁知识以及更熟练的运用能力；四是虽然体裁被视为惯例化的构件，但领域与职业社群的资深成员经常运用体裁资源在构建社会公认的交际目的框架内来表达既有“私人的”也有组织的意图；五是体裁是领域与组织文化的体现，在此意义上，体裁关注嵌入在领域、职业和其他组织实践中的社会行动；六是所有的学科与职业体裁都有其自己的完整性，该性质可通过组合文本、话语和语境因素来识别。巴蒂亚的理论框架与其他体裁研究流派的显著区别是，始终将体裁的职业实践和真实工作世界的相关性置于核心地位，以职业体裁的具体语料翔实分析为主要工作。

他从话语角度阐释了领域体裁在职业沟通和职业实践中的核心作用。他提出，所有的话语形式，特别是在机构语境中的话语，都是由社会建构和协商的(2004)。体裁与其他话语形式一样，是社会建构的，并受到社会实践的严密控制。体裁既是职业或学术社群成员在表达意义时协商而来的话语形式结果，也是社群成员相互沟通的媒介。体裁是理解并掌握领域或机构传统的产物，内嵌于职业或社会实践中和其社群成员的话语实践之中，并由于其与职业或领域文化的密切关系而获得了额外的意义。由此看来，职业与机构语境中的体裁不仅是职业人士交际的形式和媒介，更是职业行为与职业文化不可分割的一部分，体裁的运用体现了职业行为的过程与目的，建构了沟通主体职业身份，反映了职业思维的运用和对职业文化与实践传统的认同。

1）巴蒂亚的多维度体裁分析

（1）文本的空间

运用文本知识分析作为文本的话语。限于话语的表层特征，包括话语的形式与功能方面，如语音、词汇—语法、语义（包括句间衔接）和文本结构如已知信息和未知信息，主位和述位或信息结构的其他方面，只考虑狭义的语境。研究文本内部特征，特别是它们在修辞语步、话语策略、组织规律性、互文性和互为话语性语境中的赋值。

（2）社会认知空间

运用体裁知识分析作为体裁的话语。话语作为体裁的分析不但要解释话语是如何被建构的，还要解释话语是如何在特定机构与职业背景中被解释和运用，以便达到某一领域目的的。认知空间包括认知策略，即成熟的话语社群成员如何充分运用话语资源作出各种修辞语境的回应。考察语言运用的策略方面，特别是文本内部与文本外部各因素之间的相关性，尤其是互为话语性问题。

（3）职业与机构的空间

运用职业知识分析作为职业实践的话语。与策略空间相近，将体裁概念扩展至职业实践，这一层面的分析不但要求体裁知识，还要求职业知识和职业实践的经验。考察其参与者关系，及其对各种职业与机构话语实践与制约语境中体裁建构、阐释、使用过程的作用。这方面研究要考虑专业体裁使用者如何运用和操纵体裁资源来创造杂糅性体裁，包括体裁混合、嵌入、曲用和体裁资源的征用。同时，研究专业人士如何运用其专业知识来维持和控制体裁，达到其职业目标。

（4）人种学空间

运用人种学知识分析作为社群活动的体裁。体裁运用的典型语境是话语社群，将分析的焦点从文本特征转向话语社群特征的分析，如参与者的身份变化，体裁维持或改变的社会结构或职业关系。可运用的体裁知识范围，除包括文本知识之外，还包括对共享的职业与话语社群实践以及该社群为完成日常任务而作的体裁选择的理解和意识。

（5）社会批评空间

运用社会知识分析作为社会实践的话语。话语可以展现社会变迁，体裁分析同样可以从意识形态批评的角度开展，研究广泛的社会行动在创建和保持社会身份、社会结构方面发挥的影响，以及社会机构如何通过话语实践发挥功能。这个批评的空间对于我们在语言作为社会行动的宏大框架之下理解社会和机构的实践具有至关重要的作用。

2）巴蒂亚体裁研究的目的、价值与意义

（1）理解并解释话语世界中的现实，增加体裁理论深度。早期的职业话语分析关注标准化、程式化的体裁形式，虽然满足了职业沟通领域的语言教学需要，但这种做法使分析家往往倾向于研究理想化的纯体裁形式，而忽视了职业世界的现实。巴蒂亚认为，我们必须了解真实职业世界的复杂性、动态性和变化性，并使之保持职业世界的相关性。

（2）理解职业体裁的“私人企图”，增加体裁理论的效度。描述体裁的动态性变化，更好地认定其创新价值。在公共生活中，随着新媒体与交际方式的侵入，以及学术与职业话语越来越具有跨学科性质，话语社团之间词汇语法资源与话语策略的征用也越来越普遍，如话语操纵与话语混杂化。专业人士往往自由征用体裁资源以谋求某种创新，进而达到个人与企业的目的。体裁分析应该运用其方法框架解释这种现象。必须认识到这种资源的征用是合法的，并且创造性地扩展了现有的语言和体裁资源，并未违背传统规约。

（3）理解如何在特定职业文化中通过话语实践建构个人、组织、职业和社会身份。既要理解职业与组织话语如何受制于其职业实践和身份以及组织的等级性，也要研究职业组织中话语实践如何决定和再造组织与话语身份和实践。职业人士通过职业话语建构、协商和表达的身份有：特定领域社群成员的职业身份，作为特定组织或机构成员的组织身份，作为某个或多个社会集团成员的社会身份，及其自我表达的个人身份。体裁分析将揭示职业人士在其话语中如何协商其不同的甚至是互相冲突的身份。

（4）理解职业边界如何通过话语实践得到协商。基于体裁的研究中，职业与机构语境中话语的再语境化促使我们研究领域与组织实践中体裁的变异和其使用方法的对照性。

（5）从社会批评视角研究作为行动的语言，保持平衡性的研究。既要关注体裁的社会行动性，又要从语言本身来研究体裁。也即，从文本出发，要超越文本，但不可脱离文本。

（6）为教学提供有效的解决方案，促进教育界与职业实践的社群间合作。ESP 学习者们往往受到两个因素制约：他们只熟悉课堂中的体裁分析模式，而真实工作场景中的复杂要求往往使他们手足无措；他们对话语与体裁分析的认识与专业人士相距甚远。体裁分析促使 ESP 教师在教育与职业实践两个社群之间开展合作。

（7）协商话语实践与职业实践之间的互动。话语实践与职业实践或组织实践之间的张力是最难以把握的领域。两个过程很难进行跨领域的沟通，甚至根本不用同一话语体系。话语研究的任何框架都应努力在教育和职业两个领域之间更好地相互理解。

通过体裁理论研究我们意识到语言教学本身已不再是目的，而是越来越被看做是获取职业能力的一种方式，而职业能力是与职业场所和职业文化的话语实践相关联和融合的。巴蒂亚提出了体裁能力这一极富启发意义的重要概念，使我们思考语言教学的现实目标如何紧扣当今社会职业世界的高度体裁化生存趋势。巴蒂亚的体裁分析向我们提出了一个很根本的问题：作为语言教师，我们应教给学生的是什么？是规约性的文本惯例，还是真实的复杂的动态的文本本质？是文本的表层文字技巧，还是文本背后复杂的职业思维？面对这个问题，我们认为，对于动态的文本研究应是基于文本规约的研究基础之上的，所以规约性的体裁仍是学生首要学习的内容，但教学目标不应仅停留在规约性的基本层面，而应当通过各种真实体裁的案例向学生阐明体裁的动态复杂性，运用体裁的社会行动性培养学生的体裁生成、演变和运用意识，从而大大推动体裁研究，并且加强语言教学的现实针对性。

3）体裁的互文性

体裁研究的焦点之一是体裁的互文性。互文性这一概念最早是由 Kristeva（1980）使用的，她比喻道，“每一个文本把它自己建构为一种引用语的马赛克；每一个文本都是对另一个文本的吸收和改造。”Bazerman（2004）认为，互文性指的是某一文本或言语与其之前、同时或之后的文本或言语之间显性或隐性的关系。互文性概念帮助学者们研究了特定领域活动系统所使用的体裁之间的关系。Devitt（1991，2004）提出了“体裁集合”，即特定岗位的职业人群在日常工作中生成的一系列文本体裁。这些体裁彼此区分，又相互关联，其文本呈现典型模式，为同一岗位的职业人士所共享。但是，一个体裁集合内的文本相当有限，只反映了特定岗位的职业人士单方面参与职业活动的情况，而职业活动可能会涉及圈内或圈外不同的参与者、各类文本或其他符号资源，所以，“体裁集合”的范畴有局限之处。为发展这一概念，Bazerman（1994）提出了“体裁系统”的概念，指的是在特定情境中活动参与各方互动的所有相关体裁，反映了互动过程的全部事件及其相互关系，体现了言语事件的全部历史及其互文方式。Berken Kotter（2001）认为，“职业活动是由体裁系统组织的。”Bhatia（2004）提出了外延更大的“特定领域体裁”概念，超越单一岗位和单一职业活动范围，涵盖某一职业领域的广泛活动所产生的所有话语形式。各种相互关联的职业活动构成了特定职业领域，而其中所生成的体裁则构成了特定领域体裁。

上述几层概念的不断扩展，构成了对领域话语体裁关系的层次性认识，并且启发了基于领域业务活动的体裁研究层次和视角。职业领域体裁体现了人类活动的行动类型，人类活动的关联性、社会性和系统性使得体裁之间必然存在互文性，互文性成为体裁建构的方式和过程，并且是体裁意义理解的重要基础之一。

4）体裁分析对专门用途英语教学的意义

体裁分析着重研究某类语篇的区别性结构特征，目的是揭示某一体裁语篇不同于其他语篇的特殊结构。它超越了对语篇语言特征和修辞功能的简单描述，力求解释语篇建构的理据，探讨语篇结构背后的社会文化因素和心理认知因素，揭示实现交际目的的特殊方式和语篇建构的规范性（秦秀白，2000）。体裁分析理论的核心是语篇的交际目的，这是决定语篇结构特征和语言特征的关键。利用“语步”和步骤等术语，通过系统的分析，体裁分析理论着力勾画语篇的整体结构及其顺序，以说明不同体裁语篇之间的异同（Dudley-Evans，1987，Swale，1990）。上述认识启发我们辨清 ESP 教学的性质。ESP 框架下的语言教学不再是文本形式的解构与模仿，而是通过解构话语体裁的认知机构与社会功能来使学生理解职业语境中话语实践的意义，掌握职业话语与思维传统，从而帮助学生建构职业社群成员身份，传递与运用职业社群成员共享的知识资源，实现职业沟通目的。

5）体裁分析教学应用实例

Devitt（2004）指明了“体裁集合”概念对于写作教学的意义，即教授学生一种体裁的修辞与文化意义，需要讲明该体裁所处集合的意义，以及该体裁在其集合中的位置。以《商务沟通》教学为例，我们首先向学生们呈现商务沟通的发生过程和交际事件的序列关系，指出体裁及其互文性如何在沟通过程中形成并建构意义，同时按照商务交际事件的自然顺序安排课程教学内容。根据这个原理，笔者设计了《商务沟通》内容的四大模块，并运用项目教学法展开教学实践过程和教材设计。模块之一，即求职过程，包括企业介绍、招聘广告、简历、求职信和面试。其中，企业介绍与招聘广告体现了企业组织的特征和需求，是个人确定求职目标的基础，因而是简历与求职信的撰写和面试准备的前提。模块之二，即市场调研过程，包括问卷、图表制作与分析、报告撰写和口头陈述。问卷作为收集数据的主要调查工具是报告体裁形成的前提，而数据收集之后需要运用图表进行整理分析。正式的报告一般在正文中内含图表，并后附问卷，形成了内嵌式体裁。口头报告要基于书面报告的形成过程和数据分析结果。模块之三，即产品宣传过程，包括广告、产品使用说明、产品发布新闻（书面和口头发布）等主要体裁。这三类体裁的主体不同，修辞方式不同，但都具有促销目的，围绕产品宣传形成了促销体裁系统。模块之四，即交易谈判过程，包括交易信函和合同签订。交际信函包括询盘信、报盘信、还盘信和接受信，是商务谈判沟通目的实现过程与行为序列的文本化体现；合同签订则包括书面合同撰写和口头谈判两种体裁。其他如 MEMO、通知之类的体裁则可穿插于四个模块之中。

Bremner（2008）认为，互文性任务设计将给学生创造更真实的职业语境，更多的文本资源，更易于学生理解职业写作的互文性特征。ESP 任务设计的重要原则之一是“真实性”，上述设计在最大程度上接近商务语境中的真实交际过程，体现交际任务的连贯性、自然性与真实性。结合口头任务，实现任务多样化。另外，上述设计有利于实现基于项目和任务的教学模式，以及角色扮演和模拟现实教学法，每一模块实行以小组合作学习方式为主的项目运作，布置真实研究任务，不但培养学习者的语言沟通技能，而且培养其商务综合素质。

笔者在自己的教学实践中进行跟踪性研究，问卷结果表明，学生反映收获最大的依次是团队合作能力（100%）、沟通能力（92%）、实践能力（85%）、思维能力（75%）、创新能力（70%），数据结果说明该项设计达到了预计目的。基于体裁互文性理论的教学模块设计可以广泛应用于 ESP 教学模式。

2. 语料库建设和语料库索引

1）语料库语言学的特点

语料库，顾名思义就是存放语言材料的仓库。语料库的语言研究一直围绕着这样一个中心问题，即某种语言，或语言里的某个语域，或某类篇章里到底有些什么语言单位、形式或组合及它们的使用频率、时间、场合、原因和对象又是怎么样的。因此，可以被归类为四个层面：一是词汇层面，即探讨某个词项的出现频率、出现语境以及邻近搭配；二是句法层面，即在已经有了语法标注的语料库里研究各种词性标记的组合模式以及对各类句型的使用做量化分析；三是篇章结构，即研究口语和书面语篇章的连贯和衔接的语言基础，尤其是探讨话语交际的结构模式；四是篇章类型，即形容各种篇章的语言特征组合情况从而构建语篇或语体分类的语言标准。

2）专门用途英语语料库建设

建立一个面向专门英语教学环境的专门用途的语料库是必要的。这个专门用途语料库，主要收集某一特定领域的语料（如医学、金融、信息技术文本）或特定文本类型的语料（如学术论文、商务信件），成为描述这一领域的可靠工具。有了这种专门用途语料库，就可以借助它来解决传统 ESP 教学中经常遇到的难题，如怎样编写适合不同专业的大纲，不同专业的学习者怎样才能接触到本专业的真实语言材料，怎样让学习者掌握专业词汇，怎样使学习者认识一种语言变体的特点等。

Hunston 曾经指出，相对于“如何教”的问题，“教什么”的问题似乎更为重要。语料库在这方面可以体现出它的巨大优势。“语料库是一个由大量在真实情况下使用的语言信息集成的、可供计算机检索的、专门作研究使用的巨型资料库”，它提供了语言使用的真实样例。语料库不但可反映语言使用的真实情况，更重要的是它能反映出语言使用的频率，我们可以用它来分析重复出现的语言特征。

3）建设专门用途英语语料库的意义

语料库语言学对 ESP 的影响主要表现在词汇的研究和教学方面，一是语料库能够提供某一特别学科语篇的主题词目录；二是语料库索引，给出某个词在某个语料库中的上下文，从而了解其搭配的信息及使用方法。还可按照 Yang（1986）的方法确定哪些是技术词汇，哪些是半技术词汇，哪些是普通词汇。

从教学的角度来看，自建专门用途语料库有诸多好处，因为用于教学的专门用途语料库，不管从规模还是内容上都是高度受限的。从规模来看，自建语料库一般都在 10 万词以下，因此便于操作，不会给学生的数据分析带来过多的负担。从内容来看，这样的语料库展现的语言特征与学生的专业相关，在学生眼里是非常有用的。一旦确定了 ESP 教学中选用的文本（如信息技术文本、法律文本、商务文本），教师就可以从网上采集专业文献，建立一个专业文本库，并用专业软件进行分析。Wordsmith Tools 是比较常用的语料库分析软件，它包含了索引（Concordance）、词表（Word list）和主题词表（Key word）等工具，可以分别用来提取索引项、观察其句法特征及搭配方式、统计词频和提取某一语料库相对于其他语料库特有的词语（主题词）。通过分析，教师就可以发现与专业文本相关的词汇、语法和语篇特征，为教学提供真实数据。这些基于数据驱动，根据词频获取的词表，为专门用途英语教学大纲制定、教材编写、体裁教学、词汇教学以及专业词典编撰，提供了重要依据。

从语料库中选取适合特定教学环境的语言材料，是语料库用于教学的一个重要方面。Cobuild 语料库就常常是通用英语教学选材的来源。对于 ESP 课程来说，选取与某一特定语言环境紧密相连的语言材料是教学的关键。专门用途语料库可以用来迅速提取体现专业文本特征的语言材料。基于这些材料，就可以制定 ESP 教学大纲。Flowerdew 指出，专门用途语料库中的常用词加上它们的语境共现，就可以作为选择 ESP 大纲词汇的标准。词表工具和索引工具可以帮助我们设计大纲。词表工具可以生成按照频率高低排列的词表，它可以成为我们选择专业词汇的基础。索引工具生成的索引行以语境共现的形式出现，可以凸显词汇的用法。通过观察位于索引词前后的相邻搭配词，就能发现它们最常用的语法形式和搭配方式，名词、动词、介词、连词等在专门用途语料库中的特殊用法都可一目了然。另外，专门用途语料库还可用来检验已有的 ESP 教材，看它们是否能充分代表专门领域的词汇语法特征。语料库不仅可以帮助教师选取适当的教学内容，而且可以帮助他们解决教学中的难题，如体裁和词汇教学。

不同文本类型都有其独特的体裁特征，而这些特征又以词汇形式表现出来，如缩写形式主要是口语体裁的特征。学生需要了解某一体裁区别于其他体裁的显著特征。将某一专门用途语料库与其他专门用途语料库或通用语料库相比较，就可以发现这一语料库的语言特征。这些语言特征的积累是建立这一文本体裁特征的基础。比如，学术论文这一体裁与其他体裁（新闻、小说）相比，有其独特的特征。Hyland 的研究发现，与学生常常认为的论文写作是不掺杂个人感情的事实写作相反，学术论文也有“人性”的一面，即论文中随处可见作者与读者的交流和对话。他提出，可以收集不同领域的学术论文，建成学术论文语料库。通过索引和分析人称代词，使学生意识到在学术论文中人称代词是如何实现人际功能的。学生可以先分离出某一体裁的特征，用索引工具找出对这一文体特征“词汇化”的词汇语法模式，进而用于自己的写作。

Thurstun 和 Candlin 认为，语料库语言学对 ESP 教学的影响主要表现在专业词汇的研究和教学上。英语教师有语言方面的优势，但缺少专业知识，他们面临的最大困难是不熟悉专业词汇。专业词汇一直以来是 ESP 教学中的“烫手山芋”，长期以来，学者都在围绕专业词汇如何教的问题而争论不休，有人甚至认为教授专业词汇不是语言教师的任务。如果有专门用途语料库，就可以解决这一难题。语料库工具可以帮助生成“专业词表”。对于聚焦某一专业领域的语料库（如信息技术语料库）来说，可直接用 Wordsmith 中的词表工具（Word list）生成高频专业词表，学习者对某一特定领域中出现的高频专业词汇就可一目了然。然后，将这些词汇分为实词和虚词，根据语义再把实词归为不同的语义场，将属于这一专门用途语料库的语义场与属于通用语料库的同一语义场进行横向比较，学生就容易了解属于同一语义场的专业词汇与通用词汇在数量上和意义上的不同了。还可将专门用途语料库与通用语料库相比较，用 Wordsmith 中的主题词工具（Key word）生成在专门用途语料库中出现频率异常高的主题词，再以这些词为搜索词项，用索引工具查找这些词项的全部语例，进而归纳这些特定领域专业词汇的语法形式、搭配方式及语义韵，使学生不但掌握词语的意义而且掌握其用法。

4）语料库进入课堂教学的意义

语料库不仅可为教学提供真实的数据，而且也将一种全新的方法带进课堂。“运用语料库手段学习语言有利于将传统的以教师为中心的知识性传授型教学转变为以学生为中心的知识探索型教学。”自主学习的重要性在外语教学界已达成共识，问题是如何使自主学习成为可能。我们不能忽视语料库研究方法对提高学生自主学习意识的重要作用。

（1）通过语料库进行词汇教学

首先，将语料库引入外语课堂教学，可以促进数据驱动学习。即在外语课堂上利用电脑生成的语境共现，使学生去发掘目的语规则，利用语境共现的索引结果开发教学活动和练习。Johns 曾经提出，语料库提取的索引可以用作学习资料。学生可以通过索引发现语言使用的规律。他认为，学生应该获得索引数据以在真实语境中考察词语的意义和功能。通过观察数据，学生可以推测词语的意义和功能，以达到对词语的语法形式和搭配方式的理解。在帮助专门用途英语进行词汇教学时可以利用与专门用途英语中的这一学科相关的语料库进行词汇教学，我们可以分为两个步骤来做：一是从语料库中选取材料进行词汇练习；二是利用语料库来为专门用途英语设计词汇测试。教师可以通过语料库进行检索，找出想要测试的词汇范围的相关资料，然后经过编辑加工制成各类词汇练习和测试卷，教师也可以将词汇练习或测试设计成选择或归类等几种形式。另外，语料库本身就是一个有用的信息来源。学生在从事专业阅读、翻译的过程中，常常会被一些专业词汇难倒。他们发现有些专业词汇要么在字典中查不到，要么字典提供的释义不能解决他们在具体语境中遇到的问题。这时，就需要在专门用途语料库中对该词进行索引，通过索引了解有关该词的更多知识，进而用于自己的写作。

其次，这种“搜索—发现”式的学习方法能激发学生的兴趣，使课堂不再是枯燥的“满堂灌”。首先提出问题，接着在语料库中进行索引并对语例加以分析，然后提取相关语例，最后解决问题。当学生能够熟练使用语料库来提取信息和验证他们的直觉假设，语料库就成为学生手中强大的工具，对自主学习大有好处。由此可见，索引能力在培养学生自主学习能力和实现终身学习方面起着至关重要的作用。学生如果具备了这种能力，将受益终生。

（2）通过语料库进行语法教学

近年来，由于大量基于语料库的语言研究成果的涌现，人们重新认识到语言形式在教学中的重要地位。基于语料库研究的语法教学是引导学生在接触大量的、真实的、有意义的语料过程中主动发现语言特征和使用规律，教师可以根据某一学科相应的语料库来归纳出这一学科的语法特点，但在总结出后并不直接地教授给学生若干条的语法项目，而是要让学生在通过接触大量的真实的语料库后习得这些语法。这种教学模式能够激发不同层次学生的学习兴趣，培养发散思维和自主学习的良好习惯。另外，Concordance 还可以进行词语范型统计和词丛统计等，也可以用于语法教学。

（3）通过语料库进行写作教学

由于专门用途英语写作涉及的内容专业性极强，给写作教学带来极大的挑战。在专门用途英语写作教学中语料库起到了非常重要的作用。教师可以检索一个语料库并根据语料库的内容搜集写作素材，在写作训练前对学生进行适当的说明，使学生在头脑中有一个大致的概念性认识，这样学生在写作时就会更有针对性，克服一定的心理焦虑，把更多精力放在写作内容上，从而有助于写作水平的提高。另外，专门用途英语学习者在学习写作时经常遇到找不到词或公式化语言缺乏的问题，专门用途英语写作教师可教会学生使用搭配检索，让学生学习使用语料库，直接地让学生接触丰富的语料库信息，从而提高写作水平。对学生来说，他们在写作过程中也可以使用 MicroConcord（Scott & Johns, 1993）或 Wordsmith 等语言处理程序自己检查词汇的搭配等情况。Flowerdew（1998）认为可以把学生的作文语料库和同领域专家的文章语料库相比较，从中找出学生写作方面有待改进的地方。

（4）通过语料库进行教材选择

语料库可以帮助专门用途英语进行教材的选择。一是语料库可以为编写教材提供最为真实的语例，这样可以避免凭空臆造的语例去误导学生，在专门用途英语教材的选择中，真实的语料更能帮助学生快速地接受专门用途英语课文中的内容；二是语料库可以为专门用途英语中的半专业词汇和专业词汇提供词语的使用环境，专门用途英语词汇只有反复在语境中出现，这样才能使学生逐步加深对于专门用途英语中词汇的记忆；三是语料库可以为专门用途英语所涉及的语法提供语义基础；四是语料库提供大量语言使用权的变体以及新鲜而有创意的形式，体现出语言的最新发展和变化。

5）语料库对学生自主学习的意义

学生可以自主地运用语料库这一工具来组织学习。比如，学生可以结合自己专业的特点，创建适合自己需要的专门用途语料库。专门用途语料库虽然只聚焦某一特定领域，但其涵盖的范围仍然很大，如法学语料库下面可以分出民法、刑法、婚姻法等子领域。某一领域的专门用途语料库，并不一定能代表学生所学学科的语言特征。鉴于此，学生可以建立适合自己专业的语料库（如导游语料库、公司宣传手册语料库、广告语料库等）以帮助解决在专业阅读、翻译和写作中遇到的问题。

从本质上说，语料库方法就是一种“去中心化”的方法，它使学生独立发现语言使用的规律，而不依赖任何权威（如教师或语法书）。语料库不仅是一种有助于教师决定教什么的资源，而且还是一种学生可以直接从中学习的资源。

（二）技能研究

Dudley-Evans 和 St. John（1998）把 ESP 的主要技能分为五项：阅读、听力（Listening to monologue）、口头交际（Listening and speaking 即 Spoken interaction）、口头陈述（Speaking monologue，即 Representation）和写作。

1. 口头交际和陈述

口头交际包含听和说两个方面，它在 EAP 中远没有像在 EOP 中那么受重视。口头交际主要包括听、提问、个别口头交际、多人口头交际等方面。听既包括对口头语言的理解，又包括对身体语言的理解，即应同时了解说话人的姿势、手势和副语言等。提问是一种技巧，是控制交际的有力手段，它既可以使交际持续下去，又可以表明听者对说者的态度和兴趣。提问的内容可涉及如细节、原因、感觉等，也可涉及澄清、核对、确认，还可以是策略性的问题，如拖延时间、故意搅扰、说明论辩的优缺点等。

2. 三种教学法对比研究（写作教学）

在ESP写作领域有两种主要的教学方法：成果教学法和过程教学法（Robinson，1991）这些方法都只注重作为个体的作者/读者，而忽略了写作过程中更广阔的社会语境，忽略了写作实际上是一种受其所处社会大语境制约的社会活动。有鉴于此，近年来又出现了一些注重社会制约性的写作教学法（Bazerman，1988；Myers，1989；Swales，1990），统称“社会解释着写作法”（Dudley-Evans & St. John，1998），其中以体裁教学法最为突出。表7－1是三种教学法的比较（韩金龙，2001）：

表7－1　三种教学法优缺点比较

特点	成果教学法	过程教学法	体裁教学法
优点	强调学生需要关于所写文章的语言知识 强调模仿是学习的途径之一	注重写作技巧 认为写作过程中学生课前的准备对写作能力的培养十分重要	强调写作活动是受特定社会情境制约的，是为特定的目的服务的 认为学生可以通过有意识地模仿和分析范文提高写作能力
缺点	对写作计划等技巧重视不够 学生本身已有的知识和技能没有得到重视	各类文章的写作都采用同一过程，没有注意文章的体裁类别 输入不够，特别是语言知识的输入不够	对写作技巧重视不够 学生显得有些被动

从表7－1可知，三种方法各有优缺点，为了弥补各自的不足，最近又出现了一种把三者结合起来的趋势，渐渐形成“综合写作法”（Dudley-Evans & St. John，1998）或称“过程体裁教学法”的雏形（Badger & White，2000；韩金龙，2001）。这种方法力图吸收现有的三种主要方法的优点，实现写作活动的最优化。

3. 交际——任务教学法（听说交流方面）

交际教学法创建于20世纪70年代初期的西欧共同体国家，其理论基础是当代的社会语言学、社会心理学、心理语言学和应用语言学等交叉学科。经过

20 多年的发展，交际教学法已逐渐成为一种教学界普遍认同的教学思想、教学方法。其核心是要把语言作为一种交际工具来教、来学习和使用。它不是把教会学生一套语法规则和零碎的词语用法作为语言教学的最终目标，而是要使学生能用所学的语言与人交流，获取信息，形成交际能力。它强调以学生为中心，重视语言获得的实践性。主张利用多媒体教育技术，建立真实或准确的语境，尽可能调动学生多种器官积极参与教学活动，使学生成为学习的主体，通过各种活动操练语言，增强语言实践，提高语言交际能力。它有以下几个方面的特征：

1）交际法强调语言教学要为学生的交际需要服务。英语教学的目的是通过语言来学习交际，获得交际能力。交际能力的核心就是能够运用所学语言在不同的场合中对不同的对象进行有效、得体的交际，交际强调的是语言的意义和应用。

2）学生由“配角”变为“主角”，处于更为积极主动的地位。在运用交际教学法时，教师的作用既不是讲授语言知识，也不是指挥学生进行句型训练，而是通过各种途径组织学生进行交际活动，学生成为教学的主角，教学任务有些由单个学生完成，有些则需要小组合作。

3）交际教学法强调语言的流畅性。由于交际教学法强调的是语言的意义和应用，在教学中被放在首要地位的必然不是语言形式的正确性。交际教学法要求鼓励学生从初学阶段就能运用所学语言流畅地表达思想，进行交际。学生的语言错误是不可避免的，教师不必见错必纠。

4）教学过程就是交际过程本身。最初就在课堂上与学生用英语进行交流；课堂上交际练习活动及内容尽可能与学生学习的目标和他们在实际生活中的交际一致；尽可能多地为学生创造交流的机会；巩固所学语言的方式应结合交际任务来设计，而不是为练习语言而练习。

5）在教学顺序上，交际法与传统教学顺序相反。在交际法的运用过程中，教师的地位不仅没有下降，反而提高了。归纳而言，交际法教学中教师扮演多种角色：组织者、控制者、评价者、参与者以及研究者和学习者，还应该是管理者、激励者。根据 Breen 和 Candlin（1980）的观点：在交际法教学中教师的角色之一就是在课堂上做激励者，促进所有参加者之间的交际过程，促进参加者与各种活动和课文之间的交际过程；教师充当参与者，在交际活动中，随着学生学习自主性的增强，教师减少对课堂活动的控制。他们以同学生平等的身份加入活动，参加讨论，记下要点。教师的参与为学生提供了语言学习的机会；教师充当研究者和学习者，在参加和观察交际过程中，有机会了解交际的整个过程，有机会发现所制定的计划和步骤、所安排的任务和角色是否恰当合理，有机会研究原因，找到答案，做出调整。

在交际法教学实施过程中，学生会出现各种各样的问题，例如有的学生基础差，在交际时表达困难，说不出几个单词，并且常常词不达意；有些学生比较害羞，特别是用英语进行交流时表现羞怯的学生就更多一些；有些学生知识面窄，回答问题时没有自己独到的观点；有些学生常常同大部分学生或主流观点相悖。在上述情况下就需要教师根据情况调整自己的角色，采用适当的方式，对学生鼓励、肯定，并进行正确引导，帮助学生建立自信心。

任务型教学，交际法的一种新的形态，也就是我们现在所说的“在用中学，在做中学”的理论基础，是把语言教学真实化和课堂社会化，直接通过课堂教学让学生去用英语完成各种情境中真实的生活、学习、工作等任务，从而培养学生综合应用英语的能力。英国语言学家 Willis 曾就任务教学法的实施提出过 5 项原则，即：（1）提供有价值和真实的语言材料；（2）运用语言；（3）所选任务能激发学生应用语言；（4）适当注重某些语言形式；（5）不同学习阶段重点也应不同。在这 5 项原则的科学指导下，做到有效地利用课堂 45 分钟，使学生在老师输入—理解应用—分组讨论—纠正点评—总结汇报这个过程中不断地丰富知识结构，并迅速地提高语言能力以及模拟的办事能力，为其走上专业之路铺平道路。比如商务英语，课堂上的专题可以从生产管理到物流配送，从广告策划到市场营销，从国际营销到国际贸易，及一些报表的填写应有尽有。

4. 体裁分析教学法（读写方面）

韩礼德的系统功能语法为语篇分析提供了一个良好的理论分析框架。由于话语范围、话语基调和话语方式分别支配着语言的概念功能、人际功能和语篇功能，人们可以从情境语境出发对语篇的语义特征和语言形式做出有据可循的预测。语篇分析法从语篇层面区分了语篇各部分的功能，主要研究句子之间的衔接、段落或全文的结构，目的在于揭示语篇是如何工作的，而体裁分析，作为一种全新的语篇分析理论，着重研究某类语篇的区别性结构特征，目的是揭示某一体裁语篇不同于其他语篇的特殊结构。体裁分析教学法可以帮助 ESP 学生分析不同体裁的语篇，培养他们的语篇意识，提高辨别体裁的能力，进而教授学生写作各类体裁的语篇，以达到提高其阅读能力和语言交际能力的目的。

从用人单位对毕业生英语应用能力在工作内容中的要求（比如，产品说明书、设备说明书、合同文件、工作项目书、协议书、会议通知等的读、写、译）来看，毕业生的应用文写作扮演着重要角色。体裁教学法为应用文写作教学提供了指导。体裁理论认为交际目的是体裁的决定因素，不同的语篇体裁（产品说明书、合同文件、工程项目书、投标信、感谢信等）是因不同的交际目的而存在的。由于特定的体裁是特定的社会情境的产物，是作者应对这一社会情境的手段，因此体裁教学法充分强调情境、交际目的和与之相适应的社会语境。

5. 对比教学法（词汇教学）

学术界认为现代英语大约有 60 万个单词，普通英语词汇大约有 10 万，余下的 50 万词汇中绝大部分是各个学科的专业英语词汇。由于专业英语词汇的语义具有严格性和准确性的特点。而且因专业不同而具有各自的词汇特点，笔者以具体的 ESP 词汇为例分析了其特点。

1）共核词汇专业化。各专业都有自己大量的专门用语和专门词汇，即使是借用共核词汇也有其严格的定义和确切的内涵的意义。同一个词不仅和普通英语中的意义不同，就是在不同学科中其意义也大不相同。如 solution 在化学、医学、法律、数学和机械工程中的意义都不同（卫乃兴，周俊英 1994）。

Chemistry：Dissolution

Medicine：Termination or crisis of a disease

Math：The unique set of values for equation

Mechanical engineering：The action of fusing，melting，and distilling by means of heat

2）大量的复合专业词汇，如复合形容词、复合名词等。

（1）复合形容词：high-level；device-independent

（2）复合名词：keyboard；flowchart

（3）其他复合词：read-only(memory)；general-purpose(terminals)；on-line

3）相邻学科词汇的借用。计算机英语中就有很多词汇是从电子学、自动化学科等借来的，这些词的意义在计算机英语中并无显著变化。如：cold-weld 冷焊；information 信息；process 处理；in（out）put 输入（出）。

4）创造新词。如：hardware；software（ware 是抽象性词尾，表示“器”“件”等）；diskette 磁碟（仿照 cassette）；debug 排除故障（bug 为故障或缺陷）；teleprinter 电传打字机。

此外，ESP 词汇还有多名词群、广用缩略词等特点。

在课堂上通过不断地引导学生对专门用途英语中的词汇、术语、句子、文体等进行语义比较，找出专门用途英语在这几方面与普通用途英语的差异，调动其主观能动性。如在讲到“售后服务”这一概念时，笔者先问学生应该怎么说，学生回答“After-sale service”，这是根据中文进行的直译，但并不是准确的说法。在鼓励学生后，笔者继续提示：可以是一个宽泛的概念。又有学生说自己在电影中看到顾客投诉时去的地方是“Customer service”，经过几轮问答，笔者给出“Customer service”，“After service”“After sales”和几个术语，师生双方在这些比较过程中，有意识地、积极地运用分析、推理、判断等思维方法，使专门用途英语教学课堂始终处于教师和学生双向交流的气氛中，这样不仅有益于学生的语言能力的发展，而且有助于提高他们的理解能力和实际应用能力，从而能有效地掌握某一专业的专门用途英语的相关知识。这一环节不用刻意设计互动的形式，只需鼓励学生自由发言。

鉴于专门用途英语中许多词汇在形式上与普通词语是一致的，但具体的使用环境和意义却有着重大的区别。为了让学生能清楚地了解该词汇的专业内涵，我们将这些词汇的专业意义与普通意义相对比讲解也是一种方法，如：

单词	普通意义	专业意义
Acceptance	接受；接纳	承兑；承付
Advance	前进；进步	预付；预垫款
Books	书本	账簿
Position	位置；地位	头寸

6. 合作学习法

合作学习法是一种有系统、有结构的教学方法。其进行方式是依学生能力、性别等因素，将学生分配到一异质小组中，教师经由各种途径鼓励小组成员彼此协助、互相支持、共同合作，以提高个人的学习成效，并同时达到团体目标。在合作学习中，每个学生不仅对自己的学习负责，也对其他同学的学习负责，每个人都有成功的机会，对团体都能有贡献，都能为小组的成功尽一份心力。关于小组合作学习模式的研究表明，其主要有以下 8 种方法：学生小组成就区分模式、小组游戏竞赛法、拼图法、拼图法二代、共同学习法、团体探究法、小组加速学习法、合作统整阅读写作法。

拼图式教学是由美国著名教育家和社会学家埃利奥特·阿伦森于 20 世纪 70 年代早期在得克萨斯州首先倡导的。拼图式教学法又称互补式教学法，成功地建立了一种学生之间彼此依赖、合作互助的和谐的学习氛围。拼图式教学法是以课文为基础的一种教学方法，无论在理论上还是在实践上都具有很强的可操作性。首先教师（或者师生经过协商）把一个完整的学习任务（主题）分解成若干份（小任务），全班学生分成若干小组，每个小组完成一个子任务，然后重新分成若干新的小组继续交流，在课堂活动中互教互学，取人之长补己之短，共同完成这个学习任务，取得相应的学习成果。与传统的小组学习相比，拼图式教学强调在完成整个学习任务的过程中，小组成员个人努力和贡献的不可或缺的作用，要求学生全面应用听、说、读、写各种语言技能，自主学习，互相倾听，彼此分享，使之在集体完成任务的成就感中获得最大的心理满足，进一步提高学习动机水平，有利于学生合作精神的培养。这种教学方式大大提高了学生和学生之间、教师和学生之间、学生和学习材料之间的互动程度，有助于发展元认知能力，即学生控制、掌握学习过程，并随时调整学习策略的能力，使学生在互教互学的过程中掌握学习内容，学会自主学习。

并不是所有的教学内容都适合采用拼图式教学法，因此要挑选出适合的内容，比如，难度适中的、较高层次的将在后续的课程中才会学到的专业知识，可通过拼图式教学法来分解难度，通过共同协作来提前认知相关专业知识。这样可以在有限的时间内，快速提高课堂效率。

在拼图式教学的设计中，主要考虑了以下几个方面：①分组的策略。分组时要尽量遵守“数量平衡和质量平衡”的原则。分组时还需兼顾学生的能力和性格，以确保在整个教学过程中学生能发挥出充分的自主性与合作性，还能使各个小组公平竞争。②子任务的确定。教师应吃透教材，预先设计好教学任务，对任务的整体把握与合理划分将直接影响到该教学法的有效性。教师应根据具体教学内容的题材和体裁划分子任务，一方面要结合分组的策略；另一方面要考虑各子任务在信息量（或工作量）与难度上的均衡性，既可以让学生很快了解到教学内容的重点，又能较好地掌控教学的时间进程，从而确保各小组高效同步运行。

7. 案例教学法

“案例教学法”顾名思义就是以案例为切入点的教学方法。事实上，以案例为教学载体的教学方法自古有之。在国内可以追溯到春秋战国时代。在国外可以探寻到古希腊古罗马时代。而我们现在研究的“案例教学法”主要是指由哈佛大学法学院前院长 Langdell 最先提出的一种教学方法。该方法主要具有三个特点：一是采用法院判例作为教材，即采用主要由上诉法院的判例汇编而成的案例教材；二是采用苏格拉底讨论法组织教学，即要求学生在预习案例教材的基础上，不断回答教师的提问和进行充分讨论；三是采用判例分析式的考试检验方法，即要求学生对给出的假设性判例进行事实分析、推理及得出判决结果。此方法于 1870 年前后最早应用于法学教育中，是英、美法系国家如美国、加拿大等国法学院最主要的教学方法。这种方法后来被广泛用于其他学科如医学、经济学、管理学、社会学等教学与研究之中，是一种深受学生欢迎的教学方法。从 19 世纪 70 年代起一直到现在，这场教学法的改革仍在持续。众多的学者纷纷著书或发表文章讨论这种方法在教学中的应用（Lawrence:1953, Lang:1986, Florio-Ruane:1990, Kowalski:1991, Shulman:1992, Wassermann:1994, Tillson:1996）。时至今日，许多国家纷纷采用案例教学法理论来指导其教学活动。今天哈佛商学院里，已有超过 80% 的课程是以案例教学法为主的。

为了充分了解案例教学法于法律英语课程的应用情况，笔者以问卷调查和网上调查作为主要调研方式进行了调研。问题 1 ~ 6 的目的是调查学生对法律英语课程所持有的学习态度；问题 7 ~ 10 是以案例教学法的应用为主调查目的；问题 11 ~ 16 涉及的是学习中难点，学生的建议等问题。大多数的受试对象都表现出对法律英语和案例教学法极大的兴趣。案例教学法是以案例为导向、以学生为主体的教学方法。学生的准备情况，积极参与并发挥其主动性尤为重要。调查结果表明，41.6%的学生能认真准备并积极参与课堂讨论。案例教学的困难通常显现在课堂讨论阶段。在课堂上的参与方面，52.4%的学生只是喜欢观察和偶尔发表个人见解；只有44.5%的学生表现出一种积极的倾向，愿意认真地参与课堂讨论。案例教学的考查也是意见分歧较大的一个方面，学生认为老师给他的评价说服力不强，有失客观公允，主观性强。鉴于对案例教学法于法律英语课程的应用调研，我们应该鼓励学生积极发表个人见解。我们可以创造轻松友好的气氛，让他们面对他们的个人见解被批驳或让他们自己批驳别人的见解。例如，在开始阶段，我们可以选择简单易懂的英语，用较少的专业术语。在教学中，我们事先应提供更多的相关书籍、互联网信息或多媒体材料等，以促使学生更易产生更多的想法，便于积极地参与课堂讨论。另外，选取适用的高质量的案例，合理地分配教学时间（导入案例、讨论分析，直至最后的画龙点睛）应根据不同课程的特点，经过认真的研究分析来决定，应该有翔实的科学依据。根据不同课程的特点选取不同的最具针对性的案例对于提高案例教学有很大的促进作用。

8. 基于课程设计模式的第二课堂活动

课程教学模式因人而异，因地制宜。我们还可以通过形式多样的第二课堂活动来促进课堂教学效果。

1）提高学生听说能力的方式

在ESP课堂上教师可有意识地多给学生了解一些相关专业发展的前沿动向，激起学生的学习兴趣并主动去关注并查阅相关资料。当前网络资源丰富，学生可用MP4下载一些有关专业发展最新动态的英语语音文件或文档，在消化相关信息的基础上，可以以研讨会或辩论赛的形式让学生各抒己见。比如法律专业的学生可就“是否应该允许克隆人?”“安乐死是否合法?”等为辩题进行辩论；法律专业的学生还可设置模拟法庭，让不同学生分别扮演律师、原告、被告、审判员、审判长和公诉人等角色，模拟真实的庭审程序，让不同角色各司其职，用英语辩护或申诉、审判。在较真实的场景下运用所学专业知识。国际贸易专业的学生可就奥巴马针对中国轮胎增加惩罚性税收的原因和动机以及如何消除贸易壁垒等问题进行探讨；金融专业的学生可就本次次贷危机的原因，金融危机大概要何时才能结束，经济要怎样才能复苏等进行一系列的探讨；环境保护专业的学生可就“环境保护之我见”开展英语角活动。由于这些话题都是大众关注学生感兴趣的话题，学生最终一定能克服自己的心理障碍，有感而发，多进行这样的活动对于提高学生的听说水平无疑会大有帮助。当然如果条件允许的话，请外国专家做主题演讲也会是一种很好的方式。

2）提高学生阅读能力和写作水平的方式

ESP 教学非常重视学生阅读能力的培养，因为学生只有阅读外文文献才能了解专业最前沿的发展信息和动态，无论是对于学生将来的学术研究还是职业发展，外文文献起着举足轻重的作用。ESP 课堂上老师可布置学生就专业发展的热点和趋势去广泛阅读，读完后写读书报告，交流自己的心得和见解。读书报告这种课外写作方式，既能有效地提高学生的阅读能力，又能很大程度地提高学生的写作能力，当然也具使学生扩大视野、增长知识的作用；也可定期布置学生就专业的某一方面的研究写文献综述；学生还可以开办自己的电子刊物，或者也可利用新型的交流平台 QQ 群的共享空间来交流，学生还可利用博客就一些问题谈自己的看法。如旅游管理专业的学生可开展“好玩去处我推荐”，“各地民俗风情知多少”的系列英语博文比赛。这些方式既能促进学生多阅读原版英文材料，同时也能提高他们的英语写作能力。

3）提高学生翻译水平的方式

译事之难，恐无人否认，尤其是专业文献的翻译，因为翻译要求译者不仅要有好的语言基本功，对其专业知识也有较高的要求。第二课堂可以利用网络资源，让学生用社区论坛的方式就某一些文章的翻译进行讨论，或者匿名发表自己的译作由同学跟帖去讨论修改，这样既能保持一份神秘同时也能保全学生的面子，让他们消除怕丢脸而干脆不参与的想法。另外也可组织翻译竞赛等多种形式，激起学生的翻译热情。

9. 渐进式实践教学模式

实施渐进式教学的目的是使学习者在学习的过程中能把专业能力的学习与实际应用结合起来，也就是我们通常所说的实训课程与岗位技能的衔接。在教学过程中，实践性课程起码要占到整个专门用途英语课程学时的 50% 以上。

现在多数高校在“语言 + 专业”复合型人才培养中使用的是“见习→单项实训→综合实训→顶岗实训”的渐进式实践教学模式，从校内实训扩展到校外顶岗实训，这样可以充分发挥各个环节的教育功能。ESP 培养目标的技能性特点要求在教学过程中重视学生语言技能的培养。这种技能是在特定职业语境中通过运用职业语言而形成的，它不应仅仅在课堂上进行培养，而应在真实的或仿真的职业环境中来训练。一是将现有实验室的功能拓展与延伸，提高实训设施的利用率。如利用多媒体教室建立国际会议训练厅、商务活动展示室，创造性地开展仿真实训教学；二是加大建设校内仿真实训基地的力度，让学生进行工作角色体验和工作环节的实际操作，提升学生用英语进行交际活动的水平。如组织学生开展商务谈判、产品推介、初级口译等实训活动；三是组织学生利用节假日开展社会服务工作，深入企业与公司开展产品促销等活动；四是加强校外实训基地的建设与管理，开展行业性合作，如结合金融行业、外贸进出口企业、涉外交流部门建立校外教学顶岗实习与就业实训基地，实现 ESP 课程教学与毕业就业的零距离对接。

大学英语教学大纲对专门用途英语教学法的说明是：教师应根据不同的教学对象、不同阶段的不同教学采用灵活机动、切合实际的教学方法。开展形式多样的第二课堂活动提高学生的文化素养，加强他们自主解决问题的能力，最大限度地发挥第二课堂活动，让学生得到全面发展。

（三）五个阶段教学侧重点

前文提及专门用途英语教学历经五个发展阶段，不同发展阶段有着不同的语言学理论根据、不同的教学内容和教学模式。**语域分析阶段**的专门用途英语教学建立在结构主义语言学的基础上，重点放在常用的语言点和语言技能上，因此传统的语法翻译法完全可以满足教学要求。**修辞和篇章分析阶段**的专门用途英语教学则引入了交际手段。Widdowson（1979：164）特别强调专门用途英语教学和 EGP 教学的不同之处就在于专门用途英语应采用交际法，而 EGP 则不是非用交际法不可。**目标情境分析阶段**进一步对交际法做了系统的阐述。**语言技能和策略分析阶段**的专门用途英语教学则着重对阅读技巧的教学和研究，如运用构词法和上下文猜测词义、理解文章。而**以学习为中心阶段**的专门用途英语教学则强调充分调动师生的积极性，选择一切适合的方式把语言的运用和学习有机地结合起来。Strevens（1977）曾指出专门用途英语教学教无定法，可以采取任何适用的教学方法。

（四）课堂教学实践

课堂教学上，教师尽量使用精练简洁、发音标准的英语语言，并辅之形体动作，直观、形象化地提示和帮助学习者理解教学内容。教学过程中要注重双向性，突出启发性，充分发挥学习者主体意识，师生互动、交融、相互促进。对于事实性知识，以学习者自学原版教材、查阅网络资源为主，辅以教师指导和辅导；对于概念性、原理性知识，以课堂讲授为主，辅以课堂讨论和课后基于网络的自主学习和交流；对于应用性知识和技能，可以讲练结合，通过基于网络的小组协作项目、撰写英语主题论文、专题报告等方式，最终使学习者了解和掌握西方的思维方法。充分利用多媒体技术和网络资源，用于学习者课前与课后预习和复习，便于学习者自主学习，克服教学中的信息量限制，最大限度地提高教学效果。

1. 专门用途英语基于大纲的教学实践原则细化，如表 7 – 2 所示：

表 7 – 2　ESP 基于大纲的教学实践原则

大　纲	教学实践原则
1. 基于内容和过程的大纲	1. 提倡自主学习
2. 动态，开放式的大纲	2. 足够的语言输出
3. 以探究为主开展教学	3. 激发学习者的内部动机
4. 交际能力全面培养	4. 提倡自我评价
5. 内容、方法与学生心理需求相一致	5. 积极利用反馈
6. 学习材料多元化	6. 师生互动
7. 自主学习	7. 教师不断研究教学
8. 注重学习策略	8. 减少焦虑

2. 听、说、读、写教学侧重点

基于计算机和课堂的专门用途英语课堂教学应重点探索：①如何讲课文；②如何学专业词汇；③如何练专门表达法；④如何抓互动；⑤学习疑难解析；

⑥学习结果演示。

基于计算机和课堂的专门用途英语听说课堂教学应重点探索：①如何有效地利用计算机辅助学习；②如何加强学生自觉学习的管理办法；③如何营造视听说课堂的学习环境和氛围；④如何促进学生积极开展语言的交际活动。

五、ESP 课程教法存在的问题

（一）教法问题的描述与分析

在 ESP 教学过程中教学方法起很重要的作用。然而就 ESP 课程教学中应用的教法存在一些问题，如表 7－3 所示（对 150 个学生的问卷）：

表 7－3　教学教法学生问卷

问　题	选　择	比　例
1. ESP 课程的教学主要以	A. 教师讲授	58.1%
	B. 学生练习	11.5%
	C 两者兼有	30.4%
2. 课堂教学注重	A. 词汇与语法	16%
	B. 课文的翻译	65.67%
	C. 专业知识	11.67%
	D. 综合能力	6.67%
3. 课堂互动	A. 很大	0
	B. 大	10.83%
	C. 较小	60.83%
	D. 太小	28.33%

学生对课堂讲授，讲授内容，课堂练习和课堂活动的需求如表 7－4 所示。

表 7-4 学生对课堂教学教法的需求

问题	选择	比例
ESP 课堂教学应以什么为主	1. 教师讲授	35.6%
	2. 学生操练	12.2%
	3. 兼而有之	52.2%
ESP 课堂教学强调	1. 课文翻译	22.1%
	2. 语法与词汇	11.3%
	3. 专业知识	5.9%
	4. 综合能力	60.7%
ESP 课堂练习	1. 翻译练习	37.0%
	2. 真实任务	59.9%
	3. 阅读练习	3.1%
ESP 课堂活动	1. 小组讨论	21.5%
	2. 回答问题	33.3%
	3. 观看录像	24.8%
	4. 完成小组任务	29.6%

根据问卷结果可知，约 65.67% 的被调查学生反映语法翻译法仍然是他们 ESP 课堂教学主要教法，而这种教学法使大多数学生觉得枯燥。具体表现在课堂上：教师让学生读一段课文并翻译，然后教师纠正其错误，并解释错误句子的结构。这样，学生处于被动的情况。更糟糕的是，有些班级是根据学生所坐座位顺序轮流进行这项工作。在旁听时，就会看到这一幕：前一个学生回答问题时，下一个学生不是在听，而是着急查字典，准备回答他轮到的问题。在这种机械性的操练中，学生不可能积极参与到课堂活动中。调查显示：没有人认为学生参与课堂活动太多，大约 89% 的被调查学生认为课堂互动较少或太少。

把语法翻译法作为 ESP 课程教学的主要或者唯一手段不利于学生语言能力的培养，具体表现如下：

1. 这种教学不能使学生得到大量知识，同时不能得到足够的技能训练。尤其，学生的口头交际能力会很弱；

2. 学生在这种课堂被灌太多生词，因为缺乏互动，教师一堂课可以讲解很多内容，而学生对那片词海无所适从。而且，学生因为着急准备自己翻译的部分，根本就听不进去老师和学生在说什么，而翻译完自己的部分，似乎就觉得完成任务，其余的与己无关；

3. 教师在使用此法时完全忽略了学生的认知特点、情感和个人因素，如：自尊、焦虑、压抑、移情、动机等，而这些因素在语言学习中有重要作用。而且忽视了学生个体的差异。除此之外，课堂气氛沉闷，机械的翻译不能引起学生的认知思考。不仅挫伤学生学习的积极性，还不能提高学生在目标情境所需的综合能力。因为 ESP 教材里多使用合成词、复合从句、被动语态及一般现在时态的句子等，换句话说，学生一直在对雷同的工作进行重复。从这层意思来看，虽然也有语言输入，但是这种教学还是违背 Krashen（1981）的 i+1 假设。(他认为如果语言输入的材料全部是很容易理解的那么对于学习者的学习来说非常不好的，因为这将无法激发学习者兴趣和动机。他指出为了使语言习得者从一个阶段进入另一个更高的阶段，所提供的语言输入中必须包括一部分下一阶段的语言结构，即在每一个学习阶段都应当有新的内容加入。他曾用 i 表示学习者现有水平，用 1 表示略高于 i 的水平，这就是他的“i+1”语言输入假设。

（二）语言学习的基本原则

ESP 课堂教学方法的采用只能建立健全在对语言学习基础的理解上。Hutchinson & Waters 在他们所著《专门用途英语》一书中列出了一些基本原则。我们根据课堂实际加以阐述：

1. 第二语言的学习是个发展的过程

学习者使用已有的知识理解新的知识。只有通过这种方法学习才能发生。因此，学习者现有的知识是学习成败的关键，知识的输入应基于学习者的现有知识。一个好的教师要充分开发利用学习者现有的知识。

2. 语言学习是一个活跃的过程

学习者仅仅拥有必要的知识是不够的，他们还必须使用该知识。就“活跃”而言，我们得区别两种活动：神经驱动活动，也就是根据大脑传出的信息引起语言器官的活动。语言加工活动，也就是把信息加工成有意义的知识网络的过程，这是内在活动，看不见的。但却是很重要的因素，如果语言没有连接成网络，神经驱动活动就没有意义。从实际上说，就是“活动”不能以学习者说或者写了多少来判断，而是以学习者需要思考的程度来判断——应用他们的认知水平和知识来理解新信息。

3. 第二语言的学习是个决策过程

学习者而非教师是决策者。他们应该是自己找出问题的答案。例如：哪些知识是新的？它和现有知识有什么联系？内在的形式是什么？是否有规律可循？哪些信息是相关联的？哪些是不重要的？然而，在大多数 ESP 班级都是以教师为中心的，他们在课堂上决定一切。为使 ESP 课堂学习更有效应该尽可能改变这一情况。

4. 语言学习不只是学习语言知识

在第二语言学习中学习者的认知能力和学习者的语言能力可能明显不均衡，也就是说第二语言学习者在认知方面很成熟但在语言方面却很幼稚。因此，我们应该尽力利用学习者的认知能力去帮助他们提高语言能力。但是，在多数 ESP 课堂都采用语法翻译法，使得语法和结构成为课堂教学的唯一目标。教师没有利用学生的认知能力帮助他们提高语言能力。因此，该法可能成为影响学生积极性的屏障。

5. 语言学习不是学习者的使用语言的经验

每个第二语言学习者都已经掌握一门语言，他们不知道目标语言的一些具体形式、单词或者一些概念，但是他们知道什么是交际，如何进行交际。这种交际知识应使用在第二语言学习上。比如：可以让学生在读和听前进行预测。在 ESP 班级中，教师应该考虑学生的专业知识并且激励他们用有关的专业知识学习一些新术语和词汇。

6. 学习是一个情感的体验

我们需要发展积极的感情因素，在课堂教学中可以突出：

——利用结对子和小组工作完成互动。

——给学习者时间思考，尽量避免不必要的压力。

——更多强调获得答案的过程，尽量少强调答案正确与否。

——态度和能力并重。

——在材料和教学法中首要考虑兴趣，有趣，多样性。

7. 语言学习从广义上说是偶然的

我们无须从语言问题着手来学习语言，我们可以在思考其他问题时顺便学习语言。在解决问题过程中需要解决的问题不一定是语言问题。重要的是应该使学习者应用语言，并把语言嵌入他们大脑中的知识库中。

8. 语言学习不是系统化的

我们的知识学习是系统化的，但学习过程本身不是系统化的。信息以系统化的形式出现不能保证就能学成。学习者必须创造一个内在系统，外在系统只能起辅助作用。

除了这八个原则，语言学习还可以被看做是个体的过程。学习形式和进展因人不同。因此，我们不能期望同样的教材和教法能在不同人身上起到相同的效果。因此，在ESP课堂教学中，虽然教师不能使每个学生满意，但是他们也要考虑到学习者的个体差异。

六、案例分析

（一）模范课展示

下面用一些模范课来展示这些原则是如何在专门用途英语课堂中得以实现的。

材料：

1. 对话资料

2. 对话光盘

对象：法律系二年级学习者

dialogue 1

Lily：It's said that Shelley was sued, and she was suspected of stealing the clothing from the stock.

Mei：I heard that too, but how could they draw such a conclusion? Is there any concrete evidence?

Lily：It's merely a guess since Shelley has been heavily engaged in raw material control and nobody else has the opportunity to get in touch with the clothing. It must be her who stole the clothing.

Mei: It sounds right, but after second thought, don't you think it can't hold water?

Lily: Yes, it doesn't make sense. Nevertheless, I can't figure out.

Mei: I believe Shelley is innocent, if my memory serves me right, she has been working here for eight years and she never makes a mistake.

Lily: Let's say something objective to the personnel department. Now, let's go.

Situational communication:

Tom: Hey, cheer up, buddy. What's the problem?

Peter: We found a photo on which the ________________(疑犯和死者在一起)(suspect).

Tom: So...

Peter: So(疑犯和死者有关系)________________. But it's taken on a wedding ceremony.

Tom: It's a hard job for you policeman to find the ________________(确凿的证据).

Peter: Yeh.

Tom: Well, ________________(付出总有回报).(pay)

Further discussion:

How many kinds of evidence could be used to sue suspect, please cite some examples.

____

步骤:

1) 先放对话内容第1句: It's said that Shelley was sued, and she was suspected of stealing the clothing from the stock. 让学习者预测接下来的对话内容是什么。

2) 导入新单词或关键词。

3) 放录音2遍，听的过程中让学习者检验自己的预测，并学会速记重要信息，如：时间、地点、人物、事件及结果等。

4）教师根据对话内容提问。

5）逐句放录音，让个别学习者识别录音内容。

6）请几个同学复述对话内容。

7）把学习者分组，每2个一组模拟对话。

8）打开课本看对话。

9）完成情境对话内容。

10）把学习者分成4组用现有的诉讼法的知识根据话题内容讨论，每组推出一位同学进行总的论述。

11）针对4组提出的看法和例子进行全班讨论。

12）教师总结。

预测：

1）在听录音过程中学习者会用听到的足够事实来预测对话内容，教师根据对话内容提问验证学习者自己的预测。

2）让学习者用现有的诉讼法的专业知识进行讨论，在某个同学举例时，其他同学就能预测出其所举例子中将会出现哪些诉讼证据。

3）让学习者复述对话内容就能让他们用现有的专业知识预测对话的进展。

进一步练习：

1）讨论对话中一些常用表达法和专业术语。

2）学习者讨论他们怎么获得答案，用什么线索。

3）举一些例子让学习者判断是否是诉讼证据，并让他们进行讨论。

4）让学习者记录下讨论中确定的属于诉讼法的例子，扩大知识面，丰富学习内容，提高学习者参与程度。

5）课后布置学习者制作课件举例说明诉讼证据案例，并准备在课堂中演示及英语讲解。

反馈：

1）教师把各组讨论情况展示出来，让学习者对照，找差距。

2）教师展示完整的结果。

对样课的分析：

样课是如何实现了上述原则的呢？显然是采用了一些简单的技巧，这些技巧可以应用于任何课程。

差距：如果一切都是已知的那就无须思考。学习需要思考。差距能创造这个要求，我们可以利用多种的差距。

1）信息差距：教师都有这样的体验，教学过程中某些学习者知道某些内容，而另外一些不知道，这时候就需要交流和共享。提问就是最好的例子。

2）媒介差距：信息需要从一种媒介转换成另一种媒介，比如：记录关键词—用关键词讨论—完成填空。

3）理由差距：证据是有线索提示的，但答案却需要推理，我们用预测的方式就是在推理。

4）记忆差距：学习者在课程中已经解释了一些信息，现在需要用他们的记忆去重组这些信息。复述对话或角色扮演就是重组信息的过程。

5）拼接差距：已知知识片段需要拼接成整体。提供关键词让学习者拼接成句，成段就是例子。

6）想法差距：什么是重要的？什么不是？什么是相关的信息？让学习者分组讨论并举例子就是很好的例子。

7）明确性差距：什么是肯定的？什么是猜想？什么是预测？什么是完全不可能？我们的例子中有许多需要预测的信息，学习者对专业知识的认知基本上是肯定的。

正是这些差距能激发思维过程，教师就是要创造这样的差距激发学习者的思维过程。

多样性：

为了帮助学习，重复是必要的，但我们也需要多样性才能使大脑保持警醒。根据上述例子多样性可以通过以下几种方式实现：

1）媒介的多样性：课本、磁带光盘、图片、语言。

2）课堂组织的多样性：全班、小组、个人、结对子。

3）学习者的作用多样性：阐述者、接受者、思考者、合作者、评价者。

4）练习、活动、任务的多样性：对话、选词填空、关键词造句、完形填空、翻译等。

5）技能的多样性：听、说、读、写、图表技能、电脑技能。

6）话题多样性：正面阐述、反面驳斥、列举、辩论等。

7）评价焦点多样性：准确、流利、表述、结构、发音等。

预测的好处：

预测是利用已知信息预测在新的状况下可能发生的情况。因此，它对语言使用和语言学习都是很重要的。让学习者学会预测，就教学法而言有以下几点好处：

1）学习者通过预测意识到自己潜在的知识能力从而树立信心，他们可以明确自己对语言、交流或是话题有多少了解。

2）它使教师发现学习者知识的差距，这样教授过程更能与需求相关。

3）它激发学习者思维并为学习做准备。

4）它给了学习者自我投资的机会。人们在预测时实际上是把自己的决定和选择投资进去，这样做时，他们的大脑只为一个目的而动，那就是探索他们给出的答案的准确性。因此，让学习者预测就是给了他们一个更强烈的动机去接触课程的下一个阶段。这在听力理解课程中尤其有用。

喜悦：

这不是一个可有可无的东西。这是让学习者大脑集中的最简单的方法。再好的材料和理论都无法与令人愉悦的学习环境体验相比。对成年人来说，我们往往忽视了这一点。

综合型教学法：

使用大量的技能训练会增加课堂活动量，这就能在保持学习者兴趣的情况下使其更容易获得知识循环和巩固。

关联性：

教学过程使师生都明确课程的发展方向，每个阶段应该建立在前一阶段基础上并导入下一阶段。这就是温故知新。

准备：

课前准备包括教师备课和学习者预习。从样课看出，对一个课堂活动的准备是课程重要的部分，这是围绕材料构建知识的上下联系，使学习者的大脑为学习做好充分准备。

参与：

学习者应该从认知和情感两个方面积极参与课堂教学。从样课看出，我们设计了一些让学习者参与的方法：预测，多样性方面已经提及。最简单的方式是提问，用指导性问题让学生自己得出答案并在课堂上展示出来。但要注意问题不能太难，另外要学会等待学生给出答案，不要迫不及待地把答案告诉学生。

创造性：

语言是动态的，课堂活动应该体现这一点。因此，课堂活动应该允许有不同的答案，不同水平的反馈，不同答案并不意味着错误。尤其是在讨论和翻译阶段。

课堂气氛：

我们应该看到有效的学习关键在于一些灵活的因素，比如师生关系。在课堂中合作的氛围的形成是很重要的，尤其是专门用途英语课堂。因为在此课堂中有些因素可能激发不良氛围，比如，教师对教材的不确定性或不喜欢该主题；学习者不喜欢学习英语等。

（二）ESP 课堂的任务

在 ESP 课堂中，任务是师生合作实现教学方法的重要方法。根据经验，教师在设计任务时，应记住任务应该是激励人、吸引人，而且需要用到学生以前的经验。Littlejohn & Hicks（1987）曾经用以下的标准来设计任务的：

1. 扩展语篇学习者应该参与到加工语言的过程中，而非仅限于句子层次；
2. 信息差异；
3. 不确定性：学习者应该能选择他们想说的话；
4. 目标导向：应该有交际的目标；
5. 实时处理：要求学习者同时运用语言处理任务。

除了以上标准外，Phillips（1981）提出了 4 项任务设计的原则：

1. 真实性控制：采用学习者可以达成的任务；
2. 具有意义性：即任务产生源于学生特殊的目的；
3. 真实性：即语言必须通过学生的特殊目的自然引出；

4. 容忍错误：必须容忍不影响正常交流的错误。

ESP 课堂中的任务主要包括角色扮演、模仿、案例研究、方案设计和口头陈述。角色扮演和模仿总被认为是联系在一起的，而且这两个术语经常被教师和教材赋予不同的解释。本质上说，角色扮演是学习者担当不同于自己以往身份的角色。模仿允许学生保留自己的本色。在模仿时，背景信息和问题产生的环境都是模拟的。案例研究也是 ESP 课堂中使用的任务形式，这是很久前就确立的方法。它包含对真实案件的研究工作，讨论相关问题并达成某种结论或行动方案。听、说、读、写四项技能都可得到锻炼，如：读（文件）、听、说（讨论）、写（总结或者报告）。这种任务设计更适合语言能力高的本科以上学习者。同样，方案设计这种任务形式耗时比较久，会涉及课外活动。大部分以书面报告的形式出现，这种方式对语言能力的要求也比较高。

最后一种任务类型在 ESP 课堂中常用，即口头陈述。虽然表面上看这种任务类型比其他的任务形式更有局限性，然而，它也能使所有的语言技能得到训练。如：学生在准备陈述前可能需要使用母语材料。因此，在陈述的准备阶段会用到写和译两项技能。

七、网络教学模式的构建

在目前的条件下，要建立有效的教学模式，ESP 网络教学是这方面一种有益的尝试。它与过去的教学模式不一样，无论课程建设、师资配比、学习资源、学习方式还是评价方式上都具有灵活、开放的特点，能满足不同学习者的学习需求。所谓的 ESP 网络教学模式，是指以网络为依托，以文本、图片、影像为主要交互媒体，以 E-mail、BBS、留言板等为主要交互方式，以博客、Tag、SNS、RSS、Wiki 等社会软件的应用为核心组织起来的网络课程。ESP 网络教学模式的构建主要从以下几个方面入手：

1. 调整师资配比

在目前条件下，网络教学可提供一个非常有效的过渡方案，就是推广校内和校际的跨专业合作与交流，特别是专业课教师同外语教师的合作。由于课程教学是在网络上进行，因此，教学过程的管理、教学内容的设置和教学资源的开发可以由专业教师和外语教师共同完成，这就解决了专业教师外语能力弱和外语教师专业知识不足的缺陷。同时，由于网络教学模式的特殊性，教师的时间和空间相对自由，可有效克服师资力量不足的困难。

2. 丰富教学资源

网络上本身资源就是非常丰富的，通过对国内外教学材料的直接引进，可以使教育资源的建设事半功倍。另外通过校际和校内的合作，更是可以沟通和共享互相的成果。由专业教师和外语教师共同合作开发，可以使教学资源既具有专业权威性也具有语言的准确性和实用性。另外，甚至学生也可以在教师的指导和监控下加入到教学资源的开发当中。除了博客和 Wiki 在网络课程中的应用外，还可以使用播客、SNS、Tag、RSS 等技术元素创建动态的教学资源。学生参与建设一方面有助于解决师资力量不足的问题、另一方面可以真正体现以学生为中心，学生自主学习的 ESP 教学思想。学生不再仅仅是知识的被动接受者，而主动成为知识的建构者。

3. 创建专业外语语料库

创建 ESP 语料库，首先要撷取专业文献，运用语料库语言学的研究方法，使用语料统计分析软件如 Wordsmith 等生成 ESP 总词汇表。同时计算出词汇表中各英语词汇在样本语料库中的使用频率，然后参照大型普通英语语料库，比如从英国国家语料库、当代美国英语语料库等找出在 ESP 语料库中出现频率较高，又与大型普通英语语料库中词频较高的词汇有着显著差异性的词汇，按照频率进行筛选，从而得到 ESP 词汇表。

4. 实施个性化教学

教师应为学生开发可自由组合的模块化教学内容，即把 ESP 课程按主题分成各不相同的模块。大模块主要可分为基础知识部分、理论部分和实践部分。小模块可以按内容细化，分别介绍不同专题的具体教学内容。各环节的课程可以根据需要灵活组合，形成个性化的模块化学习模式。学生可以根据自身的学习个性、学习风格和学习能力等进行自主学习。多媒体软件和网络 ESP 课程内容可以使学生反复学习，提供大量信息和实践练习，以巩固学习者的学习成果。这种学习方式完全以学生为中心，尊重学生的个体差异，赋予学生充分的自主权。

5. 动态教材建设

由于 ESP 教材要求必须具有时效性、权威性，因此其开发必然是一个漫长和动态的过程。由于地域的差异和学生水平的不同，一本教材放诸四海而皆准也显然是不可能的。所以，我们需要一种可以按需调整难度，可以随时更新内容的动态电子教材，这样才能真正满足各所高校、各种水平的学生的需求。

6. 构建多元动态评价体系（详见第九章）

第八章　专门用途英语教学大纲

一、教学大纲的意义

大纲是对具体教学目标、教学内容及教学方法进行表述和规定的文件。它包括：语法结构、功能、意念、主题、情境活动和任务。对语言本质，学习者的需求和对学习本质的理解决定了语言教学者将使用大纲里的哪些要素（Nunan，2004）。

大纲的意义有以下七点：其一，由于大纲是对语言知识各组成部分的界定，所以它为教学评价的分类，教科书使用情况和学习时间提供了基础。其二，大纲使得语言学习变得可操作性，所以无形中为教师和学习者提供了支持。其三，有了大纲，教师和学习者就能明确方向以及如何达到目标。其四，大纲不仅使教师和学习者明确该学习的内容，而且明确学习的原因。其五，大纲提供了材料选择和撰写的一系列标准，比如文本内容，练习项目等，这对课程设计相当重要。其六，有了大纲，各项教学活动就有了标准可循，形成统一性。其七，大纲为各阶段的教学成败提供了检测的可视基础。

二、教学大纲分类

（一）教学大纲的六个方面

针对英语教学的大纲种类繁多。下面就教学大纲六个方面：评价大纲、组织大纲、材料大纲、教师大纲、课堂大纲和学习者大纲具体阐述。

评价大纲是表明学习者每个阶段学习的内容，记录教学成功与否的基础。

组织大纲就是除了对必须学习的内容进行列表外，大纲还列出了学习的先后顺序，比如第一年该学什么。最熟悉的组织大纲就是课文内容的先后顺序，它与评价大纲不同在于它不仅假设了语言的性质还假设了学习的性质，在制定该大纲时必须考虑人们是如何学习语言的。比如，什么更容易学？学习最基本的东西是什么？需要学会哪些项目才能继续学习其他项目？什么是课堂中更有用的东西？

材料大纲是在书写材料时，作者加入了更多的对于语言性质、语言学习和语言使用的假设。作者决定在不同的上下文中出现什么语言，语言各方面的相对的分量以及技能的融合情况，练习的数量和形式以及循环频度或复习的程度。这些对于是否能学好语言起很重要的作用。比如，设计某个词汇在文中出现，学习者极有可能记住它，因为它更能吸引学习者的注意力。

教师大纲是表明教师能影响任何一项的清晰度、强度和频度，因此会影响学习者接受的信息。

每位教师都知道，计划和课堂实际情况往往是两码事。课堂上出现的情况会影响计划课程的性质，比如由于课间某个激动人心的事件延续到课堂，或是学习者针对某个问题不断地提问分散了对关键内容的注意力等。因此课堂不仅仅是教师和学习者之间信息交流的中间渠道。它是动态的，相互作用的环境因素，它会影响教和学的性质，这就是课堂大纲。

上述所有大纲都可看做是外部大纲，因为学习者参与程度不大。学习者大纲才是内部大纲，它是在学习者大脑中形成的知识网络，使得学习者能理解并储存知识。它区别于上述各个大纲的关键在于它是对已经学会的内容的追溯记录而不是对未学习内容的预期计划。换句话说，学习者大纲会对未来知识的学习产生关键性的影响，因此在课程设计的每个阶段都必须不断地考虑到学习者。

从上面分析可知，教学过程不仅仅需要一个大纲，而是几个大纲相互作用。当我们提及大纲时必须明确我们指的是哪个大纲，需要明确的是在最初的评价大纲和最后的学习者大纲之间没有直接的关系。人们往往有个错误的认识：我按大纲来教授，学习者就一定学会了大纲里的内容。

（二）交际法大纲设计

ESP 领域讨论和使用得较多的大纲有语法结构大纲、情境大纲、修辞技巧大纲、功能意念大纲。这些类型的大纲均可称为交际法大纲。下面就大纲包含的几个要素进行讨论：

1. 教学对象。包含明确他们的知识层次和语言能力（在对学习者进行定位测试的评估后可以得出）。

2. 教学目的。根据大纲的类型，可按语言内容或语言技巧简要说明本课程结束时学习者将掌握的知识范围和语言能力。

3. 教学内容。教学内容是大纲的核心部分。根据与 ESP 有关的语言理论和学习理论，在分析需求的基础上，我们能够筛选出整个课程所要教的语言项目，着手大纲中“教学内容”这一部分的编写。以六种模式安排语言项目，具体如下：

1）结构模式：以语法和句型为纲安排所教语言项目。

2）功能模式：以交际目的，如请求、拒绝、命令、解释、描写等为线索安排所教语言项目。

3）意念模式：以交际内容，如时间、数量、距离、性质、形状、颜色等为线索安排所教语言项目。

4）主题模式：以交际所围绕的主题，如旅游、法律、金融、信息管理、经贸等为线索安排所教语言项目。

5）情境模式：以交际环境、场所，如银行、邮局、会议室，法庭辩论等为线索来安排所教语言项目。

6）技能模式：以语言技能，如听、说、读、写为线索安排所教语言项目。

在实际运用中，很少采用单一模式，而是根据不同的情况采用两种或多种模式的综合，以扬长避短，达到高效实用的效果。为了使大纲简单、明快又重点突出，如果这一部分内容太多，可采用附表的形式把教学内容详细地列出。

4. 教学原则。下面是一些对 ESP 有指导意义的教学原则：

1）目的原则：培养交际能力。

2）循序渐进的原则：外语学习可以强化训练，可以速成，但不可以一蹴而就。外语学习是一个“理解—识记—复习—活用—交际”的过程。在安排教学步骤，选用教学方法，处理教材，组织活动时都必须遵循这个原则。

3）积极思维的原则：语言活动有两大类，一类是可视语言活动，即大脑支配下的发音器官和四肢的活动；另一类是语言加工活动，即把信息组成有一定意义的知识网的活动。而语言加工活动才是至关重要的。如果语言活动不联入知识网，没起到交际作用，可视语言活动就没有意义。真正重要的不在于学生说了多少、写了多少，而在于学生利用他们的知识和认识能力理解和传递了多少信息。

4）自成系统的原则：语言是知识的载体，思维的基础。在 ESP 情境下，学生可以在通过英语学习专业和思考问题的过程中把语言置入大脑信息库中。根据现代心理学的观点，学习应是信息的输入、贮存、编码和提取的过程。学生必须把所接收的信息经过分析比较、归类整理，建立起自己的内在系统，所学的知识才能在头脑里扎根，而后才能随时提取，才能在交际中运用自如。

5）多样性、趣味性原则：多样性和趣味性是学习的调味品，可避免单调地重复，使学生精力高度集中。多样性包括：课文、录音、录像、广播、电视、报纸、杂志等媒体的多样性；陈述者、采访者、谈判者、评论者等角色的多样性；听、说、读、写、译技巧的多样性；信息管理、法律、金融、经贸、旅游等主题内容的多样性；描写、叙述、说明、议论、对话、独白等文体的多样性；准确度、流利程度、语音语调、篇章结构等焦点的多样性；练习形式和教学活动的多样性。

6）整体性原则：语音、语法、词汇是语言的三大要素，任何单独一项都不是语言，不能起到交际作用。要培养交际能力，必须进行三要素的综合教学。听、说、读、写、译是交际的技巧和手段，是语言能力的具体体现，应进行综合训练。在外语教学中，听、说、读、写、译既是教学目的，又是教学手段。听、说、读、写、译的能力只能通过听、说、读、写、译的训练和实践来培养。语言教学与提高学生的整体素质相结合。

三、教学大纲的组织形式

我们知道教学大纲的一个主要目的就是把知识细化成可操作的部分。而这个细化得有某种依据。就专门用途英语而言，教学大纲的组织形式可分为：主题大纲；结构/情境大纲；功能/概念大纲；技能大纲；情境大纲；功能/任务型大纲；表述/技能型大纲；技能和策略大纲。

四、教学大纲对课程设计的意义

（一）以语言为中心课程设计的意义

在以语言为中心课程设计中大纲是教学材料的始发者，它对于撰写和选择学习材料，设计考试形式以及教学评价都起到决定性作用，如图 8－1 所示：

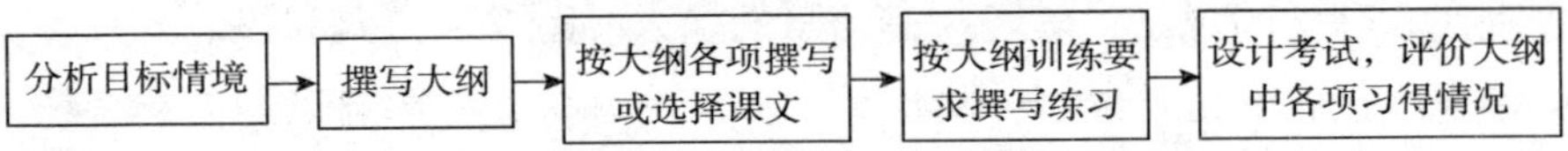

图 8－1　教学大纲对语言为中心课程设计的意义

很明显大纲是整个课程的决定因素，从课文和练习的生成到习得情况的评价都由大纲决定。

（二）以技能为中心课程设计的意义

在以技能为中心的课程设计中，大纲不仅对学习资料的取材起作用，它还对材料的排序及某一技能的设计及评价起重要作用，如图 8－2 所示：

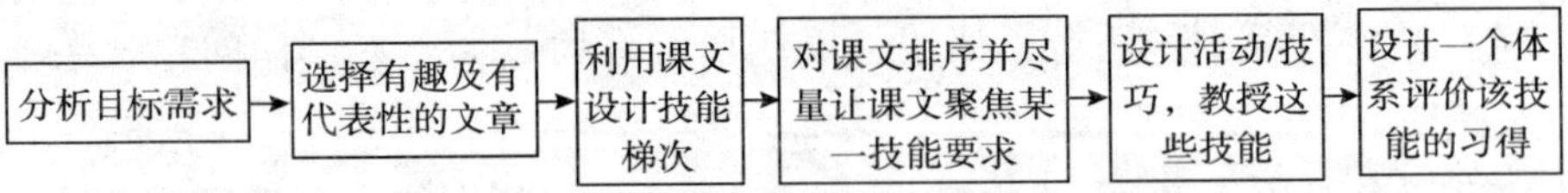

图 8－2　大纲对以技能为中心课程设计的意义

这里大纲不是始发者，但在课文和技能之间有某种程度的协调，比如大纲可能在选文顺序和采纳的标准的最初选择中起作用，同时所得到的课文也会影响练习和评价标准。

（三）以学习为中心课程设计的意义

在上述两种方法中学习活动是最后考虑到的因素，这样产生的材料在语言和技能内容上忠实地反映大纲，但对教学法影响有限。学习重要的不仅仅是内容，学习过程的活动也很重要。在以学习为中心的课程设计一开始就考虑大纲项目和课文。见图 8－3：

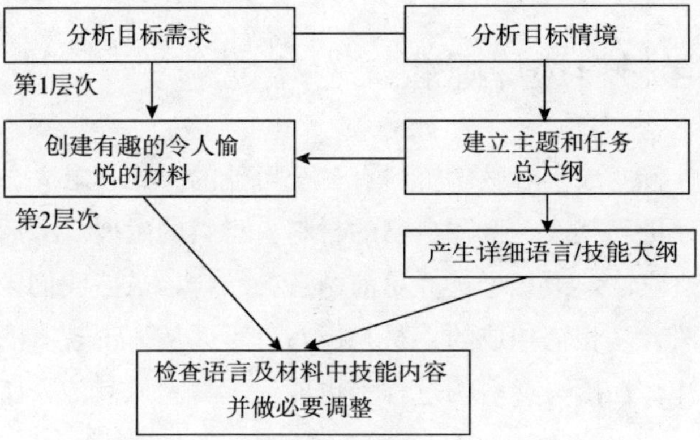

图 8－3　大纲对以学习为中心课程设计的意义

从图 8－3 中可见，教学法不是移植到所选择的大纲各项和课文的末尾，而是从开始阶段就加以考虑。为了做到这一点，应该更加灵活地运用大纲才能通过教学法的研究，比如兴趣爱好，学习者的参与等，最后影响整个课程设计的内容。实现这一目标的最简单的方法就是把大纲设计过程分成两个层次，如上图。

专门用途英语大纲通常是来自于对目标情境语言特点的详细分析，分析的详细内容对教学法产生了限制性的影响。但这种需求并未产生，因此没必要在一开始就详细分析语言特点。一开始需要做的是在总的大纲中列出目标情境的主题区域和交际任务。比如，技术类专门用途英语总的大纲应为：

工具名称（表达使用及目的）；管道（描述系统）；材料（报告实验情况）；建筑（描述参数）

这个总的大纲可用作最初选择课文及撰写练习/活动的基础。这样材料撰写者可以充分考虑学习情境分析中出现的各种因素。材料本身会产生详细的语言大纲，它能处理由需求分析产生的独立大纲之间的差距或是交叉点。这样大纲就能被创造性地用作积极的、相关的学习活动的推动者，而不是仅仅作为语言内容的阐述者而限制教学法的发挥，同时它仍然与目标需求相关。因此它满足学习者作为使用者和语言学习者的需求。大纲一开始是一个指南针指示整个方向，然后它描绘一幅图，一旦发现障碍，收集到资料的更多的细节被填充到图中，直到渠道畅通。

五、教学材料选择标准

把课程设计转变成实际教学资料有三个可能的方式：首先，从现有的材料中选择：材料评价。其次，撰写自己的材料：材料的发展。最后，修订现有的材料：材料的适应性。第三个选择是前两者的结合，虽然我们区别对待评价和发展，但它们两者是相辅相成的，材料撰写者可以从评价现有的材料中获取想法和策略，同样，在撰写材料的过程中也能使撰写者从其他人所撰写的材料内容中取长补短。

我们把评价过程分成 4 个阶段（见图 8－4）：规定标准；主观分析；客观分析和评价。头两个阶段的大部分工作将在课程设计阶段完成。不能把主观分析看成是一套固定的要求，应该把材料评价过程当成对你自己需求想法的质问和发展。当然这里有些因素可能会有冲突：一本教材从内容和语言点上可能符合你的标准，但其他教材的教学法可能更适合你。这时应该根据你认为哪个方面更符合你的要求为决定的标准，也应该考虑到哪些不太理想的部分更易修改来决定，比如是教学法还是内容。

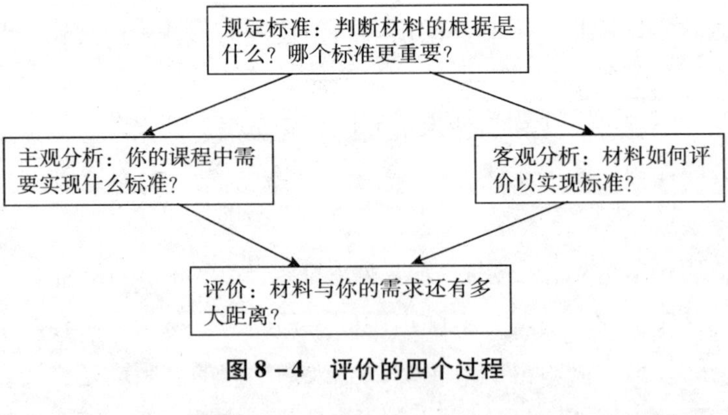

图 8－4　评价的四个过程

我们从主客观角度对学习者；教学目的；内容；教学法方面对专门用途英语材料进行评价，见表 8－1：

表 8-1　ESP 材料评价内容

主观分析	客观分析
学　习　者	
—年龄 —性别 —国籍 —专业 —专业地位 —知识（语言、专业、其他） —教育背景 —兴趣等	材料使用对象
目　的	
课程目标	材料目标
内　容	
对语言表述的要求： —结构型 —概念型 —功能型 —表述型 —其他	材料使用中的语言表述类型
应覆盖的语言点： —特殊结构 —功能 —词汇等	材料中涵盖的语言点
每个主要技能所占比例，是否需要多种技能融合	每个技能所占比例，是否有技能融合工作
需要什么小技能	材料中涵盖什么小技能
需要包含什么课文类型（手工、书信、对话、实验报告、试听材料、其他）	材料中有什么类型的课文
需要的主题内容 假定的知识等级 需要什么类型的主题	材料中主题内容，假定的知识等级，主题类型

续表

主观分析	客观分析
该如何处理给定的主题 —直接 —事实 —兴趣角度 —幽默 —不同寻常的期望 —考虑问题，冲突等	如何处理给定的主题
整个课程内容如何组织 —围绕语言点 —围绕主题 —通过其他手段 —多种结合	整个材料中内容的组织形式
单元中课程内容如何组织 —通过固定组成的模式 —模式多样性 —通过其他手段 —允许聚焦某个特定技能领域或交际行为等	单元中课程内容如何组织
整个课程中内容的先后顺序 —从易到难 —创造多样性 —知识再循环 —其他标准 —无明显顺序	课本中内容的先后顺序
一个单元中内容特定的先后顺序 —从导入入手 —从理解到产出 —精确到流利 —其他手段 —无明显顺序	一个单元中内容的先后顺序

续表

主观分析	客观分析
教 学 法	
课程应根据什么学习理论 —行为主义 —认知 —情感 —其他 —上述结合	材料根据什么学习理论
课程应该考虑学习者的态度和期望是什么	材料应该根据学习英语的什么态度和期望
需要什么类型的练习或任务 —导入←→自由发挥 —理解←→产出 —语言技能训练←→语言技能使用 ——个正确答案→许多可能正确的答案 —全班→组→个人 —语言/技能为基础←→内容为基础 —机械化←→解决问题 —角色扮演，模仿，表演剧，游戏 —包含视觉材料 —自主学习 —其他形式	材料中需要什么类型的练习或任务
需要使用什么教学手段 —传统的固定步骤 —结对子 —小组 —学习者演示 —技术型（包含主题项目） —其他	针对材料需要使用什么教学手段

续表

主观分析	客观分析
可以使用什么辅助手段 —卡式录音机 —幻灯机 —实观教具 —版图 —录像机 —其他	材料中要求使用什么辅助手段
授课需要什么引导/支持 —目标阐述 —单词及语言技能点列表 —语言导入 —技术信息 —教学法指导或暗示 —进一步操作提示 —测试 —其他	材料提供什么引导/支持
材料需要有怎样的灵活性	材料灵活的方式 —是否可以从不同点开始 —单元能否顺序调整 —是否能连接其他材料 —在一些组成部分缺省时能否使用，比如没有磁带

可以依据上述主观分析的结果作为撰写材料的根据或者作为后期材料评价的依据。根据客观分析的结果来分析所选择的材料。对比两者的结果，并进行分析，最适合的材料应该是从大范围上符合要求的，而不仅仅是某一项符合要求。

六、材料设计

对专门用途英语而言，材料编写非常重要。因为并非所有的专业课程专门用途英语教材都完备，另外对各种专业主题而言，课程类型也是多样性的。而学校课程设置的时间各异。因此，材料设计要因地制宜。

（一）确定目标

材料能提供学习的动力，好的材料能鼓励学习者学习，它应包含：有趣的课文；令人开心的活动（包含学习者的思考能力）；学习者使用现有知识和技能的机会；学习者和教师能操作的内容。

材料能帮助组织教学过程，因此好的材料应该提供一个清晰的相关联的单元结构，可以为教师和学习者提供各种各样的活动来使学习的机会最大化。这个结果能帮助教师计划课程，鼓励学习者形成成就感。另外，材料不能太紧缩，如果太紧缩课程形式会很单调。尽量避免线性设计，因为线性设计会使每个单元看似一致：课文类型一致，阐述一致，练习一致，这样太枯燥无味。好的材料模板应该是清晰且系统化的，但又具备灵活性、创造性和多样性的特点。

材料体现语言和学习的性质。材料能真正反映撰写者对于学习过程的想法和感觉。如果撰写者认为需要学习者在学习时思维能力参与，那么撰写的练习就不能没有活跃的思维过程；如果认为学习者的学习会因语言体验而加强，那么提供的课文就不能剥夺人的兴趣；如果认为学习者的学习受益于不断巩固，那么学习的各项要反复多次重现。

材料反映学习任务的性质。我们知道学习是个复杂的过程包含许多不同层次的知识，因此材料应该尽量创造一种平衡观，不能把结构、课文和句型练习分隔开，要使材料既能反映任务的复杂性又有可操作性。

材料的一个有用的功能是通过引导教师使用新技术从而拓宽教师培训的基础。

值得注意的是，材料提供了正确的和合适的语言使用的模式。通常材料被简单地看成是语言使用的阐述而非语言学习的工具，专门用途英语常常错误地把语言教学材料当做是初学者语言应用的指南。

（二）材料设计模式

该模式包含 4 个组成部分：输入、内容焦点、语言焦点和任务。

输入：这可能是一篇课文、对话、录像、图表或任何交际数据，依照分析需求而定。输入提供许多东西：活动材料促进因素；新的语言项目；语言使用的正确模式；交际的一个主题；学习者使用信息训练技能的机会；学习者使用现有的语言知识和主题知识的机会。

内容焦点：语言本身不是终结，它是传达关于事物信息和情感信息的一种手段。应该探究非语言内容来激发有意义的课堂交际。

语言焦点：我们的目的是让学习者使用语言，我们提供给学习者交际任务和活动，而学习者在这些方面没有足够的和必需的语言知识，这种做法是很不妥当的。

任务：语言的最终目标是使用。因此材料应该设计成能引导学习者通过单元内容和语言知识完成交际任务。

任务主要的焦点是单元，语言和内容来源于输入，选择语言和内容的依据是学习者完成任务的必要需求。因此该模式的重要特点是在整个单元中创造语言和内容的连贯性。通过建设知识和技能库为更加复杂的活动提供支持。

（三）改进模式

针对材料设计模式的四个方面，进一步考虑学习者因素和其他输入形式，我们改进了原来的设计模式，见图 8 – 5：

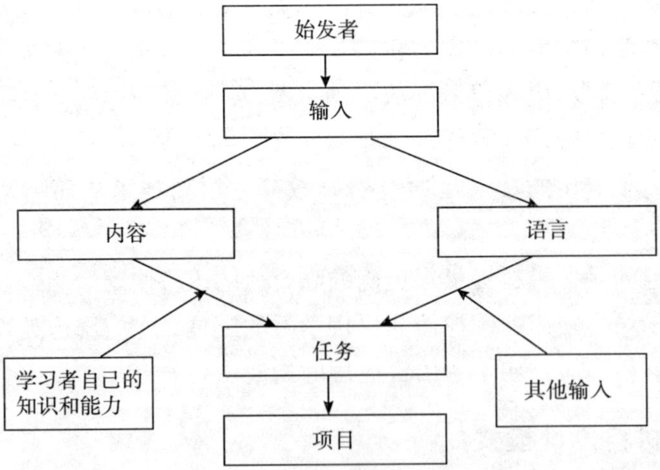

图 8 – 5　改进后的材料设计模式

（四）材料和大纲

一个范本必须能够确保覆盖整个大纲在学习进展中的所有特点，除了内在的连贯性外，每个单元必须有效地连接课程中其他单元。因此在单元结构和大纲结构上要有连贯性以确保课程提供足够的和合适的大纲中所有内容。

表 8－2 说明在课程设计中的单元范本和不同大纲模式。

表 8－2　基于语言因素和学习因素的单元范本大纲模式

语言因素	学习因素	单元 1	单元 2
基础词汇/概念	主题方向/使用学习者现有知识	始发	始发
课文类型/主题	多样化，兴趣，水平	输入	输入
词汇	技能发展，追忆信息	内容焦点	内容焦点
结构/功能	句型练习/巩固/分析	语言焦点	语言焦点
表述类型	学习者参与，提供使用学习	任务	任务
单元语言与本专业领域结合	产生效果，与个人兴趣相关	项目	项目

由于在材料设计过程中使用两种范本，因此我们要谨慎地进行区别使用才能适得其所。

1）预测型。这种范本提供了创造性能发挥作用的产出框架。单元范本是其典型例子。

2）评价型。这种范本可以被看做是反馈装置，它能告诉你是否已经按你的意图操作，上面的大纲/单元范本就是一个例子。

（五）使用范本：案例分析

我们计划为法律专业学生寻找合适的英语教材。在寻找中发现许多教材都是法律法条的翻译，作为教材显得枯燥，材料中无任何可操练的配套练习，与其说是法律英语教材，不如说是法条英译本。我们对之不满意。还有的教材是对某个部门法的英文介绍，内容大部分是描述性的，除了阅读和回答问题之外没有可操作性，而且它们包含了许多专业词汇，文章缺乏交际功能和愉悦性。更令人担心的是学生并未掌握这些专业词汇以帮助理解语言材料。

在此我们做了一个需求分析，我们发现了一些有趣的现象：

1）学生希望提高本专业英语的交际能力，但专业词汇不能太多。

2）除了部门法的英语对照外，学生希望有生动的真实案例或有趣的故事。

3）除了句型练习外，学生希望练习能够多样化。

4）除了阅读文章外，学生希望增加听说材料。

5）授课教师希望提高学生的自主学习能力。

鉴于上述几点，我们为该专业寻找合适的实用法律英语的材料。计划每个单元围绕一类法种展开，导入部分是该部门法的英语对话实例及口语练习。第一篇课文介绍该部门法的法律概要；第二篇为案例分析；第三篇是法律故事。每篇文章配套不同的练习。下面以侵权法为例。

步骤1：我们按3个标准选择课文：

—交际内容应该是自然产生的，这不排除后期修改。

—适合学习者的需求和兴趣。

—能激发有用的课堂活动。比如我们设置这样的与侵权法有关的交际对话练习。

Situational communication：

Jane：Hello，Irene，________________（真想不到在这里看到你）.

I mean，to meet a spokesperson like you.

Irene：I don't understand. Why did you describe me as a spokesperson. ________________（我完全糊涂了）.

Jane：You don't have any idea that your image has been on the beverage shop behind our school gate?

Irene：Pardon?

Jane：Your photo is printed on every disposable cup of that tea shop and they ________________（用你的照片做广告）.

Irene：How come! They talked with me，and invited me to be their spokesperson on the promotion of their tea. But I am still thinking. How could they do that?

Jane：________________（那你应该起诉他们）.

Further discussion：What would you do if some shops or companies presented your photos in public without your permission? And do you meet or hear any other infringement cases?

Tips: sue 起诉

illegal 非法

inform 告知

intentional 故意

purposely 故意

我们找到一篇侵权法课文如下:

Who is selling our data?

When we worry about who might be spying on our private lives, we usually think about the Federal agents. But the private sector outdoes the government every time. It's Linda Tripp, not the FBI, who is facing charges under Maryland's laws against secret telephone taping. It's our banks, not the Internal Revenue Service (IRS), that pass our private financial data to telemarketing firms.

Consumer activists are pressing Congress for better privacy laws without much result so far. The legislators lean toward letting business people track our financial habits virtually at will.

As an example of what's going on, consider U. S. Bancorp, which was recently sued for deceptive practices by the state of Minnesota. According to the lawsuit, the bank supplied a telemarketer called Member Works with sensitive customer data such as names, phone numbers, bank-account and credit-card numbers, social Security numbers, account balances and credit limits.

With these customer lists in hand, Member Works started dialing for dollars—selling dental plans, videogames, computer software and other products and services. Customers who accepted a "free trial offer" had 30 days to cancel. If the deadline passed, they were charged automatically through their bank or credit-cardaccounts. U. S. Bancorp collected a share of the revenues.

Customers were doubly deceived, the lawsuit claims. They didn't know that the bank was giving account numbers to Member Works. And if customers asked, they were led to think the answer was no.

The state sued Member Works separately for deceptive selling. The company denies that it did anything wrong. For its part, U. S. Bancorp settled without admitting any mistakes. But it agreed to stop exposing its customers to nonfinancial products sold by outside firms. A few top banks decided to do the same. Many other banks will still do business with Member Works and similar firms.

And banks will still be mining data from your account in order to sell you financial products, including things of little value, such as credit insurance and credit-card protection plans.

You have almost no protection from businesses that use your personal accounts for profit. For example, no federal law shields "transaction and experience" information—mainly the details of your bank and credit-card accounts. Social Security numbers are for sale by private firms. They've generally agreed not to sell to the public. But to businesses, the numbers are an open book. Self-regulation doesn't work. A firm might publish a privacy-protection policy, but who enforces it?

Take U. S. Bancorp again. Customers were told, in writing, that "all personal information you supply to us will be considered confidential." Then it sold your data to Member Works. The bank even claims that it doesn't "sell" your data at all. It merely "shares" it and reaps a profit. Now you know.

步骤2：回到范本末尾。思考学习者在单元结束时可能完成的任务。

我们所关心的是评价课堂活动中课文创造性的使用。比如按侵权法知识列举或描述案例。

步骤3：回到大纲。思考任务设计是否是对你的学习者有益的活动？

从这一点出发，回答是肯定的。

步骤4：决定输入部分应该包含什么语言结构、词汇、功能、内容。其中哪一项对任务有用？也就是说哪一部分语言和内容能作为练习的焦点？

—法律用语

——般过去时

—连接词（关系从句等）

这看似不够，文章证明创造性潜力不够。

步骤5：思考一下练习和活动是否训练你列出的各项。

—转换练习，学习者可以从文章中寻找信息完成转换练习。

Ⅴ. The following is a summary of the first part of the passage. Choose the right word or phrase from the parentheses to fill in the blanks.

It is 1 ________ (much, more) likely that our personal information is 2 ________ (relieved, released) by the private sector than by the government. As an example of what's going on, consider U. S. Bancorp, 3 ________ (which, that) was accused 4 ________ (for, of) profiting from the unauthorized sale of personal and financial data to a telemarketing firm 5 ________ (called, is called) Member Works. The telemarketer, which was sued separately 6 ________ (of, for) deceptive selling, solicited business with the customer lists 7 ________ (on, in) hand. Here, Customers were doubly 8 ________ (treated, deceived). They didn't know that the bank was giving private data to Member Works and were 9 ________ (misled, led) by not revealing that the firm already had the customer's credit card data 10 ________ (on, at) file. Bancorp, which admitted no wrongdoing, agreed early on to stop 11 ________ (to disclose, disclosing) customer information to 12 ________ (second, third) parties for purposes of marketing 13 ________ (nonfinancial, financial) products. Today, individuals need protection from intrusion by large corporations, but the law has been 14 ________ (quick, slow) to provide such protections. Our personal accounts are still 15 ________ (exposing, exposed) to private businesses for profit.

—重构练习。给定一些关键词让学习者连词成句或复述课文。

—讨论练习。让学习者按自己所学讨论侵权与照管范围的界限是什么?

步骤6：回到输入部分。是否可以修改使它更加有用？并尝试着修改，如果没有任何效果，先放置一边，寻找另一篇文章。

这里我们找到了另外两篇文章，一篇是对侵权法的描述；一篇是有趣的案例讨论。

1. Tort Law

Tort law is a body of law that addresses and provides remedies for civil wrongs not arising out of contractual obligations. A person who suffers legal damages may be able to use tort law to receive compensation from someone who is legally responsible, or liable, for those injuries. Generally speaking, tort law defines what constitutes a legal injury and establishes the circumstances under which one person may be held liable for another's injury. Tort law spans intentional and negligent acts.

For instance, Alice throws a ball and accidentally hits Brenda in the eye. Brenda may sue Alice for losses occasioned by the accident (e. g. , costs of medical treatment, lost income during time off work). Whether or not Brenda wins her suit depends on if she can prove Alice engaged in tortuous conduct. Here, Brenda would attempt to prove that Alice had a duty and failed to exercise the standard of care which a reasonable person would render in throwing the ball.

One of the main topics of the substance of tort law is determining the standard of care a legal phrase that means distinguishing between when conduct is or is not tortuous. Put another way, the big issue is whether a person suffers the loss from his own injury, or whether it gets transferred to someone else.

Returning to the example above, if Alice threw the ball at Brenda purposely, Brenda could sue for the intentional tort of battery (and the action might also, separately, be pursued as a criminal matter). If it was an accident, Brenda must prove negligence. To do this, Brenda must show that her injury was reasonably foreseeable, that Alice owed Brenda a duty of care not to hit her with the ball, and that Alice failed to meet the standard of care required.

In much of the western world, the touchstone of tort liability is negligence. If the injured party cannot prove that the person believed to have caused the injury acted with negligence, at the very least, tort law will not compensate them. Tort law also recognizes intentional torts and strict liability, which apply to defendants who engage in certain actions.

In tort law, injury is defined broadly. Injury does not just mean a physical injury, such as where Brenda was struck by a ball. Injuries in tort law reflect any invasion of any number of individual interests. This includes interests recognized in other areas of law, such as property rights. Actions for nuisance and trespass to land can arise from interfering with rights in real property. Conversion and trespass to chattels can protect interference with movable property. Interests in prospective economic advantages from contracts can also be injured and become the subject of tort actions. A number of situations caused by parties in a contractual relationship may nevertheless be tort rather than contract claims, such as breach of fiduciary duty.

Tort law may also be used to compensate for injuries to a number of other individual interests that are not recognized in property or contract law, and are intangible. This includes an interest in freedom from emotional distress, privacy interests, and reputation. These are protected by a number of torts such as infliction, privacy torts, and defamation. Defamation and privacy torts may, for example, allow a celebrity to sue a newspaper for publishing an untrue and harmful statement about him. Other protected interests include freedom of movement, protected by the intentional tort of false imprisonment.

2. Should Physician-assisted Suicide Be Encouraged?

The Supreme Court's decisions on physician-assisted suicide carry important implications for how medicine seeks to relieve dying patients of pain and suffering.

Although it ruled that there is no constitutional right to physician-assisted suicide, the Court in effect supported the medical principle of "double effect," a centuries-old moral principle holding that an action having two effects —— a good one that is intended and a harmful one that is foreseen —— is permissible if the actor intends only the good effect.

Doctors have used that principle in recent years to justify using high doses of morphine to control terminally ill patients' pain, even though increasing dosages will eventually kill the patient.

Nancy Dubler, director of Montefiore Medical Center, contends that the principle will shield doctors who "until now have very, very strongly insisted that they could not give patients sufficient mediation to control their pain if that might hasten death. ”

George Annas, chair of the health law department at Boston University, maintains that, as long as a doctor prescribes a drug for a legitimate medical purpose, the doctor has done nothing illegal even if the patient uses the drug to hasten death. “It's like surgery,” he says. “We don't call those deaths homicides because the doctors didn't intend to kill their patients, although they risked their death. If you're a physician, you can risk your patient's suicide as long as you don't intend their suicide. ”

On another level, many in the medical community acknowledge that the assisted-suicide debate has been fueled in part by the despair of patients for whom modern medicine has prolonged the physical agony of dying.

Just three weeks before the Court's ruling on physician-assisted suicide, the National Academy of Science (NAS) released a two-volume report, *Approaching Death: Improving Care at the End of Life*. It identifies the undertreatment of pain and the aggressive use of “ineffectual and forced medical procedures that may prolong and even dishonor the period of dying” as the twin problems of end-of-life care.

The profession is taking steps to require young doctors to train in hospices, to test knowledge of aggressive pain management therapies, to develop a medicare billing code for hospital-based care, and to develop new standards for assessing and treating pain at the end of life.

Annas says lawyers can play a key role in insisting that these well-meaning medical initiatives translate into better care. “Large numbers of physicians seem unconcerned with the pain their patients are needlessly and predictably suffering,” to the extent that it constitutes “systematic patient abuse.” He says medical licensing boards “must make it clear... that painful deaths are presumptively ones that are incompetently managed and should result in license suspension.”

步骤7：从步骤1～6对修改过的输入进行过滤。发现通过配置各种练习，比如文章理解选择题（训练阅读技巧）；选词填空（认知技能）；翻译（词汇，句型输出技能）等，配合第一篇文章的学习，加强了学习者对侵权法的认识，对语言的循环训练更加强了对语言技能的巩固。

这里我们增加了一个新的任务，就是理论与案例的配合，这符合大纲要求，输入与语言焦点和内容焦点相结合。（注意：这里把大纲作为检查依据）我们并未丢弃原来的任务想法，我们仍然用这些练习来训练语言各项，另外增加了语言转换项。

Change the following sentences after the model, using past participle or present participle as adverbial.

Model: Let me put it another way, the big issue is whether a person suffers the loss from his own injury, or whether it gets transferred to someone else.

→Put another way, the big issue is whether a person suffers the loss from his own injury, or whether it gets transferred to someone else.

1. His parents were killed in the SARS epidemic and left him an orphan.

2. If you work harder, you will do better in the exam next time.

3. After the student was given some advice by the famous scientist, he was not worried about his scientific experiment any more.

4. It is described as an enormous plate and it spins slowly in space.

5. As we did not know her address, we couldn't get in touch with her.

现在学习者能够区别现在分词和过去分词，并能在真实场景中使用，这在我们原来的大纲中是没有提及的。（注意：这里又把大纲作为检查依据）

在语言使用方面还增加了其他练习，比如选词填空、翻译、根据课文回答问题、阅读理解题、搭配题、关键词复述题等。充分发挥学习者的能力，使输入信息转换成综合的学术描绘，这有助于语域意识的发展。

步骤8：对照大纲检查新的材料并做相应的修改。

步骤9：在课堂中使用该材料。

步骤10：根据课堂使用情况修改材料。比如根据课堂情况及学习者兴趣补充介绍法律术语：隐私权 Right of privacy

Right of privacy is only one of the personal rights. Laws were first developed to protect the individual from being injured or killed and to protect the individual's property from being damaged. Over the course of time, the protection of personal rights has broadened to include protection of reputation, privacy and economic interests.

American laws regard it as an offense to knowingly injure, intimidate, or interfere with anyone exercising a basic civil right (such as voting). Interference with attendance in a public school or college, participation in any governmental program, or the use of any public facility (common carrier, hotel, or restaurant) is prohibited when based on race, color, religion, or national origin discrimination. Laws also prohibit discrimination in employment, in furnishing hotel accommodations and transportation, and in commercial transactions in the sale of property. Since membership in a professional association, labor union, or business group has economic importance to its members, an applicant can no longer be excluded arbitrarily from the membership, or be expelled without notice of the charges made and an opportunity to be heard.

第九章　专门用途英语教学评价

"教育评价"这一概念由美国心理学家泰勒（R. Tyler）最早提出。他指出，教学评价是根据一定的教学目标，运用可行的科学手段系统地采集和分析信息，对教学活动过程及结果满足预期目标的程度作出测定和衡量，并给予价值判断，从而为修正教学设计提供依据，得到教学增值的过程。

任何一门语言课程都有一定的评价要求，但对专门用途英语而言，它的要求聚焦于它的特定目的，因此对它的要求是有更多更好的评价过程，这就产生了两个层次的评价批准：学习者评价和课程评价。概括起来说，就是教师、学生等收集相关信息，并利用所收集的信息，对教学进行判断和决策，帮助学生提高学习兴趣，改进学习态度、方法和策略；帮助教师改进教学态度、方法和计划；帮助教材编写者改进教材内容；帮助课程设计者改进课程设计，最终达到提高教学质量，完善课程体系的目标。

一、ESP 课程评价的重要性及作用

对于 ESP 评估的目的是决定该课程是否满足学生的需求，是否能帮助他们提高在目标情境中的能力，以及这门课程是否值得学生投入财力和精力。对于 ESP 课程，没有预设的大纲，固定的教材、教法和评估手段。而评估的作用是回答大纲、教材、教法是否能有效工作，使该项课程朝正确的方向进行。

1. ESP 测试评价的反拨效果。ESP 课程并不源于任何一特定领域。在进行 ESP 教学前，教师必须做需求分析，然后设计大纲，选择或修改教材，设计活动等。在这种意义下，ESP 测试的结果对教师非常重要，他们可以对未来的教学进行修改。测试的结果可以反作用于需求分析、大纲设计、教材评估和活动

选择。

2. ESP 测试不只可以在课程的开始、中间及结束时进行。它不仅能大概调查一大群人的语言水平，评估他们具有与特定目标情境需求有关的语言能力，而且可以诊断学习者在特定的语言问题领域以及在课程中学习了多少内容。

3. Alderson 主要研究 ESP 课程的测试，然而 ESP 课程的评估不能用一份答卷就说明问题。因为 ESP 课程强调目标情境，有时，学生可能在测试中表现很好，但是同时，在真实的目标情境中缺乏交际的能力。在这种情况下，我们不能因为测试结果不错就说满足了学习者的需求。

基于以上原因，Bell 的评估计划的 24 种可能的目标建议更令人满意，这其中包括“指导课程变化”，“记载事件，”“评测效率”、“确认该项目的非预期结果”和“明确目标”等。

二、专门用途英语课程下的评价体系现状

专门用途英语在实际教学过程中仍存在诸多问题：如校方对专门用途英语的重要性认识不足；学生对其学习重视程度不够；缺乏既懂英语又懂专业的教师队伍；教材不成熟，模式过于传统等。相应地，其评价体系也呈现出一系列的问题：

1. 评价主体单一

目前评价主体主要是任课教师，而作为专门用途英语的需求主体——企业，则完全没有参与其中。作为评价对象的学生也完全处于被动局面。这种单一的评价方式在很大程度上忽视了市场的需求，以及学生的能动性与创造性。

2. 评价方法单一

很多院校的专门用途英语课程的评价方式以终结性评价为主，忽视形成性评价的作用。有的甚至以期末考试作为唯一的评价手段。

3. 评价内容狭隘

由于过多地依赖于终结性评价，评价的内容往往集中于易于用纸、笔检测到的知识技能层面上，题型也大多集中于选择、填空题，没有涉及较为高级的心智技能，如辩论、口语、交际等。

在此种评价机制下，学生的积极性和能动性被挫伤，单一的终结性评价使得学生钻研应试技巧，而不重视语言能力的运用，只注重学习结果（准确而言是考试分数），不重视学习过程。而语言能力恰巧正是专门用途英语所要培养的，这样一来就与“以实用为主，应用为目的”的教学目标相违背。实际情况是：很多学生在结束学业以后语言能力并没有得到相应的提高，甚至连基本的应用文都看不懂。

三、课程评价的标准

1. “以学生为本”标准

评价 ESP 课程评价是否科学，标准之一就是“以学生为本”。学生自身的学习需要有时会与目标情境的需要有冲突或者目标情境的需要并不足以满足学生的需要，这就要求在 ESP 课程评价中始终要把学生放在一个中心位置。

2. 专业针对性标准

ESP 课程评价必须遵循专业针对性标准。ESP 课程具有鲜明的目标性、实用性。一般说来，其目标学习群体是将来从事各种专业的专门技术人才，如会计、律师等，他们希望把英语作为手段或工具来学习，以便在必要时能更有效地完成各项工作。从岗位需求和职业需求分析来看，ESP 与具体职业岗位紧密相连，表现实质内容的语料载体随不同的专业学科的方向发生变化。学生应掌握职业岗位上所必须具备的英语知识和英语技能。学生在学习过程中不但要学习与他们本专业相关的词汇、常用句型和文体风格，同时还要掌握这些行业内在的知识体系。

3. 真实性标准

ESP 课程评价的目的就是检测学习者在真实的语言使用环境中的语言行为能力。因此 ESP 课程评价执行者应事先了解 ESP 真实使用者在真实环境中应具备什么样的语言能力，掌握什么样的专业知识，完成什么样的语言任务等来制定评价大纲，为学生创造仿真的语境，使学生了解自己与岗位需求之间的差距，并为以后走上岗位提供可靠的指导依据。无疑坚持真实性原则能保证 ESP 课程评价的效度。如果条件允许，ESP 课程评价机制在评价主体一方应积极引入行业评价，因为社会用人单位对专门用途英语的能力界定也有具体的标准和要求。目标需要是一个动态过程，学生的知识本身就是从企业中来，到企业中去。以学校及企业的标准来进行的评价，建立在相关职业岗位所需的能力或素质基础之上的评价才是与时俱进的科学的评价机制。

四、多元评价模式的确立与实施

有效的 ESP 课程评价采取过程评价与结果评价相结合，学校和企业合作评价的模式。两种评估模式在 ESP 教学中不能孤立存在，其目的都是给 ESP 课程提供反馈，为更好地进行 ESP 教学提供依据。

和其他语言课程一样，在课程中需要评价学生在各个策略点的表现情况，比如在开始和结束阶段，确定课程是否按计划进行。

学习者评价和课程评价不是绝对独立的，学习者评价反映的不仅仅是学习者的表现，它从某种程度上也是评价课程的效率。成功的专门用途英语课程是使特殊的学习者能用语言从事特殊的任务。如果总是无法达到既定目标，那么课程设计一定有问题。要么是目标太大，要么对学习者的最初的能力分析有误，或是教学法不合适。虽然对学习者评价不能确切知道错误在哪里，但至少明确错误的存在，我们就可以用更精确的诊断评价来找出错误。从这个意义上说，以上两种评价对专门用途英语课程的反馈起相似的作用。但每种评价有各自的目的和过程。下面具体讨论这两种评价。

（一）学习者评价

在了解一个理想的专门用途英语测试要求之前，我们需要了解专门用途英语三种基本的评价形式：

1. 定位性测试：这是把学习者放置在最适合其需求的专门用途英语课程中，这种测试一般在教学的开始阶段进行。

定位性测试的目的是用以确定在专门用途英语课程开始前学习者已有的知识状况。首先需要知道学习者是否需要该课程？如果需要该课程，那么课程形式应该怎样？所以，定位性测试首先是能力测试。如果学习者已经达到所需要的技能，就无须学习。其次才是诊断性功能，通过测试明确学习者离所需能力水平还差多远？从这点看，该测试有一个形成性价值，因为该结果可以用于构建该学习者专门用途英语课程的性质和内容。理想的定位测试也应该揭示积极的因素，它不仅仅揭示学习者欠缺什么，它还应该揭示在专门用途英语课程中应该探求的学习潜力。

2. 成就性测试：这是测试学习者是否跟得上大纲要求，并且能通过课程学习进行调整。

这种测试是专门用途英语教师最可能使用的测试，因为它问题最少，它是课程内部的东西，无须协调外部影响，却能反映课程的性质和内容。进行这种测试必须遵循一些基本原则：

1）测试你认为学习者已经学会的东西，这不一定与你教授的内容一致。

2）测试你认为需要的内容，比如不要依据阅读能力测试写作能力，因为学习者可能能读懂一些东西，但写不出来。

3）避免测试中的偏见。比如测试内容涉及专业知识或文化知识等。

下面举一个例子：

Ⅴ. The following is a summary of the first part of the passage. Choose the right word or phrase from the parentheses to fill in the blanks.

Ron and Michelle Riggi 1 ________ (accused, sued) the City Council for 2 ________ (imposing, posing) a moratorium 3 ________ (preventing, prevented) them 4 ________ (from, of) demolishing the house they bought behind their North Broadway mansion. The house , 5 ________ (which, that) was built in 1858, stands just 6 ________ (outside, inside) Broadway National Register Historic District, so it is not 7 ________ (protected, defended) from 8 ________ (demolishing, demolition). 9 ________ (However, What's more), it is identified as a 10 ________ (contributed, contributing) structure to the historic district. Mayor Scott Johnson believes that the council was 11 ________ (in, on) "strong legal footing" as the moratorium is not 12 ________ (targeting, specific) to the couple. The couple had carried out the 13 ________ (interior, exterior) work at the house by the time they filed for a demolition 14 ________ (permission, permit). They have not said publicly what they intend to do with the lot if their demolition plans 15 ________ (prevail, fail).

该测试从以下几点能评价出学习者对材料的理解。

(1) 它包含理解和产出：测试重点是对教材内容的理解。

(2) 这是一个综合性的任务不是一系列离散的测试。在测试课文理解的同时测试一些语言知识、语法知识。比如介词、连接词、分词等。

(3) 测试内容与单元内容性质相似，测试的内容是对原文某部分的概述。这样可以测试学习者是否理解原文。

(4) 它无须专业领域特殊词汇知识（比如财产法词汇），所以它不测试专业词汇，而是测试普通词汇以及学习者在上下文中应用该词汇的能力。

(5) 它还进一步测试口头或书面产出的能力。因为接下来是让学习者按照这一段的概述对课文其他段落及全文进行概括。

3. 能力测试：这是测试是否学习者能按特殊情况下的要求处理问题。

该测试是评价学习者是否达到各个阶段语言任务的要求，因此它是有参考标准的。也就是说，测试结果是分等次的，它没有及格与否的区别，而是能力程度的差异。等级如下：

9 级—专家级：对语言极为精通，能做到准确、精确和流利。

8 级—非常好：完全掌握语言，在不熟悉的语境中偶尔有小错误。

7 级—好：已经掌握语言，但在一些情况下出现错误。

6 级—良好：基本掌握语言，但偶尔出现的误解和不流利会影响交际。

5 级——一般：掌握部分语言，但一些误解和不流利会阻碍交际。

4 级—能力有限：对语言的掌握仅限于熟悉的语境，但在理解和流利方面的问题使交际产生困难。

3 级—能力极为有限：语言能力低于交际标准，但在简单的语境中可以传达一般的意思，在交际中不断出现断裂。

2 级—支离破碎：无法进行交际，但单一词汇信息可以传达和理解。

1 级—差：无法使用语言，不能提供相关的语言评价能力的信息。

这几种测试内容不一定有差异，一个测试可能用于不同的目的，但在功能导向上是有差异的。比如，三个测试都可用作诊断性测试，也就是测试学习者可能在哪个方面有薄弱。这个诊断性结果就能用作评价学习者课程学习的能力（成就性测试），也能表明学习者未来还需什么帮助（定位测试）。

进行上述测试，我们希望能了解在专门用途英语中这些测试在以学习为中心的方法中起什么作用。测试的价值在于如何使用这些测试，首先，师生得对这些测试有个积极的态度，因为到目前为止没有更好的办法。我们应该承认它在教学过程中的重要作用。我们不仅仅把测试结果看做是一个结束，而更应该看做是师生之间或学习者之间真正协调和交流的开始。等级的真正意义在于理解测试的原因以及告诉学生未来如何改善。测试可以实现两个功能——评价和反馈。评价可以说明学习者已经知道了多少，它也为师生提供了一个积极的反馈，那就是还有什么欠缺。这样可以在未来的内容中增加重要的输入和方法。从发展的角度看，反馈是测试的重要意义所在。我们要注意尽量淡化对等级评定的压力和恐惧。只有学习者积极参与并提供有效反馈，参与探讨评价他们进步的过程，才能使该测试发挥积极的作用。

（二）课程评价

由于专门用途英语的存在是为了满足特殊教育的需要，所以评价就能帮助了解课程满足需求的实际情况。专门用途英语课程评价要考虑四个主要方面：

1. 评价的内容；
2. 评价的方式；
3. 参与评价的人员；
4. 评价的时间或间隔。

下面就这四个方面分别进行阐述。

评价的内容：在以学习为中心的方法中，专门用途英语课程的总目标是要满足学习者的两个主要需求：作为语言学习者的需求和作为语言使用者的需求。所以评价要围绕这两个方面进行。如果对这两个方面反馈都是肯定的，那么评价成功。如果得到的回答是否定的（只要有一个否定），那么还需要回答以下问题：哪个方面的需求未被满足？在课程设计中是否确定了未满足的需求？未来如何避免在课程设计中出现这种问题？课程如何做相应的调整以包容到这些需求？如果课程设计中考虑到这些需求，为什么未能实现？错误可能出现在以下哪个方面：大纲；材料；教学法；测试过程；管理安排还是课程评价系统？

评价的方式：专门用途英语课程评价的方式很多，但通常使用以下一种或多种技巧：测试结果；问卷；讨论；访谈和提供非正式手段，比如聊天等。

参与评价的人员：教学机构，专门用途英语教师和学习者等。重要的是考虑到各种具有代表性的交叉的观点。评价主要是关注人们对价值的看法，而人们的观点会随自己的兴趣而有所差异。这里关键是要让学习者给出真实有用的反馈。

评价的时间与间隔：毫无疑问，评价次数不能太频繁，因为时间有限。这要据教授课程的个体情况而定。从我们的经验看，以下时间段比较合适：课程的第一周；整个课程一定的间隔期，比如每半个学期；课程结束；如果可能，课程结束后一段时间（学习者在目标语境中实际应用期间）。

（三）形成性评价和终结性评价

ESP 对于学生的评价可通过结果评价的方式进行。结果评价就是我们通常所说的终结性评价，结果评价一般是通过考试的方式进行。评价执行者是教师，对象是学生。通过考试，教师可大略了解学生学习的效果，学生的水平是否足以完成将来要求的任务，自己对需要分析是否恰当，同时也了解让学生对自己的教学方法、教学活动的态度。考试的目的是明确学生与目标知识与技能的差距在哪里，还需要学什么、怎么学，同时还要明确学生在 ESP 课程中有哪些学习潜力。

因为目标情境需要及学习需要不是一成不变的，因此 ESP 课程评价是一个动态的过程。单一的结果评价无法考查学生在动态的目标情境中应用相关专业英语知识的能力，这要求我们综合形成性评价及终结性评价两种评价方式。过程评价就是我们通常所说的形成性评价。形成性评价通常在学期中进行，学生通过分数、出勤率、课堂表现、交际能力及学习动机等指标给教师提供他们学习情况的线索，以便作出公正的评价。至于过程评价与结果评价的权重比例，则根据专业需求而定。因为不同专业对英语内容需求是不一样的，对英语要求水平也是不一样的；且侧重点也有不同，有的重交际、有的重写作等，那么在不同专业需求的背景下，教师可以适当调整对各部分能力的考核比重。根据测试的不同目的，常见的语言测试类型有：潜能测试（aptitude test）、成绩测试（achievement test）、水平测试（proficiency test）、诊断性测试（diagnostic test）、分班测试（placement test）等。成绩测试是任何一种课程教学过程中必然选择的一种类型，它包括期中考试、期末考试以及毕业考试。成绩测试往往综合考虑某种教学大纲和相应的教学方法，来考查个别学生或者全体学生在相对较长的某一阶段或者最终阶段学习外语的成功程度。专门用途英语也不例外。专门用途英语的期末考试尤其重要，它可以检测学生从 EGP 到专门用途英语课程提升过程中学生的学习效率是否得以质的提升。

形成性评价和终结性评价共同决定了课程的学分，它们具体内容见图9－1：

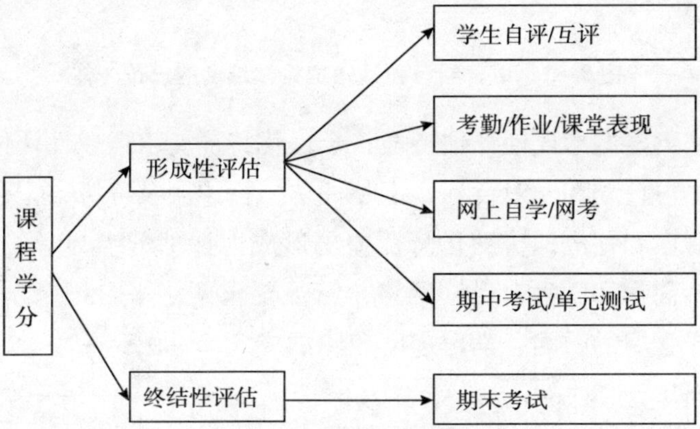

图 9－1　课程学分构成

形成性评估的内容应该与课程内容和标准匹配，与多种多样的评估工具结合使用，以便涵盖重要的学习目标和过程，并与教学过程直接联系起来。更重要的是要设计更多的开放式任务，以保证学生能够进行分析、综合，批判性地思考，应用已掌握的语言技能和知识解决真实世界的问题。专门用途英语形成性评估的设计必须反映的目标是：培养学生的英语综合应用能力，增强其自主学习能力，提高综合文化素养。自主学习是指学习者管理自己的学习行为，根据自己的客观情况确定学习目标，制订学习计划，选择学习方法，监控学习过程，并且评价学习结果。

以学习为目的的形成性评估理论是以认知和社会情境学习理论为基础，以语言学习认知法和任务型教学法为支撑将语言学习和认知发展结合起来的三位一体。见图 9－2：

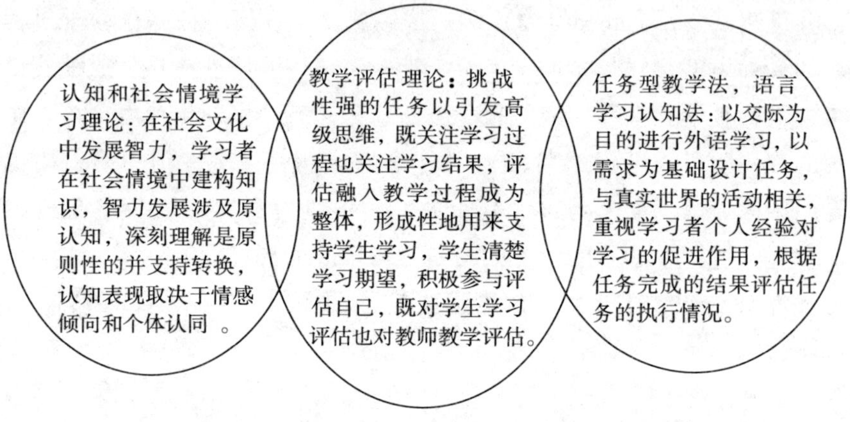

图 9－2　语言学习和认知理论相结合的三位一体

专门用途英语的形成性评估特征：个性化特征要求形成性评估设计由学生选择和设定学习计划和学习目标，清楚评估指标说明及等级，记录学习内容和过程，教师观察和评语；协助化特征要求形成性评估的参与者不仅包括教师，而且应该包括同学和学生自己；网络化特征要求网络平台记录学生学习档案，包括每次登录学习的时间、学习进度和测试成绩，见图 9－3：

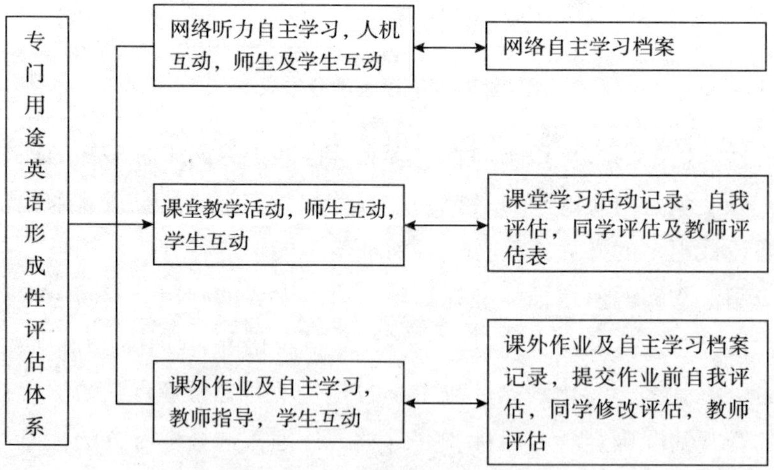

图 9－3　ESP 形成性评估体系

关于形成性评估与终结性评估之间的比例，笔者认为各占50%比较合适，形成性评估中，网络自主学习成绩占课程总成绩的20%，课外任务的完成情况占20%，课堂表现占40%，作业的创造性占10%，语言表达的地道性占10%。

在口语方面，可以根据任务型语言教学法的原理，设计一系列的评估任务，让学生组成小组在课外收集与任务相关的资料，制作课堂展示电子文档。比如笔者在上艾滋病一课时，让学生分组收集关于艾滋病的资料，在课堂展示过程中进行口语表达。在这一过程中学生不仅丰富了知识而且促进了口语训练，另外分工合作完成任务的模式形成。学生在课堂演示时采用了多种方式：有新闻联播式、新闻采访式、志愿者宣传活动式、问答式等，形式多样，课堂互动获得良好的效果，学生普遍赞成这种方法。完成任务后，对完成任务的过程进行反思并填写自我评价表，教学活动同学互评表，以及教师对学生评价的成绩表。

课外阅读方面，设计阅读文件包，要求学生从日，周，月到学期乃至学年记录所读到文章或书籍，包括题目，主要内容和重要语言点，撰写读书笔记，每月在小组中分享一次自己的阅读心得。并将班级心得进行归纳归档分享。

写作方面，根据形成性评估的过程性、协助化特点，建议学生按照以下步骤进行：收集与主题相关的资料—构思提纲—独立写作并填写自我评估表—同学检查填同学互评表—学生自己修改—提交给老师—教师评阅—作业讲评及意见反馈。

听力方面。利用视频和音频手段注意提高学生语音和辨音能力，强化提高学生职场英语的听力水平，突破模糊听力对职场环境交流产生的障碍。

形成性评价以促进学生的学习为目标，不是以学生的期末考试成绩为依据，而以学生的学习行为表现为依据。因此，笔者认为可以采用等级评价方式，鉴于学校生源的不同，学科专业的不同，社会需求的不同，有必要构建符合本校课程特点，能够满足学生发展需求的评价标准。鉴于学习的跳跃性、发展性、迭代性，使用等级评价方式也是最好的方式。下面以听力和阅读理解为例，对它们的等级评价进行描述：

听力分数描述

优秀：

（1）通过大量的词汇，甚至在间接的对话反馈或是很难预测的情况下能参透中心思想、写作意图和简短交流中基本的上下文内容。

（2）通过大量的词汇，能参透中心思想、写作意图和拓展的口语交流中基本的上下文内容。在信息未被重复或解释情况下，通过文本串联信息情况下也能成功做到这一点。

（3）能够理解简单口头交流的细节，甚至在出现否定结构，或是使用复杂的语言结构和复杂的单词情况下也能实现。

（4）能够理解拓展的口头交流，甚至是通过文本串联信息，或是信息未被重复情况下实现。在信息被解释或是使用否定结构时能够理解细节内容。

弱点：当使用不规则语法和单词变化时出现错误。

良好：

（1）有时能参透中心思想、写作意图和简短交流中基本的上下文内容，尤其当词汇不是太难时。

（2）在信息被重复或解释情况下，能参透中心思想、写作意图和拓展的口语交流中基本的上下文内容。

（3）当使用简单或中等水平的词汇时能理解简短交流的细节。

（4）当信息被重复使用或是需要的信息出现在文本的开始或结束部分时能理解拓展的口语交流的细节。当信息稍作解释时能理解信息的细节。

弱点：

（1）当对话反馈是间接的或是词汇复杂难以预测时参透中心思想、写作意图和简短交流中基本的上下文内容有困难。

（2）在需要对文本中信息进行连接或是单词复杂时不能理解中心思想、写作意图和简短交流中拓展的上下文内容。

（3）当语言结构复杂或是使用复杂词汇时不能理解简短口语交流的细节。通常情况下不能理解带有否定结构的细节。

（4）需要通过文本连接信息或是信息未被重复时不能理解拓展的口语交流信息。对大部分解释的信息或是复杂的语法结构不能理解。

合格：

（1）能理解一个段落中中心思想的简单的描述，尤其是使用单句。

（2）当信息被不断重复或是使用简单的单词时有时能参透中心思想、写作意图和拓展的口语交流中基本的上下文内容。

（3）当词汇简单，并且需要理解的文本短小时，能理解简短口语交流文本或是段落描述。

（4）当所要求的信息出现在文本的开头或结尾，并且词汇与文本相匹配时，能理解拓展的口头交流的信息。

弱点：

（1）不能理解中心思想、写作意图和简短交流中基本的上下文内容，甚至在语言是直接的，没有意外信息出现时。

（2）在需要通过文本连接信息或是词汇有点困难时不能理解中心思想、写作意图和拓展的口语交流中基本的上下文内容。

（3）当词汇有点困难或是语法结构困难时不能理解简短口语交流的细节。不能理解包含否定结构的细节。

（4）在文本中间听到所要求的信息时，不能理解拓展的口语文本的细节。不能理解解释的信息或复杂的语法结构。

阅读理解分数描述：

优秀：

（1）能参透一个文本的中心意思和意图，并能参透细节内容。

（2）通过阅读理解意思。在事实信息被解释时也能够理解。

（3）通过全文能联系信息，并且能够在两个相关文本中寻找到相关点。

（4）能够理解大量的词汇，普通词汇不常用的意思或是习惯用语。能够区别密切相关的单词的意思。

（5）能理解基于规则的语法结构，也能理解复杂的、困难的、不规则的语法结构。

（6）弱点：当测试的信息太多或是包含复杂的词汇时出现错误。

良好：

（1）能参透一个文本的中心意思和写作意图，并能参透细节内容。

（2）通过阅读理解意思。在事实信息被解释时也能够理解。

（3）通过文本一些细小地方能连接信息，甚至在文本的词汇和语法复杂的情况下。

(4) 能理解中等水平的词汇。有时在上下文中能理解复杂的词汇，普通词汇不常用的意思或是习惯用语。

(5) 能理解基于规则的语法结构，也能理解复杂的、困难的、不规则的语法结构。

弱点:

(1) 不能通过文本的大范围连接信息。

(2) 不能完全理解复杂词汇、普通词汇的不常用意思或是习惯用语。通常难以区别两个密切相关的词汇的意思。

合格:

(1) 能根据有限的文本进行简单的推测。

(2) 能正确定位问题的答案。有时能通过对文本意思稍作解释来回答事实性的问题。

(3) 能通过一两个句子连接信息。

(4) 能理解简单的词汇，有时也能理解中等水平的词汇。

(5) 能理解普通的、基于规则的语法结构，当出现语言的其他特点比如复杂词汇或是需要连接信息时，能够作出正确的语法选择。

弱点:

(1) 在需要解释或理解信息时无法进行推测。

(2) 当事实信息是通过复杂词汇解释时，理解能力有限。需要依靠在文中找出与问题相同的单词和词组才能理解。

(3) 通常超过两个句子就无法连接信息。

(4) 不能完全理解复杂词汇，普通词汇的不常用意思或是习惯用语。通常难以区别两个密切相关的词汇的意思。

(5) 不能理解更困难的、复杂的、不常用的语法结构。

(四) 学校和企业合作评价

ESP 课程的专业性及职业性决定了其评价过程必须有企业的参与。学生在企业接受相关的专业英语实训，参与企业的生产实践，熟悉企业的生产环节，接受企业的文化价值，在真实的目标情境中，更加自觉主动地了解目标情境的需要，从而有针对性地掌握相关专业的语言知识和实践技能。企业也可以通过参加教学活动，在培养过程中全面实现用人的意图；学生则在“校企结合”中，可以最大限度地接触实际，接触未来岗位，接触企业文化。校企结合的评价模式就是对这种培养模式的一种评估和反馈，在评价中，学校通过 ESP 考试考查学生对专业知识的熟练程度，通过模拟情境操作来考查学生的动手能力。而企业则根据学生在见习阶段的表现，以及专业知识的运用情况打分。通过这种双向介入的方式来检验学生作为语言学习者的需求和他们作为语言使用者的需求是否得到了满足，或者说在何种程度上满足了学生这两种需要。因此说学校和企业合作评价的模式实现了目标需要与学习需要的统一。通过评估，学校能了解企业对 ESP 人才培养的质量要求，最大限度地付诸培养方案和教学实施当中，使高技能人才的培养目标细化到每一个具体的教学环节中。这种多元化评价模式见图 9－4。

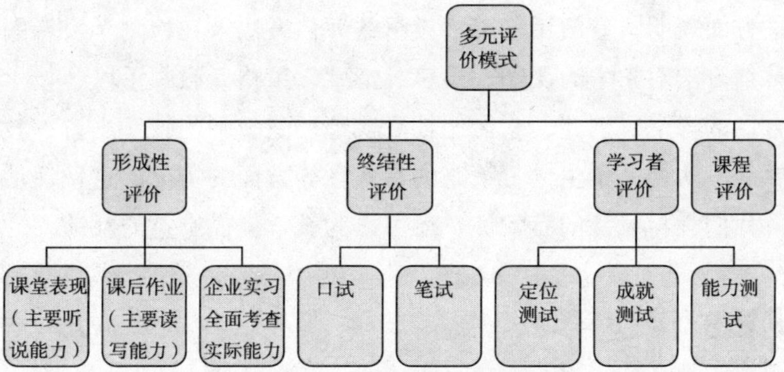

图 9－4　ESP 多元评价体系组成

五、专门用途英语教材的评估

传统的外语教材评估分为外部评估和内部评估，外部评估主要看教材的设计是否采用了“复合大纲”的形式，内部评估主要核对教材内部单元的设计是否符合作者在前言所说或者在形式上所表现的那样，真正做到了综合各种语言要素、设计任务，采用了合理的技术等。这种评估方式并不能为专门用途英语教材提供有效的评估参考点，因为专门用途英语教材的内部设计更加复杂，其中既有传统的要素，例如为课文讲解型教师提供的平台，同时又有现代网络技术所带来的各种自主学习任务，因此，用这种内外部评估的方式会漏掉许多重要的要素。考虑到专门用途英语教材的教学原则、教学理念以及设计方法。

课题组设计了10条评价工具，以便师生在教学过程中使用：（1）教材是否提供了具有适合学生语言水平的语言输入？（2）教材是否提供了符合学生情感要素的语言输入？（3）教材是否提供了学生认知发展的机会？（4）教材设计的任务是否能让学生观察到完成任务的过程？（5）教材是否为学生提供了足够的综合性任务？（6）教材是否为学生提供了足够的互动机会？（7）教材是否为学生提供了足够的纠错机会？（8）教材是否为学生提供了职场体验的机会？（9）教师是否担任多种角色？（10）教材是否为教师提供发展空间了吗？

上述评估方面表明，专门用途英语教材的评估方法重在检测学习者的学习过程。这种评估方法对学生的认知、语言、情感、策略、教师手段、技术支持都给予了综合性的考虑，因此，它能比较真实地反映教师的技术支持、教学手段，语言内容的真实性，学生学习策略的有效性等方面的情况。这种评估手段不仅可以告诉我们教材设计的有效性，还可以为教学提供有益的反馈。

六、测试的设计

综合大学英语四、六级考试、英语应用能力考试以及应用能力A、B级考试的各项统计数据来看，英语考试除了形式上的灵活性和开放性，载体上的先进性外，还应具备以下特点：

1）内容上的针对性。在教学内容上遵循的是“学生将来干什么，学校就得教什么”的原则，那么在测试内容上自然就要遵行“教什么，考什么”的原则。因此，在考试性质上，应该采取“标准参照性考试”（criterion-referenced test），在考试类型上采取教学考试的做法。比如，法律英语考试可以参照法律英语证书考试（LEC）考试的内容、分值和题型，如表9-1：

表 9－1　法律英语考试内容及各部分比例

考试内容	分　值	题　型
美国法基本知识包括以下 10 个法	90% ~95%	客观题
1. 合同法	10% ~15%	客观题
2. 宪法	5% ~10%	客观题
3. 侵权法	10% ~15%	客观题
4. 证据法	5% ~10%	客观题
5. 民事程序法	5% ~10%	客观题
6. 刑事程序法	5% ~10%	客观题
7. 知识产权法	5% ~10%	客观题
8. 商事组织法	10% ~15%	客观题
9. 财产法	10% ~15%	客观题
10. 刑法	5% ~10%	客观题
逻辑推理	5% ~10%	客观题
案例阅读	25 分	主观题
法律翻译	40 分	主观题
法务写作	35 分	主观题

2）题型上的实用性。把考试的效度放在首要位置来考虑，从考试的实施过程和科学阅卷等方面去努力提高考试的性度。以上述的法律英语考试为例，法务写作考核内容包括律师信函、法律备忘录和案件辩论书。法律翻译考题采用中英互译的形式，考试内容包括立法文本、涉外商务合同、涉外诉讼文书、涉外公证书和判决书的翻译等，以上内容涵盖所有涉外法律事务中常见的文本类型。案例阅读要求读者通过快速阅读一篇真实案例，理解并掌握问题的争论焦点，法律适用和法官的分析推理，该题型采用回答问题的形式，主要测试考生法律英语语言的实际运用能力和逻辑思维能力。

（一）对学习者进行测试的特点

与 EGP 相比，ESP 测试有其自身的一些特点，教师在对学生进行 ESP 评估测试设计前必须要明确这些特点：

1. ESP 课程不同，其大纲是基于定位测试的结果。在课程进行时，大纲可以根据诊断测试进行调整。

2. 为达到测试的效度，ESP 测试应包含真实情境。在 ESP 测试中，要考虑目标效度、内容效度及表面效度等因素。

3. EGP 测试以常模为参照，而 ESP 以标模为参照。ESP 测试设计者的其中一个任务是决定确切的标准。这需要有关专业工作或者研究领域的专家的帮助。但是，设计者不应过于强调专业知识。

4. ESP 课程是为了使学生提高语言能力，更适应某个特定的目标情境，而不是如果他们语言能力不够好，给个不及格了事。

5. ESP 测试对课程的反作用比 EGP 的大。因为 ESP 测试是学习者需求和不足的反映。它的反作用涉及 ESP 课程设计从大纲设计到课堂活动各个环节。而 EGP 测试只会影响到课程教学。但是，单独的一次 ESP 测试是不能影响 ESP 大纲设计和教材编写的。

（二）存在的问题

由于对专门用途英语的研究尚处于摸索阶段，因此测试环节必然存在一些问题。

1. 英语测试无法摆脱传统语言测试模式的影响

1）重笔试轻面试

绝大多数院校在大学基础英语教学阶段都尚未在教学过程中对学生进行口语测试，更不用说到了专门用途英语与双语教学阶段。这种情况下学生将绝大部分精力用于做笔头练习，相对而言就比较轻视对英语语音语调、语言口语表达能力的训练。

2）重识别轻应用

纵观专门用途英语的各类测试模块（听力理解、阅读理解、完形填空等），客观多项选择题题型占绝大多数。究其原因该题型相对其他题型来说，成绩受阅卷人主观因素影响较小，其信度较高。但是多项选择题主要用来考查学生的词汇和语法，只检测他们的识别能力并不能准确测量学生的水平。客观多项选择题题型存在不少弊端，比如题干内容的局限性，题目答案的可猜测性。即使完形填空和阅读理解本来可以检测学生应用语言的能力，但是由于使用了多项选择题题型，其测试的性质发生不了根本性的变化。

2. 专门用途英语英语测试无法摆脱 CET 的影响

3. 专门用途英语测试缺乏实用性

有的院校囿于硬件限制无法正常朝着目标进行测试；有的院校为了确保学生顺利毕业，在期末考试中分值比例有所失调，往往体现水平测试的课外内容只占 20% ~40%，而 60% ~80% 都是原封不动地来自课本。这种结构的测试使同学逐渐丧失主动学习的积极性。

（三）测试语言的应用

专门用途英语的长远目标是使用全英文的检测手段，这个目标是自始至终不会改变的。对学生而言在接受外文试卷和运用外文答题的过程就为自己创造了一次运用语言的机会。良好的试题设计就为学生创造一次良好的语言输入机会，运用外文答题就为自己创造了一次语言输出的机会。教师在设计考题过程中要非常注意遣词造句，以免错误或者不真实的表达给学生带来错误性的输入。对教师而言，坚持使用外文出卷就会迫使自己在传授知识过程中克服重重困难自始至终坚持使用外语。同时，教师可以根据学生的卷面情况，分析学生哪些方面掌握得比较好，哪些方面比较薄弱，在下一阶段的教学过程应如何补缺补漏，根据学生的掌握情况决定下一阶段的教学进程与进度。

（四）测试内容的选择

语言测试作为教学效果和学生语言能力的检验，应该与教学的内容和目的密切相关，同时也应该与社会的需求密切相关。语言测试的内容和设计都应该注重实用性，既考知识，又考能力，这样才能更加科学、公正，准确地评定学生真实的外语能力，这与人才培养的社会需求是一致的。

完善英语测试改革相对于大学英语而言，专门用途英语教学内容中英语的文化属性越来越少，而工具性越来越多。因此专门用途英语中所持有的测试理念应直击学生在专业的环境中应用英语的交际能力。专门用途英语的教学内容不如大学英语那么广泛，比如经贸英语、法律英语、计算机英语、金融英语、旅游英语等，都有自己的特点，即使有些共核的内容也有自己严格的定义和确切内涵的意义。就词汇来看，各专业都有各自大量的专门用语和专门词汇。即使同一个单词在不同的专业中也有不同的含义。如 solution 在大学英语中常见的意思是“解答，解决办法，解释等”；在数学英语中指“解法”；在化学英语中指“溶液，溶解（作用）；溶态；溶体”；在法律英语中指“（债务的）清偿；（契约或义务的）履行”；在医学英语中指“药水，液剂”。这一过程的测试题型除了大学英语测试中常用到的听力理解、阅读理解、完形填空、写作以及翻译外，还应该包括被大学英语测试所忽视的口语测试，以及实务分析等。口语测试中不仅要检测学生语音语调的准确程度，还要检测学生应用专业用语表达的流利程度。听力方面要培养学生职场英语模糊辨音等。此外，还可以在能力许可的范围内增加一些开放式题型。开放式题型是很多参试者和受试者都最怕涉及的题型。因为这种测试不仅考老师的专业和外语水平，而且也考学生的知识面大小。但是专门用途英语教学过程中设计开放式题型，意义非同凡响。只有接受开放式题型，才能使学生养成自主学习的习惯，养成勤于思考的习惯，培养自己逻辑思维的习惯。

专门用途英语试卷内容的选择应注意渐进性。根据教学大纲要求，以教学内容为主。在刚开始专门用途英语教学时，测试要求适当放低，把重点放在基础知识的把握上，确保 EGP 与专门用途英语的顺利连接；到了专门用途英语教学测试范围适当缩小，围绕职场内容进行测试，即语用能力的测试。

（五）测试各部分题型及比例参考

在实践中我们从提高学生综合应用能力出发，不断完善 ESP 测试题型，听说读写各部分题型详见表 9－2。

表 9－2　测试各部分题型及比例参考一览表

听力类型及题数	阅读类型及题数	口语类型及题数	写作类型及题数
Photographs 10	Incomplete Sentences 40	Read a text aloud 2	Question type 1
Question-Response 30	Text Completion 12	Describe a picture 1	Outline Given 1（备选）
Conversations 30	Reading Comprehension 43	Respond to Questions 3	Chart 1（备选）
Talks 30	Translation 5	Response to questions using information provided 3	Paragraph Completion 1（备选）
		Solutions 2	

专门用途英语考试以听力和阅读理解为主。下面就这两项分别举例说明。

听力：

考试的目的：提高学生语音和辨音能力，强化提高学生英语的听力水平，突破模糊听力对职场环境交流产生的障碍。

考试内容：

图片描述题（看图听四句话，选择一项最符合图片内容的一项）；

问题及反馈题（听一个问题及三个反馈，选择最符合该问题的一项反馈）；

样题：What's the new computer programer's name?

A) I used a laptop.

B) We haven't been introduced.

C) I'll need a copy of the program.

该题型主要考疑问句，应注意以下四点：

1. 特殊疑问句：听懂疑问词

2. 一般疑问句：不一定使用 yes/no 回答

3. 选择疑问句：不一定局限于两种可选择的答案间，注意第三种情况

4. 措辞变换

短对话题：

样题：M：This is Leo Schultz with Core Bank Credit. I'm calling to verify some unusual activity on your business credit card account.

W：What kind of activity? Do we need to be worried?

M：Well, Ms. Yamada, I wanted to confirm three large transactions made in Euros, posted in Dublin. Are you aware of these international purchases?

W：Oh, yes. We ordered books from three different book sellers there last week.

1. Who most likely is the man?

2. What is the purpose of the call?

3. What does the woman tell the man?

分析该题型：（上述对话及问题都不在卷面中，这些都必须在听懂的前提下才能作答）研究该题型发现：

1. 提问的内容涉及对话的动作、地点，两者之间关系及说话者的态度、意见等。

2. 对话长，问题多，信息量大。

3. 有效地利用时间预览书面上的问题及选项非常重要。

对策：

1. 要学会一心三用：边读题目选项、边听、边答。

2. 要掌握高频词汇和常用表达。

短文题：

样题：1. What is being advertised?

(A) Real estate.

(B) Apartment rent.

(C) Applicants and furniture.

(D) House keeping.

2. Where is the store located?

(A) Two blocks west of city hall.

(B) Opposite Union Square.

(C) Across the city hall.

(D) Near the train station.

3. What claim is made by Frontier Furniture?

(A) Free repair guarantee.

(B) Buy more, save more.

(C) Discount for frequent customers.

(D) Free home delivery.

分析该题型，必须关注一些高频问题：

1. 综合问题：广告的主题，主打产品，为哪些人服务，目的理由等。

What is being advertised?

Who will be interested in the item?

Why are the products on sale?

2. 事实细节题：服务或商品的特点优点，有哪些优惠，购买方法，打折情况，商品目录等。

What do the customers get this week only?

What is offered for free?

3. 请求要求，如何获得产品等。

What should people do if they need further information?

How can people request a service?

阅读理解：根据学生的现有水平提高语法、词汇以及办公环境中常用应用文体及商业类文章的阅读能力，提高学生在实际工作中的阅读效率从而提高沟通能力。

考查目的：通过短文阅读，主要考查词汇和语法知识。

分　　析：

考查的难点不是语法的使用，而是实际运用词汇及搭配的能力。

对　　策：

1. 坚持强化词汇及巩固搭配。学习时不仅要关注词汇的意思，而更要将词汇与其他词的搭配关系、词汇在句子中的用法作为重点。

2. 复习基础语法，重点是主谓一致、比较级、动词时态、关联词、非谓语动词等。

3. 教会学生 4 个词，即阅读的四个步骤：

Predict—scan—read—answer

样题：

Dear Boss,

Please accept this letter as my official notice of resignation. I appreciate the work we have been able to accomplish together at Star Plaza, but I have now made a commitment to another organization and will begin with them in three weeks.

Know that it is my intention to work diligently with you to wrap up as much as possible in the next two weeks to make my resignation as smooth as possible. If you have any suggestions on how we can best accomplish that goal, I hope you will share your thoughts with me, as I am eager to leave on the most positive note possible.

Sincerely,

Michael Angelo

1. What is this letter for?

(A) To inform the boss his resignation.

(B) To thank for his boss's appreciation.

(C) To ask for suggestion about his new job.

(D) To offer help to achieve the sales target.

2. What will happen in three weeks?

(A) Michael will receive a pay raise.

(B) Michael will be transferred to another department.

(C) Michael will work in another company.

(D) Michael will become boss himself.

3. What does Michael offer to do?

(A) Recommend someone else to take his place.

(B) Smooth the resignation process.

(C) Clean up his office.

(D) Sort clients information.

（六）有效测试的判断

专门用途英语测试除了具有普通课程测试所应有的信度和效度外，还应该具有与本课程特色相呼应的实用性特征。

1. 测试信度的判断

Bachman 认为测试的信度（Reliability）主要研究学生的测试成绩有多少是由于外界因素引起的。他认为测试信度的测量可以根据 CTR – 理论（Classical true score measurement theory），G – 理论（Generalizability theory）以及 IR – 理论（Item response theory）来计算。根据 CTR – 理论，对学生的真正分数进行计算，Bachman 列举了三种计算信度的方法：用对半法信度和项目方差信度来测量内部一致性信度、再测信度和对等信度。对半法信度把试卷分成对等而又相互独立的两部分，计算这两部分之间的一致性程度。项目方差信度及时计算出每个项目的答对率和答错率，然后把每个项目的答对率和答错率相加，计算出信度。再测信度是用同一份试卷，针对同一批学生，在不同的时间段进行测试，计算出两次考试分数的相关系数。当无法使用内部一致性信度方法时就可以用到对等信度计算，即两份对等试卷（尤其是在难度上标准差也一致）对同一批考生进行测试，两份试卷学生得分的相关系数便是两份试卷各自的信度。CTR－理论尚未考虑诸如测试方法，考生特点等系统性误差。G－理论通过一种框架解释说明对分数的影响因素有哪些，他们之间以及它们与分数之间有什么关系。但是G－理论无法阐释考生能力对考生的成绩有多大影响力。IR－理论是根据心理测试原理对考生提出单维假设，利用项目特征曲线所引发的数学模式计算学生的能力分数。IR－理论所体现的项目特征曲线图提供了许多项目信息和测试信息，但是对语言设计者来说利用IR－理论选择某一模式来解释测试数字是有相当大的难度的。

2. 测试效度的保证

在保证一定信度的前提下更应注重效度的提高，这样才能发挥测试对教学的反拨作用。一般来说，较高的测试信度往往具有较高的测试效度。就各类题型分析，多项选择题的信度大大高于效度。由于多项选择题题型的表面效度和结构目前难以确定，很多人不爱采用该题型。但是如果多项选择题输出内容真实性强就会大大降低这一题型表面效度低的缺点。各选择项依据明确也会在一定程度上提高该题的效度。完形填空题的信度和多项选择题相似，只要考点为教师所要检测的目标，在一定程度上也会保证其效度。实务分析、开放式题型等直接检测学生语言输出的综合能力，具有较高的信度。如果题目的要求设计在学生的知识面范围内，那么这种题型就最好了——因为估计到了学生的信度和效度。在日常教学中用翻译的思维来学习语言，这并不为大家所提倡，但是如果测试中应用翻译题，其检测内容目标应该具有真实性，这样也会设计出一道检查学生综合能力的高效度的题目。阅读理解题中所选用的语篇恰当，与职场英语相一致那么也就保证了试题的效度。写作题如果目标明确，围绕职场文案体裁，而且要求不超过学生语言能力水平和知识范围，那么它是效度较高的题型。

3. 测试实用性的判断

专门用途英语教学目标直指培养学生应用语言的能力，有自己的要求标准。比如测试过程中应体现专门用途英语所具有的文体特征，随着课程学习的深入语言技能要求不断提高，专业知识掌握程度应不断深入，交际任务要不断丰富，交际能力要不断加强。这些标准的检测应该聘请专业学科的教师以及行业专家作出判断。

（七）提高测试成绩的方法与途径

每次成绩反映了教学的历史，指导了下一阶段的学习任务和教学目标。要使下一次的成绩有所提高，试卷的两大部分——受试者和参试者——都要做出努力。对学生而言，要不断总结每次测试的薄弱环节，在下一阶段的学习过程中加以改进。对教师而言，要做好试卷评估，在下一阶段的教学过程中针对学生的薄弱环节加大补缺补漏的力度。此外，在试题设计方面要更加科学合理。为此，有必要单独设立考评组，系统学习英语测试学、心理学等，根据相关理论，不断改进专门用途英语教学测试。下面以提高口语水平为例：我们提出通过小组工作或听力理解提高学生口语水平。

口语交流在职场中的重要性是不言而喻的。学生口语提高难就在与他们羞于开口或内心胆怯。那么教师首先要找出他们胆怯的原因：1）害羞或内向的性格；2）英语水平差；3）对该主题不感兴趣；4）害怕受到同学的否定反馈；5）教师为中心的课堂氛围；6）对跨文化领域内的东西很陌生等。

针对这些情况，教师如何让学生开口呢？我们可以从以下几点着手：1）提供相应的单词和标准表达法以及大量常用的句型结构；2）让学生意识到对其他同学积极反馈的重要性以及否定反馈所带来的危害；3）对学生课堂表达的肯定，并给以积极反馈（如：不时点头微笑；使用鼓励性的语言；赞扬等）；4）对学生表达中的错误，如果不影响理解，可以不要纠正；5）创造丰富多彩的课堂交流活动（如：模拟职场交流表演；短对话；专题表述；小组讨论；视听说等）；6）通过相关听力材料让学生对交流的内容感兴趣（该步骤为：听懂关键词—听懂大意—听懂细节—根据关键词复述或讨论）等。

在课堂组织中，教师要确保害羞的学生也有开口的机会；确保班级中大部分学生得到口语训练；并且能够推进协商和合作技能的实施。最重要的是教师要提供给学生感兴趣的主题并且符合真实场景，比如对于 IT 专业，教师可以列出 10 个专题清单让学生预先准备，收集相关资料：1）关于 IT 产业和求职；2）与客户交流；3）订单；4）网络应用；5）安装硬件；6）安装软件；7）解决问题；8）国际交流；9）交易会；10）项目管理。针对每个主题再设子主题。有了这样的预设场景，整个课堂的焦点就不再是教师，而是真正做到"以学生为中心"；语言焦点也不再是语言结构，而是学生在特殊场景下语言的应用能力；课堂不再是教师说，学生听的模式，而是师生间，学生间的互相交流；最重要的是学生在课堂展示中不再是孤军奋战，而是集体合作，自信心也就建立起来了。

七、案例分析——以一所二本院校为例

评价目的分为三类：关于学习的评价，即以考试为主要形式，以评价学习效果，检查教学目标完成情况为目的的终结性评价。其结果通常是以等级或分数形式为报告。关于学习性的评价，这是在学习过程中进行的，其主要形式是基于元知识理论的学生自我评价，评价的内容和方法本身有助于教师和学生提高认识，调整节奏，改进方法。关于促学评价，是对整个学习过程进行跟踪、监测和反馈，包括起点评价和学习过程中进行的形成性评价。促学评价的目的是明确学习起点，设定学习目标，诊断强项和弱项，反馈改进意见，促进教学质量的提高。我们根据这三类评价目的，对本校专门用途英语课程进行评价。

（一）ESP 课程评价存在的问题

从实验阶段 ESP 课程设计看，它的评估环节没有被重视。没有充分的课程评估，也没有对学生真正能力的正确诊断和分析。事实上，在真正的教学实践中，对 ESP 课程的评估被跳过，对学生的测试设计也很不充分。ESP 测试的具体特点没有被意识到，也没有被重视。

根据调查，评估是 ESP 课程设备中最不受重视的环节。学生反映形成性评估几乎没有。虽然对学生的测试可以通过开卷或者闭卷的形式进行，但是所有测试的内容都不均衡，主要集中在以下技能之——翻译（48.5%）、语法与

词汇（8.3%）、专业知识（15.5%）和阅读（27.7%）。似乎出题者这么做可以节省他们设计和判卷的时间。可是，这些测试是否能反映被测者的水平，就是另一回事。

为了更深入地了解学生学习 ESP 课程的结果，在完成一学期的 ESP 课程学习后，我们通过对法律，信息技术和人力资源三个专业问卷调查了解到 ESP 课堂教学情况如表 9－3 所示：

表 9－3　ESP 课堂教学情况调查

专业类别	全由教师讲解（%）	以学生为主（%）	以教师讲解为主，学生有发言机会（%）	课堂气氛活跃（%）	课堂气氛一般（%）	课堂气氛沉闷（%）
法律	13	5	82	6	85	9
信息技术	38	0	62	1	35	64
人力资源	47	8	45	8	43	49

通过对法律、信息技术和人力资源专门用途试点班问卷调查，发现 ESP 课堂气氛较沉闷，尤其体现在 ESP 课堂上学生对教学方法的反应。通过进一步问卷调查，结果表明 65% 的学生希望能和教师多交流、沟通，而不是一味讲解课文，只注重内容的翻译。因 ESP 教程各异，我们设计了问题“ESP 课程考试应”：

A. 任课教师自己命题

B. 考察书本上所学的相关内容

C. 考查实际应用英语的能力

D. 其他

表 9－4 是调查报告：

表 9－4　ESP 课程考试模式问卷结果

专业类别	A（%）	B（%）	C（%）	D（%）
法律	22.1	20.6	52.9	4.4
信息技术	38.6	22.8	36.6	2
人力资源	30.6	25.4	44	0

我们作为评估者，为了对该课程有个全面的评价，因而设计了几个选项由

学生自评。

A. 能看懂大部分的原版资料，会写英语摘要，并能进行一定的交流

B. 能看懂大部分的英语资料，但听说不行

C. 看原版资料有一定困难

D. 掌握了一定的学习方法

表9-5是学生自评结果：

表9-5　学生对ESP能力自评情况

专业类别	A（%）	B（%）	C（%）	D（%）
法律	6	54	33	7
信息技术	11	50	27	12
人力资源	8.5	52	30	9.5

可见，60%的学生能看懂原版资料，但遗憾的是82%的学生却无法用英语交流相关信息，ESP教学仍停留在专业阅读阶段。从问卷调查结果可知，学生虽是ESP教学的直接参与者和受益者，在实际的教学中却往往处于被动的地位，他们的要求常被漠视。教师仍处于中心地位，起着权威作用，学生的主观能动性仍得不到发挥。

（二）影响专门用途英语教学质量和效果的主要因素调查

我们做了个影响专门用途英语教学质量和效果的主要因素的问卷调查见表9-6和表9-7：（482份）

表9-6　影响ESP教学质量和效果问卷

因　素	学生认可人数	占有效问卷（比例%）
师资	437	90.66
学生	450	93.36
教材	413	85.68
教学方法和手段	414	85.89
教学环境和条件	297	61.62

表 9－7　对 128 名学生抽样调查得出影响教学效果的细化表

因　素	人　数	累计（比例%）
缺乏学习兴趣	32	25
学习方法不当	75	58.59
实践机会少	72	56.25
教学手段单一	68	53.13
缺乏语言环境	79	61.72
英语基础差	17	13.28
教师能力水平	21	16.41
缺乏自信	7	5.47

（三）改善策略及效果

针对上述调查情况，第四学期我们借助网络技术，实现真实或类真实情境的信息输入体验，优化学习环境，帮助创造交际情境，激发学习动机。我们实施了四个阶段的任务型语言教学。第一阶段为前任务阶段，包括热身互动与导入活动。在热身互动中，教师播放与课文主题相关的音频或视频学习材料（包括包括背景知识，主题意识，中西文化对照等），要求学生完成指定的学习任务。导入部分是单元的主题介绍，用于演示的课件综合应用了文本、图像、动画，使信息的输入更加生动形象。这一阶段充分发挥预测手段，比如在听录音过程中学生会用听到的足够事实来预测对话内容，教师根据对话内容提问就如同验证学生自己的预测。第二阶段为任务链阶段，包括学习型任务和职场任务。任务的设计考虑了该班学生的实际语言水平，包括学习型任务和真实任务。学习型任务包括增进课文理解的练习，小组成员就课文中的某些情境，观点进行的互动讨论或设计成情境剧课堂演示。任务的设计尽可能做到情境真实，贴近学生生活，而且应有较强的交际性和挑战性。比如在课前布置学生制作与课文内容相关的课件并在课堂中演示及英语讲解，这时课堂组织可以多样化，可以以小组，个人或结对子形式进行阐述。教师还可以把各组讨论情况展示出来，让学生对照并互相学习。第三阶段是语言焦点阶段，包括分析和练习。在分析环节中，纠正学生在完成任务中出现的典型语言错误，同时提出地道的语言表达。在练习环节要求学生完成课后的词汇语法练习，并对重要语言点进一步引申，巩固该单元知识。这里注意练习和任务的多样性，可以通过对话、选词填空、关键词造句、完形填空、翻译及应用型写作等实现。第四阶段即网上任务阶段。网上任务安排在每个单元课堂学习结束后，要求学生利用网络完成。任务的设计遵循与主题学习相关的原则，在计算机网络支持的资源环境下，增加他们接触和使用目的语的机会。实践发现这种模式最适合应用文写作学生互评及教师批阅，通过学生互评及教师批阅增进学生的资源共享，取长补短，又开拓了视野。任务的结果可以是信件、调查报告、资料收集、口头汇报、问题的解决方案等。

最后合理运用各种测试和评价手段使学生适时了解自己的进步，同时发现自己在学习上存在的问题。学生学习目标的制定，学习方法等的选择在很大程度上都取决于学生对自身的了解。另外学生对自己所取得进步的认识也是促进内在动机的一个有效途径。又经过一学期的尝试，对学生学习行为进行调查见表9－8：

表9－8　学习行为调查：（%）

调查项目	学习行为状况	第三学期	第四学期
自主学习	经常	45.8	60.2
	偶尔	37.6	39.8
	从不	16.6	0
合作学习	乐于参与	42.7	66.3
	基本愿意	44.3	27.3
	不愿意	13	6.3
课堂参与	思考并主动回答	41.7	68.9
	思考但很少回答	33.9	21.5
	无动于衷	24.4	9.6
课堂注意力	能够集中	64.6	83.3
	经常转移	21.7	12.2
	很难集中	13.7	4.5
学习兴趣	很浓	72.3	90.4
	一般	25.7	9.6
	无	2	0

续表

调查项目	学习行为状况	第三学期	第四学期
作业	全做	77.6	89.2
	部分做	10.8	10.8
	几乎不做	11.6	0

调查显示，学生自主学习意识有了增强，学习专门用途英语的积极性和主动性有了提高，学生增强了自信心，对专门用途英语的兴趣也有了提高。任课教师也一致认为经过两个学期的对照，课堂气氛活跃了，课堂活动的参与意识与表现欲增强。这种教学形式也实现了教学结构体系的根本变化，即从“教”向“学”转变。另外，教学手段与方法的重心落在学习任务的优化上，并探索了一系列实践性问题，如学习过程的动态指导与教学的及时调适，提供个性化学习所需的帮助等。

除了课堂学习和自主学习外，我们尝试通过网络形成学生开放性作业互评的机制。评改是学习过程化提高的必要手段，其来源主要是指导教师和同学。建立学生网上自主评改平台，实现以学生为主体的自主评价机制是我们尝试的一条新路。对于学生而言，作业主要有两类读者：教师和同学。在传统课堂教学中，教师往往是最重要的读者和评价者。但教师评价一直是帮助学生提高写作质量的主要干预机制。开放性题目包括外语写作，教学中的同学互评借鉴了一语和二语写作同学互评的研究成果，其广泛应用主要得到社会建构主义学习理论和二语习得交互论的支撑（Williams，2007）。在这双重理论视角下，同学互评在一个合作性学习环境中，通过为彼此提供更多真实的读者，发表有针对性、建设性的意见与建议，以期达到促进交流，完善表达能力，丰富写作内容，提高读者意识的效果。成功的同学互评实例无一例外地满足这样几个条件，即对学生进行其目的和价值的阐明，对怎样评改进行演示和跟踪指导，对合作原则加以贯彻。与教师评改相比，同学互评把学生的被动角色转化为积极主动的阅读者和评价者，在相对平等的低风险合作环境中，学生作者可以各抒己见，取长补短。

通过实验发现，同学互评比较集中于通过自我修改能避免或通过标示能改正的错误，而教师评改还会针对句子结构、搭配等问题进行指正。另外虽然学生在语言修改的准确率上不及教师评改，但通过互评，同学间进行了交流，学习的热情提高了，学习上的竞争意识增强了。通过互评和教师点评，也让学生意识到自己的差距，比如在语言运用层面，同学互评主要集中在语言形式的准确性上，而教师评改还会关注学生在语言内容表达的准确性上。这种方式无疑是自主学习的一个有效的补充。传统的英语教学，始终有一个“教师批改反馈，学生自主阅读”的环节。这个传统教学的优点，除了值得肯定之外，在我们的实践中，我们还引入了“同侪互读”（peer exchange reading）的新机制。每次作业，批改返回之后，建议同学们除了看自己的之外，也要多读其他同学写的，教师修改了的作业，认真品味，感受不同，增加反馈信息量。教学反馈说明，这个环节同学们受益最大，因而也最受欢迎。因为这一环节最能体现“个性化教学”（individualized teaching）、“学生为中心”（student-oriented teaching）、“任务性学习”（task-based learning）这样一些教学新理念的。

通过这个尝试，我们深有感触：在具体的教学过程中，针对专门用途英语的特点，我们既要有“人文关怀”的精神，加强师生交流，注重学习者在能力发展过程中的切身感受与不同需求；又要发挥“技术精巧”的作用，通过现代化教育技术，在教学中，避免低水平的重复工作，进行创新教学的实践与探索。

我们在形成性评价中关注对个体的评价。我们承认学生的个体差异，善待差异，这样才能达到促进学习的目的。我们推行计算机和课堂的教学模式，该模式强调学生的个性化学习，要求学生具有合作学习，自主学习的能力，这些能力只有通过课堂评价，学生自评和互评以及教师对每个学生的跟踪和观察等才能进行评价。这是对常规的考试反馈评价的一大改进，因为常规做法太强调学生个体之间的比较和排序，给学生带来压力。

（四）存在的问题及策略

1. 由于后续教材建设还不够完善，所以教学不能保证学生在校期间英语学习阶段的连续性。因此计划加大教材研发的力度，开设后期专门用途英语的选修课。

2. 还没有形成对外语有不同兴趣和需求的学生提供发展的机会和空间，

这在某种程度上制约了社会对人才培养的需求。这一点也由后期的专门用途英语选修课补足。

3. 虽然建立了自主学习平台，但距满足学生自主学习，使他们“不受时间和地点”限制学习英语这一需求还有很大差距。这需要与学校各级管理部门协调解决。

第十章　图书资料建设

目前，专门用途英语在国内外的发展已有几十年的历史了，它的发展特点归纳如下：

1. 专门用途英语的研究实践在区域上呈现国际化，尤其是中欧、东欧和中国专门用途英语研究数量增长明显；

2. 专门用途英语课程更加专业化；

3. 行业英语和职场英语课程增加迅猛；

4. 体裁分析、语料分析和系统功能语法的理论和方法对专门用途英语的发展将持续影响；

5. 英语作为国际语言对专门用途英语项目继续发挥重要影响。

那么，既具有学术性，又具有服务性的图书馆在专门用途英语图书资料建设方面应帮助教师提高教学，帮助学生提高知识水平。关键在于图书馆为专门用途英语的教学提供什么样的图书资源，以及如何引导读者使用已有的信息资源，辅助专门用途英语的教学，发挥图书馆学科馆员导读的作用。

一、建设专门用途英语图书资料

1. 注意馆藏分析，建设专门用途英语重点资源

专门用途英语相关图书建设必须紧密围绕课程设置来进行，那么就应该对馆藏资源进行详细的调查，教师应配合图书馆馆员主动深入到各个教学环节，争取获取教改和教学等各种信息，以及学生的阅读需求等。根据调查的结果制定相应的采购政策，采购的图书要具有针对性、选择性、时效性、系统性和完整性，要注意采购的范围和比例，避免盲目重复采购，做到突出重点，兼顾大

局，合理分配专门用途英语各门课程的图书采购，优化文献采集方法，保障馆藏质量，实行藏书精选。

2. 选择优质资料

作为采购人员和语言学科馆员应该知道，外语图书在国内的出版数量在所有类目图书的出版量中只占少数，而且从质量上来说并不能完全满足图书馆的建设要求。那么高校图书馆如何选择出版社，采用什么样的采购渠道呢？要购置优质的专门用途英语图书资料只有选择知名的出版社，如：外语教学与研究出版社、高等教育出版社和上海外语教育出版社等。

3. 专门用途英语图书采访人员的素质要求

采访人员应以图书馆采购人员、学科馆员和教师为主，学生读者为辅。采访人员是图书馆采选图书的责任者和协作者，应具备以下条件：学科专业知识，要熟悉学校各个学科专业的门类及其目前的建设情况，掌握各学科专业的发展方向和基本常识，了解各个学科专业文献资源的覆盖范围和所涉及的交叉学科；馆藏文献建设方面，要熟悉目前图书馆各个学科专业文献资源的建设情况，掌握适合本馆的图书馆选购原则（包括各学科专业的文献选购比例，复本量等）。可以由学科馆员带领学科专业教师为主进行采购，学生读者参加网上荐购图书。

二、导读推广

1. 自主学习与导读推广相结合

据调查发现很多大学生在阅读方面主要集中在文学、专业和消遣娱乐方面，没有明确的目的性和系统性，大多都是随意的阅读。这证明大部分学生的阅读都只停留在“浅阅读”的层面，并没有对专业的图书进行深入的阅读和掌握。因此，在以“教师为主导，以学生为主体”的教学原则下，高校正在提倡开展大学生自主学习，教师进行指导，学生自主学习能力的培养已经成为当前大学教学的重要内容之一，图书馆作为教辅单位，其任务不仅是为学生提供海量的图书资料和导读工作，还要协助教师全面调动学生的自主学习潜能，促进学生通过自主学习的优势来弥补课堂所学学科专业知识的不足。

2. 提高服务层次，深化导读

学科馆员应该大力推广图书阅读，帮助学生解决读什么书、如何查找图书及怎样阅读的问题，指导学生充分利用图书馆，促进学生自主学习，包括应定期或不定期地推荐书目资料，按照特定的主题或特定的读者对象进行阅读指导，提供相关知识方面的考试信息等，如职场托业考试，旅游英语的国际旅游导游证书考试和商务英语的剑桥商务英语证书考试等信息。但是学科馆员的服务不能仅仅停留在提供信息的服务层次上，而应该扩展到对学生所需的信息资料进行挖掘、析取、组合、关联、重置和交流，帮助学生理解和应用知识，从而把导读服务工作达到深化和细化。

三、报刊教学

目前，大学英语教学都注意培养学生的课外阅读能力，建立了“在教师的辅导下，学生自主性阅读英语报刊”的课外学习模式，有利于学生学会运用多种媒体和信息资源，有利于学生拓宽学习渠道，使学生形成具有个性的学习方法和风格。同时，教师也要关注最新的信息，阅读大量的英语报刊杂志。因此，通过英语报刊的阅读来积累相关专门用途英语知识是有其可行性的。

（一）利用报刊英语构建 ESP 导读

综合目前 ESP 教学模式在大学英语教学中具体实施所面临的困难，报刊英语的特点以及报刊英语在大学英语教学中的作用来看，利用报刊英语进行专业英语的学习、教学，是一条可行性很强的途径。另外，当前大学英语教材选择很多，教材的编写也各有特色，但教材还是存在其固有的滞后性。因此，报刊英语的引用，可以解决教材的滞后性，增强语言的灵活性和活力。这里以外研社出版的《新视野大学英语》第三册相关单元为语料，列举部分教师在具体教学实践中引用报刊英语讲解课文内容的部分实例。

1. 单元教学构想

利用报刊英语进行目标情境分析，即仔细地分析将来使用外语的情境和认真地分析在这些情境下进行交际的内容、方式、途径、媒介、手段等特点以及语言特点和技能，并根据这些分析来设置 ESP 课程。《新视野大学英语》第三册第八单元中的 Section A Legal and Moral Implications of Cloning 和 Section B Who Will Take Advantage of Human Cloning 都是关于克隆技术的，那么我们就可以从近来关于此技术的新闻入手 Taiwan Scientists Announce Birth of First Cloned Pigs 2002－04－19 23：07：15，引申到第一头克隆羊 Dolly，韩国的克隆老虎等一系列新闻事件，其中新闻中包含的专业词汇和句子就可以总结出来了。如：

Taiwan scientists announced that first cloned pigs carrying double transgenes of pig DNA and human DNA has been developed, according to news reaching here from Taiwan Friday. The successful development of the cloned pigs is medically significant for developing agents to help raise pig immunity and making protein drugs for treatment of leukemia, they said.

随后 a genetic lottery（基因的随意组合），inherit（继承），the union of a sperm and an egg，cells，ancestors，organism，non-sexual 等相关专业词汇也可以从新闻中整理出来。

2. 利用报刊进行 ESP 阅读链接

China's successful experience may work for most of the developing countries.（相关话题链接：中国改革开放带来的经济快速增长）

Human beings have to suffer disasters in the wake of the ecological damage.（相关话题链接：环境保护）

The National People's Congress is drafting amendments to the new Constitution.（相关话题链接：法律案例）

学生从最新颖的新闻着手，容易排除心理上的排斥情绪。另外，教师通过不断地接触新事物，多阅读，增加自己的知识面，充分发挥报刊英语的特点，促进 ESP 教学模式的改革进程。

3. 使用跨文化素材填充图式

图式是一种主体内部动态的，可变的知识结构。跨文化交际背景下的图式构建离不开有效文化材料的注入。文化是一个拥有符号和意义的动态系统，在这系统中，过去经验、文化意义与未来经验相互影响，循环往复。由于文化内容包罗万象，因此，选择文化主题时不能随意。材料的选用、表达和处理都应考虑学习者对他国文化和本土文化的认识。一方面可以挑选主要西方国家有关报纸、杂志、书籍、影片、音像等媒体有关各行业领域的资料，让学生尽可能多地了解和熟悉对象国文化，了解语言中表达的文化态度等。另一方面，通过选用在同等概念层面上对我国相关职场文化的资料介绍，强调文化差异可以使学生将两种不同的文化进行比较，以帮助学习者提高对文化差异的意识，克服文化冲突，逐步形成跨文化意识。

4. 报刊教学范例

《21 世纪英语报》有个主题为"New Way of Working flexibly"的教学范例，我们不妨可以借鉴，在校刊上开创这样一个栏目。

它的时间安排如下：Background information（5m）；Fast reading（10 m）；Vocabulary（10m）；Speaking time（5 – 10m）

（1）Background information（5m）

Outsourcing(外包)：A precise definition of outsourcing has yet to be agreed upon. Thus, the term is used inconsistently. However, outsourcing is often viewed as involving the contracting out of a business function-commonly one previously performed in-house to an external provider. In this sense, two organizations may enter into a contractual agreement involving an exchange of services and payments.

Group buying(团购)：Also known as collective buying, offers products and services at significantly reduced prices on the condition that a minimum number of buyers would make the purchase. Origins of group buying can be traced to China where Tuangou or team buying was executed to get discount prices from retailer when a large group of people were willing to buy the same item. In recent time, group buying websites have emerged as a major player in online shopping business. Typically, these websites feature a deal of the day, with the deal kicking in once a set number of people agree to buy the product or service. Buyers then print off a voucher to claim their discount at the retailer. Many of the group buying sites work by negotiating deals with local merchants and promising to deliver crowds in exchange for discounts.

Crowdsourcing(众包)：Is the act of outsourcing tasks, traditionally performed by an employee or contractor, to an undefined, large group of people or community (a "crowd"), through an open call.

Jeff Howe, one of the first authors to employ the term, established that the concept of crowdsourcing depends essentially on the fact that because it is an open call to an undefined group of people, it gathers those who are most fit to perform tasks, solve complex problems and contribute with the most relevant and fresh ideas.

The term has become popular with businesses, authors, and journalists as shorthand for the trend of leveraging the mass collaboration enabled by Web 2.0 technologies to achieve business goals. However, both the term and its underlying business models have attracted controversy and criticisms.

(2) Fast reading (10m)

Direction: Read this article as fast reading and answer the following questions. (10m)

How do you work or plan to work? Do you scramble to work on the subway?

Or do you push your way onto a crowded bus? Do you dash to your desk before your clock-watching boss notices that you're late (again)?

No matter how valued an employee you are, or how valuable your skills are, many workers are locked into this traditional workaday life.

Some people however are switching to crowdsourcing, which, they say, is more financially and personally rewarding.

In work terms, crowdsourcing happens when companies use web platforms to advertise individual or group jobs or projects. Individuals can then apply or make bids. The term "crowdsourcing" was coined by US journalist Jeff Howe in 2006. Gao Zhiyu is one who has made the break. The 24-year-old former graphic designer "fired his boss" in order to give himself greater flexibility in his working life.

"It (crowdsourcing) is groundbreaking," Gao told the China. org. cn website. "With a simple click of the mouse, I can work in a more flexible, challenging and creative way."

Gao now earns more than three times what he made previously as a graphic designer.

He and his counterparts are proof that online crowdsourcing might become the next big thing in the world of work in China.

It's becoming increasingly popular as a means to source work, and is changing both the way companies find talent and the way young people live and work.

Crowdsourcing websites such as Zhubajie. com are platforms where work can be outsourced to large groups of people, or to a community.

Experts such as Gao, as well as the crowdsourcing sites themselves, are known as "witkeys" (威客). The term means "the keys to wisdom or knowledge" and was coined by Chinese Academy of Sciences (CAS) graduate Liu Feng.

However, not everyone embraces the witkey lifestyle with such enthusiasm. Some people are even highly critical of the way in which the model works. "The witkey mode isn't stable enough to encourage job-hopping among the middle classes," Xu Zhihai, who works in a computer science college in Chongqing, told the China. org. cn website.

"However, it's an alternative that maximizes the value of extra intelligence and professional skill." His words are backed by statistics which show that only 7.6 percent of active witkeys work full-time, while 87.3 percent work part-time. The figures come from iResearch, China's leading market research company.

The crowdsourcing or witkey model has also been criticized for other things, such as offering low-end solutions and invading intellectual property rights.

However, witkeys such as Gao and Zhu Mingyue, CEO of Zhubajie. com, are embracing crowdsourcing and life as witkeys.

"In the traditional employment market, people with better social resources enjoy more opportunities than those with fewer connections and information," Zhu told China. org. cn. "On a witkey platform, tasks and rewards are open to all equally and transparently." Zhu's site now has a crowdsourcing trade volume of more than 160 million yuan.

Could it be that crowdsourcing and witkeys could be changing the traditional, guanxi-based approach to work and business? Chinese witkey theorist Liu Feng works at the CAS Research Center on Fictitious Economy and Data Science in Beijing. He says that new Internet applications as well as online payment systems have aided the shift in approach.

"Bulletin board functions continuously separate into blogging, Wikipedia, social networking websites, micro-blogging and other forms," Liu says.

"Credible financial solutions are improving e-commerce. More and more people believe that information should no longer be freely allocated.

"Crowdsourcing supplies easier access, converting grassroots wisdom into productivity in the new age."

A witkey's unusual lifestyle

Working in a 150-square-meter Harbin studio and living in the same building, Gao Zhiyu has a tight schedule:

10 – 10:30 am: Get up, turn on computer.

11 – 11:30 am: Log onto QQ instant messaging software, cook lunch, listen to music.

12 noon – 5:30 pm: Surf crowdsourcing website, make five bids on average, work out drafts providing the most relevant and fresh ideas for tasks, communicate with clients.

5:30 pm – 7 pm: Go to market, cook and eat dinner.

7 – 9 pm: Relax, take a walk outside or play computer games at home.

9 pm – 1:30 am: Communicate with clients and work on tasks.

1:30 – 3 am: Complete projects. If finished, watch a movie.

3:30 am: Sleep.

China. org. cn

BONUS

In the Western world, the Monday to Friday working week has led to coining phrases reflecting shared attitudes.

Blue Monday: Most people agree that Monday is the most depressing day of the week.

Hump day: It's a synonym for Wednesday. The weekend is in sight from the midweek "hump", meaning the top of the hill.

TGIF: It's an acronym meaning "Thank God it's Friday" or "Thank Goodness it's Friday", an expression of relief.

英语词汇解析

四级词汇:convert 使转变;embrace 接受

六级词汇:allocate 分配;credible 可靠的;graphic 图形的;job-hopping 跳槽;scramble 匆忙

托福词汇:aid 帮助;fictitious 虚拟的;groundbreaking 突破性的;maximize 最大化;theorist 理论家

Q1: Why do some people switch to crowdsourcing from traditional way of working?

Q2: Why did Gao Zhiyu quit his job and turn to crowdsourcing?

Q3: Who does witkeys refer to and what does this term mean?

Q4: Why do some people dislike the idea of crowdsourcing?

Q5: What improvement in internet technology has played a positive role in the spreading of crowdsourcing?

Q6: Do you think crowdsourcing and witkeys could be changing the traditional, guanxi-based approach to work and business?

(3) Vocabulary (10m)

Direction: Test your memory by filling in the following blanks with the right word. (5m)

Collocations

1. Push one's way ________ a crowded bus

2. Dash ________ your desk

3. Guanxi-based approach ________ work and business

4. Locked ________ traditional workaday life

5. Switch ________ crowdsourcing

6. Be open ________ all people equally and transparently

7. Be known ________ witkeys

8. The keys ________ wisdom or knowledge

9. Convert grassroots wisdom ________ productivity

Expression

Direction: Read the article one more time and find the English equivalence for each of the following Chinese phrases. (5m)

a. 网络平台

b. 有所突破

c. 开创性的,突破性的

d. 平面设计师

e. 跳槽

f. 专业技能

g. 知识产权

h. 网络支付体系

(4) Speaking time (5 – 10m)

Task 1 – Debate: Work out the advantages and disadvantages of working at home and at office and then choose one side to start a debate.

Pro: To work at home is better than to work at office.

Con: To work at office is better than to work at home.

Task 2 – Imagine about future:

Now that you know Gao Zhiyu's schedule for a usual day, do you like his way of living? What is your ideal lifestyle after graduation? Work out a daily schedule to tell your ideal lifestyle.

(二) 利用报刊导读让学生了解职场英语信息

以《21世纪英语报》为例，通过该网站（http://www.i21st.cn/job/english_5.html）中职场英语信息，使学生：

1. 了解商务英语中容易忽视的错误，比如 Personal vs. Personnel 等；

2. 学习职场热词：比如老板口中不靠谱的职业虚景 Career veneer；

3. 学会职场英语中 10 类英文电子邮件高频句：①Greeting message②Initiate a meeting③Seeking for more information/ feedbacks/ suggestions④Give feedback⑤Attachment⑥Pointlisting⑦Raise question⑧Proposal⑨Thanks note⑩Apology

4. 了解一些职场英语表达法及其适用的场合和错误表达的例子：①关于庆功宴致辞；②关于如何衡量工作是否适合自己职场英语；③关于如何提高办公室亲和力的职场英语常用语：a. What are you up to? 你正在做什么？b. In the middle of something? 你正在忙吗？c. Maybe I'm going out on a limb, but I think we still have to invest it. 或许这么做有点冒险，但我想我们还是要投资它。d. Please give us your comments. 请多提宝贵意见. e. Probably. It's still up in the air. 大概吧。不是太确定. f. That's OK. 不用了. g. He's out for lunch. 他出去吃午餐了. h. You're in the pink! 你的气色真好！i. Just right place, right time. 只不过是“天时地利”而已。j. Same here. 我也是。

当然还有书信，广告，便签，合同的写作技巧；商务英语等职场考试辅导以及社交场合忌讳语，常见企业部门英语名称翻译等，内容丰富多彩。

5. 了解最受面试官欢迎的英语短语职场英语，包括：如何使面试英语变简单；应届生英语面试的误区；面试达人玩转英文面试职场英语的方方面面；英语面试开场白；以及职场必备英语一百句。

另外，学生可以通过该网站，及时了解最新职场资讯，英文简历撰写，面试指南，职场测试，职场交流以及兼职信息等。充实对专门用途英语的了解，增加自己的兴趣。而教师通过该网站可以收集备课资源，通过教育资讯一栏进行经验交流，通过互动社区展开教学论坛，形成资源共享。

其他可利用的英语学习网站推介：

①中国日报网 http://www.chinadaily.com.cn

②人民网（英文）http://english.peopledaily.com.cn

③中国网（英文）http://www.china.org.cn

④旺旺英语学习网 http://www.wwenglish.com

⑤新东方网络课堂 http://class.to124.com

⑥空中美语 http://www.englishtide.com

⑦英语通 http://www. in2english. com. cn（英国教育部和中国教育部联合建设的免费学习网站）

⑧牛津英语网 http：//www. oxford. com. cn

⑨雅思官方网站 http：//www. ielts. org

⑩英语中国网 http://englishchina. com

⑪普特英语听力网站 http://www. putclub. com

⑫金山词霸网站 http://www. iciba. net

⑬韦氏大词典 http：//www. m-w. com

⑭沪江英语网 http://www. hjenglish. com

⑮强大的名人演说集（文本+录音）

http：//www. americanhetoric. com/speechbank. htm

⑯中国外交部网站 http://www. fmprc. bov. cn（双语资料丰富，针对各国的外交政策及概况等）

⑰中华文化信息网 http://english. ccnt. com. cn

⑱联合国教科文组织 http://www. unesco. org

⑲新华社 http://www. xinhuanet. com/english

⑳中国国际广播电台 http://www. cri. com. cn

㉑央视国际网站 http://www. cctv. com. cn

㉒世界新闻综合评论 http://www. worldpress. org

㉓《美国国家地理杂志》http://www. nationalgeographic. com

㉔《纽约客》文化评论杂志 http://www. newyouker. com

㉕《财富》中文版网址 http://www. fortunechina. com

㉖《商业周刊》http://www. businessweek. com

㉗《福布斯》http://www. forbes. com

㉘《卫报》http://www. guardian. co. uk

㉙《泰晤士报》http://www. thetimes. co. uk

㉚《纽约时报》http：//www. nytimes. com

（三）利用网络在线测试

学生可以利用网络进行在线模拟测试，比如外语教学与研究出版社的网站

http：//www. fltrp. com 可以在线测试包括商务英语考试在内的各种职场英语考试、等级考试和国际性考试，通过当场评分，学生可以及时了解自己的差距，为进一步学习提供便利。

另外还可以利用该网站的职教外语、剑桥英语等栏目在线学习。

参考文献

[1] Hutchinson T & Waters A. English for Specific Purposes [M] . Cambridge: Cambridge University Press, 1987.

[2] Dudley-Evans A. 1994. "Genre analysis: an approach to text analysis for ESP". In M. Coulthard (ed.) [M]. Advances in written Text Analysis:London, Routledge.

[3] Dudley-Evans T & John M J. 1998. Developmens in ESP[M]. Cambridge: Cambridge University Press.

[4] Stevens P. ESP after Twenty Years: A Re-appraisal[M]2008, (11) Singapore: SEAMEO Regional Centre,1988.

[5] Robinson P E. ESP Today: A Practitioner's Guide [M]. New York & London: Prentice Hall International (UK) Ltd. ,1991.

[6] Nunan D. (2004) Syllabus Design [M]. Oxford: Oxford University Press.

[7] Krashen S. Principles and Practice in Second Language Acquisitions[M]. Oxford: Pergamon, 1982.

[8] Halliday M A K. McIntosh A and Strevens P. The Linguistic Sciences and Language Teaching [M] . London: Longman,1964.

[9] Jordan R R. Academic Writing Course [M]. Ed. 2. London:Collins,1990.

[10] Strevens P. Special Purpose Language Learning: A Perspective [J]. Language Teaching and Linguistics: Abstracts,1977,(3).

[11] Widdowson H G. EST in theory and practice [J]. London: Oxford University Press, 1979.

[12] Moore C. 1996. "Multimedia for self-access—do we really need multimedia for self-access?" [J]. BESIG Newsletter I.

[13] Flowerdew J. 1993. "An education, or process, approach to the teaching of professional genres" [J]. ELT Journal 47/4.

[14] Flowerdew J. 1995. "Designing CALL courseware for an ESP situation: a report on a case

study"[J]. English for Specific Purposes 14.

[15] Flowerdew J. 1998. "CALL materials derived from integrating 'expert' and 'interlanguage' corpora findings"[J]. English for Specific Purposes 17/4.

[16] Warren T. 1997. "The CALLCO grammar project". Paper given at the 13th BALEAP Conference[J]. University of Wales, Swansea, April 1997.

[17] Yalden J. (1997) The Communicative Syllabus [M]. Hertfordshire: Prentice Hall International (UK) Ltd.

[18] Bazerman C. Intertextuality: How texts rely on other texts. In C. Bazerman & P. Prior (Eds.), What writing does and how it does it: An introduction to analyzing texts and textual practices[M]. Mahwah, NJ: Lawrence Erlbaum, 2004.

[19] Bhatia V K. Analysing genre-language use in professional settings [M]. London: Longman, 1993.

[20] Bhatia V K. Worlds of written discourse: A genre-based view [M]. London: Continuum International, 2004.

[21] Berken Kotter C. Genre systems at work: DSM-IV and rhetorical recontextualization in psychotherapy paperwork [J]. Written Communication, 18(3), 2001.

[22] Kristeva J. Word, dialogue and novel [M]. In Desire in language Oxford: Blackwell, 1980.

[23] Hunston S. Corpora in Applied Linguistic [M]. Cambridge: CUP. 2002.

[24] Devitt A. Writing genres[J]. Carbondale: Southern Illinois University Press, 2004.

[25] Tyler R. (1989) Basic Principles of Curriculum and Instruction[J]. In Nunan, D. 2004.

[26] Bremner S. Intertextuality and business communication textbooks: Why students need more textual support[J]. English for Specific Purposes 27, 2008.

[27] Chomsky N. A Review of B. F. Skinner & Verbal Behavior[M] /Fodor JA, Katz JJ, etal. The Structure of Language: Readings in the Philosophy of Language. Englewood Cliffs, NJ: Prentice Hall, 1964.

[28] Gardner R C, Lambert W E. Attitudes and Motivation In Second Language Learning [M]. Rowley, MA: Newbury House, 1972.

[29] Bloor M, St John M J. Project Writing: The Marriage of Process and Product [C]//Robinson PC, ed. Academic Writing: Process and Product, ELT Document 129, Modern English Publications in association with the British Council, 1988: 85 – 94.

[30] Brown H D. Principles of Language Learning and Teaching[M]. New Jersey: Prentice Hall, Regents, 1994.

[31] Paltridge B. 1995. “Analyzing genre: a relational perspective”. System 23/4.
[32] Yang H. 1986. “A new technique for identifying scientific/ technical terms and describing science texts(an interim report)”. Literary and Linguistic Computing I.
[33] 束定芳. 外语教学改革：问题与对策 [M]. 上海：上海外语教育出版社，2004.
[34] 刘润清. 21 世纪的英语教学——记英国的一项调查 [J]. 外语教学与研究，1996 (2)：18.
[35] 戴炜栋. 构建具有中国特色的英语教学“一条龙”体系 [J]. 外语教学与研究，2001 (5)：322-327.
[36] 秦秀白. ESP 的性质、范畴和教学原则 [J]. 华南理工大学学报（社会科学版），2003 (4).
[37] 韩金龙. 英语写作教学：体裁过程教学法 [J]. 外语界，2001 (4).
[38] 秦秀白. 体裁教学法评述 [J]. 外语教学与研究，2000 (1).
[39] 蔡基刚. ESP 与我国大学英语教学发展方向 [J]. 外语界，2004 (2).
[40] 黄华. 立体教学模式中的大学英语形成性评估问题研究 [J]. 中国外语，2010 (5).
[41] 贾巍巍，周龙. 论外语教材开发的传承和革新 [J]. 中国外语，2010 (5).
[42] 白解红，曾永红，陈敏哲. “质量工程”视域下的高校教学团队建设 [J]. 中国外语，2010 (6).
[43] 教育部高等教育司. 高职高专教育英语课程教学基本要求 [M]. 北京：高等教育出版社，2000.
[44] 何安平. 语料库语言学与英语教学 [M]. 北京：外语教学与研究出版社，2004.
[45] 陈鹰，曹媛媛. “现采为主”的成因分析及采访策略 [J]. 图书馆论坛，2010 (2)：80-81.
[46] 崔波，岳修志. 图书馆加强阅读推广的途径与方式 [J]. 大学图书馆学报，2010 (4)：37-39.
[47] 段平，顾维萍. 我国大学 ESP 教学的发展方向探讨 [J]. 外语界，2006 (4)：3.
[48] 文秋芳. 编写英语专业教材的重要原则 [J]. 外语界，2002 (1)：17-21.
[49] 程世禄，张国杨. ESP 教学的理论与实践 [J]. 外语教学与研究，1995 (4).
[50] 邓海. 国外 ESP 教学 [J]. 外语教学与研究，1992 (1).
[51] 范谊. ESP 存在的理据 [J]. 外语教学与研究，1995 (3).
[52] 刘法公. 论基础英语与专门用途英语的关系 [J]. 外语与外语教学，2003 (1).
[53] 梁雪松，陈黎峰，陆莺. 英语专业 ESP 课程建设中的问题与对策 [J]. 外语界，2006 (4).

[54] 张济华，高钦，王蓓蕾. 语料库与大学专门用途英语（ESP）词汇教学探讨［J］. 外语界，2009（3）.

[55] 秦秀白. ESP 的性质，范畴和教学原则［J］. 华南理工大学学报，2003（4）.

[56] 刘法公. 论专门用途英语的属性与对应教学法［J］. 外语与外语教学，2001（12）.

[57] 谷志忠. 高校 ESP 教学现状剖析与应对策略［J］. 外语电化教学，2010（3）.

[58] 莫再树. 专业英语教材建设：问题与对策［J］. 外语界，2003（4）.